权威·前沿·原创

皮书系列为

“十二五”“十三五”国家重点图书出版规划项目

U0832487

残疾人事业蓝皮书

BLUE BOOK OF THE CAUSE FOR PERSONS WITH DISABILITIES

中国残疾人事业研究报告（2018）

REPORT ON THE CAUSE FOR PERSONS WITH DISABILITIES IN CHINA (2018)

主　编／郑功成
副主编／杨立雄

社会科学文献出版社
SOCIAL SCIENCES ACADEMIC PRESS (CHINA)

图书在版编目（CIP）数据

中国残疾人事业研究报告. 2018 / 郑功成主编. --
北京：社会科学文献出版社，2018. 10
（残疾人事业蓝皮书）
ISBN 978 -7 -5201 -3636 -5

Ⅰ. ①中… Ⅱ. ①郑… Ⅲ. ①残疾人 - 社会福利事业
- 研究报告 - 中国 - 2018 Ⅳ. ①D669. 69

中国版本图书馆 CIP 数据核字（2018）第 233067 号

残疾人事业蓝皮书
中国残疾人事业研究报告（2018）

主　　编 / 郑功成
副 主 编 / 杨立雄

出 版 人 / 谢寿光
项目统筹 / 周　琼
责任编辑 / 周　琼　张　弦

出　　版 / 社会科学文献出版社 · 社会政法分社（010）59367156
　　　　　地址：北京市北三环中路甲 29 号院华龙大厦　邮编：100029
　　　　　网址：www. ssap. com. cn
发　　行 / 市场营销中心（010）59367081　59367083
印　　装 / 三河市龙林印务有限公司

规　　格 / 开 本：787mm × 1092mm　1/16
　　　　　印 张：17. 5　字 数：263 千字
版　　次 / 2018 年 10 月第 1 版　2018 年 10 月第 1 次印刷
书　　号 / ISBN 978 -7 -5201 -3636 -5
定　　价 / 89. 00 元

皮书序列号 / PSN B -2018 -757 -1/1

残疾人事业蓝皮书编委会

主要编撰者简介

郑功成　湖南平江人，毕业于武汉大学政治经济学专业，现任中国人民大学教授，博士生导师，全国人大常委会委员、社会建设委员会委员，兼任中国社会保障学会会长、中国人民大学中国社会保障研究中心主任，是北京市理论人才百人工程入选者、教育部新世纪优秀人才支持计划入选者、国家百千万人才工程国家级人选入选者。

郑功成教授长期从事社会保障、灾害保险及与民生相关领域的教学与研究工作，出版有《中国社会保障改革与发展战略》《中国社会保障30年》《中国社会保障制度变迁与评估》《社会保障学——理念、制度、实践与思辨》等20多部著作，发表学术文章300余篇，多篇论文被《新华文摘》等转载或被译成英、德、日、韩文发表。

杨立雄　中国人民大学劳动人事学院教授，博士生导师，中国人民大学残疾人事业发展研究院副院长，中国人民大学社会保障研究中心副主任，中国社会保障学会社会救助分会副会长。研究方向为残疾人理论与政策研究。主持国家社科基金重大项目1项、国家社科基金项目2项，承担国家社科基金重大委托项目子课题1项，主持民政部、财政部等部门课题超过30项。出版《中国残疾人社会保障制度》《中国残疾人事业发展报告（2017）》等著作7部，编著6部，发表论文80多篇。杨立雄教授3次获得中国残疾人联合会举办的中国残疾人事业研究优秀成果一等奖、二等奖。

摘　要

本书总结了2017年及以前中国残疾人事业的发展概况，全书共分六个部分。第一部分为总报告，分析和概括了2017年中国残疾人事业的发展现状、面临的挑战和未来发展建议。第二部分为残疾人组织，由两篇报告组成。第一篇报告回顾了中国残联组织30年发展历程，介绍了中国残联组织发展现状，分析了中国残联组织面临的新形势，提出了中国残联组织改革建议；第二篇报告回顾了中国残疾人福利基金会的发展过程，介绍了中国残疾人福利基金会业务进展。第三部分为残疾人健康，由四篇报告组成，介绍了中国残疾预防和康复服务、中国工伤预防和工伤康复、中国残疾人体育的发展状况，还有一篇报告分析了残疾人健康保障政策发展现状。第四部分为残疾人教育，由三篇报告组成，分别分析和总结了2017年中国残疾人学前教育、义务教育和高等教育的发展现状和存在的问题。第五部分为残疾人精准脱贫，由三篇报告组成，全面分析了中国残疾人精准脱贫发展进展，介绍了河南上蔡县和湖北长阳县残疾人精准脱贫创新模式。第六部分为地方残疾人事业进展，由两篇报告组成，分别介绍了四川省和广西壮族自治区残疾人事业进展。

关键词： 残疾人事业　残疾人组织　残疾人健康　残疾人教育　残疾人扶贫

前　言

残疾人事业正在成为当代社会普遍关注的领域，这种关注程度的提升是中国社会发展进步的重要标志，同时也是人口老龄化与家庭保障功能持续弱化的结果。在国家步入现代化强国的新时代，加快发展我国的残疾人事业，以不让残疾人掉队的底线思维来解决残疾人的现实困难，将保障残疾人同步小康并最终实现共同富裕作为追求目标，既是人道主义的需要，更是建设一个平等参与、合理分享的公正社会的要求。

在中华人民共和国成立以来的近 70 年的发展历程中，虽然人们通常以 1978 年为分界线将之划分为两个阶段，但前后两个阶段的国家发展进程是根本不可能被割断的。我国的残疾人事业也是如此，没有前一个发展阶段确立的价值取向和奠定的福利基础，也不可能有改革开放以来的残疾人事业的发展，其所体现的正是中国共产党全心全意为人民服务的宗旨和社会主义制度的优越性。中华人民共和国创立之初，谋求的即是建立一个人民幸福的平等社会，男女平等被确立为基本国策，残疾人和其他社会成员一样享有相应的法定权益，国家还为残疾人建立起了相应的保障制度，虽然大多数残疾人依循中国传统由家庭照顾，但城镇中的公有制单位和农村集体所有制亦为那些非孤残人员提供着相应的保障。尽管限于当时落后的生产力水平与薄弱的国家财力，残疾人的生活境遇并不能令人满意，但从旧中国的“残废”人在新中国成为与其他群体一样的新中国的主人的角度来看，则是中国历史上残疾人生存境遇的巨大飞跃。

改革开放后，我国选择了更有效率的社会主义市场经济，整个经济社会步入全面转型时期，原有的福利保障制度也进入了全面变革时期，由国家或单位（集体）提供的城乡居民福利一度遭到削弱。例如，残疾人的医疗保障便因农村合作医疗制度崩溃和城镇中公费医疗、劳保医疗制度改革而一度陷入保障缺失状态，市场竞争的加剧使原有的福利企业难以为继，加之人口老龄化与家庭结构的小型化，传统的家庭保障功能不断弱化，残疾人的生活亦面临着越来越多的困难。正是在这样的背景下，通过改革重建新型社会保障体系被提到了重要议事日程，伴随城乡居民基本养老保险、综合型社会救助与全民医保等制度的建立，以及政府通过公共投入补贴困难残疾人参加养老保险、医疗保险，残疾人生活的后顾之忧亦获得了极大减轻。特别是党的十八大以来，国家建立了针对重度残疾人与特困残疾人的专项补贴制度，2018 年又出台了残疾儿童康复救助政策，这些专项制度安排即是为了更好地为残疾人提供制度性保障。然而，上述制度安排还不足以改变残疾人的弱势地位，因为残疾人的特殊诉求如康复、教育、就业以及无障碍设施建设、护理服务、社会参与等还需要更加完备健全的制度安排才能获得有效满足，为残疾人提供服务的社会组织亦需要有相应的政策激励。因此，发展残疾人事业仍然任重道远，新时代需要尽快促使残疾人事业进入全面发展的新境界。我们期望，在国家现代化的进程中，不忘初心，不改初衷，让包括残疾人在内的全体人民都过上幸福美好的生活，都能够获得全面发展！

正是在这样的时代背景下，中国人民大学残疾人事业发展研究院自 2007 年成立以来，积极推动残疾人事业发展理论与政策研究，亦为相关立法与专项政策的制定提供了相应的理论支持。其中，编撰出版残疾人事业发展系列报告即是一项重要的工作内容，在过去出版二部全面总结与分析中国残疾人事业取得的进展、面临的挑战和未来发展动向的基础上，再度组织相关专家学者编撰出版《中国残疾人事业研究报告（2018）》。该书重点关注了残疾人组织、残疾人健康、残疾人教育和残疾人扶贫，不仅展示了取得的成就，也深入分析了面临的挑战和存在的不足，提出了较为独到和新颖的观点。同时还对四川省和广西壮族自治区的残疾人事业进行了调研，分析西部地区残疾人事业发展现状，探索西部残疾人事业的发展对策。在本书正式付梓之际，谨对各位作者和提供大力支持的中国残疾人联合会表示感谢！

党的十九大报告已经为新时代的残疾人事业指明了方向，国家发展新一轮战略部署亦为促进新时代残疾人事业全面发展提供了行动指南。我相信，只要切实贯彻落实好习近平新时代中国特色社会主义思想，坚持以人民为中心，走共同富裕的发展道路，将不断增进包括残疾人群体在内的民生福祉作为国家发展的根本目的，同时秉持平等发展的理念，以促进残疾人的全面发展为追求目标，我国残疾人事业全面发展的新局面就会形成，残疾人与全国人民一道同步小康并最终走向共同富裕不仅是美好的愿景，亦会变成现实。

郑功成

2018 年 9 月

目　录

Ⅰ　总报告

Ⅱ　组织篇

Ⅲ　健康篇

Ⅳ 教育篇

Ⅴ 扶贫篇

Ⅵ 地方篇

皮书数据库阅读**使用指南**

总 报 告

General Report

B.1
2017年残疾人事业：新进展与新挑战

杨立雄*

摘 要： 党的十八大以来，我国残疾人事业取得重要进展。反贫困政策和残疾人社会保障政策的不断完善使残疾人生存状况得到大幅改善，500 万农村贫困残疾人实现脱贫；就业创业和包容性社会政策的实施使残疾人社会参与度提高。但我国残疾人事业也面临着发展不平衡、残疾重度化和老龄化、残疾人事业领导组织体制不适应等问题。未来残疾人事业的发展动向有四个方面，即转变脱贫思路，做到开发与保障相结合、

* 杨立雄，中国人民大学劳动人事学院教授，博士生导师，研究方向为残疾人理论与政策研究。发表论文 80 多篇，主持国家社科基金重大项目 1 项、国家社科基金项目 2 项，承担国家社科基金重大委托项目子课题 1 项，主持民政部、财政部等部门课题超过 30 项。出版《中国残疾人社会保障制度》《中国残疾人事业发展报告（2017）》等著作 7 部，编著 6 部。3 次获得中国残疾人联合会举办的中国残疾人事业研究优秀成果一等奖、二等奖。职务还包括：中国人民大学残疾人事业发展研究院副院长、中国人民大学社会保障研究中心副主任、中国社会保障学会社会救助分会副会长。

生产与生活相结合、增收与减支相结合；转变就业模式，提升残疾人就业质量；提升残疾人独立生活能力；夯实残疾人组织保障体系。

关键词： 残疾人事业 扶贫开发 就业 残疾人组织

党的十八大以来，残疾人事业顶层设计和制度建设取得重大突破，残疾人事业被进一步纳入“五位一体”总体布局和“四个全面”战略布局，残疾人民生保障和共建共享取得重大成效，覆盖全国所有持残疾人证残疾人的基本服务状况和需求的实名制大数据基本建成，在国际残疾人事务中的影响力显著提升。2017 年是残疾人事业继往开来的一年，在党中央和国务院的领导下，残疾人事业有了新的发展，各项工作呈现出蓬勃发展的良好局面。2017 年也是中国特色社会主义建设具有重大里程碑意义的一年，确立了习近平新时代中国特色社会主义思想，对我国社会主要矛盾做了新判断。新时代残疾人事业面临新挑战和新困难，如何推动残疾人事业整体发展水平迈上一个新台阶仍然是残疾人事业工作者急需解决的问题。

一 残疾人事业进展

（一）党的十八大以来残疾人事业成就

党的十八大以来，党中央、国务院高度重视残疾人工作，格外关心关注残疾人，残疾人生存条件显著改善，平等参与条件更加充分，发展空间明显提升。

首先，残疾人事业受到高度重视，制度建设迈上新台阶。党的十八大以来，残疾人事业成为“四个全面”战略布局的重要内容。党的十八大报告提出：“健全残疾人社会保障和服务体系，切实保障残疾人权益。”《中共中央关于全面深化改革若干重大问题的决定》《中共中央关于全面推进依法治国若干重大问题的决定》等重要文件，对健全残疾人权益保障制度、完善残疾人权益保障法律法规、发展残疾人事业提出了明确要求。国务院印发《国务院关于加快推进残疾人小康进程的意见》《“十三五”加快残疾人小康进程规划纲要》《“十三五”推进基本公共服务均等化规划》等一批专项规划，进一步细化了残疾人事业发展的工作任务和责任清单，残疾人事业也被作为重点内容纳入脱贫攻坚、健康中国、基本公共服务等重点专项规划。《残疾预防和残疾人康复条例》和《国家残疾预防行动计划（2016～2020年）》的制定对加强残疾预防，有效减少和控制残疾的发生起到积极作用。修订《残疾人教育条例》，制定实施《特殊教育提升计划（2014～2016年）》和《第二期特殊教育提升计划（2017～2020年）》，进一步提升了残疾人受教育水平，推进了残疾人教育公平。出台《国务院关于全面建立困难残疾人生活补贴和重度残疾人护理补贴制度的意见》《国务院关于加快发展康复辅助器具产业的若干意见》等文件，进一步完善了残疾人社会保障制度。

其次，加大残疾人脱贫解困力度，残疾人生存状况得到大幅改善。在扶贫开发方面，出台了一系列措施。2015年2月，国务院印发《国务院关于加快推进残疾人小康进程的意见》，加大农村残疾人扶贫开发力度，部署了农村贫困残疾人精准扶贫和农村贫困残疾人危房改造工作；2015年11月，《中共中央国务院关于打赢脱贫攻坚战的决定》发布，残疾人扶贫纳入国家精准扶贫战略；2016年8月，国务院印发《“十三五”加快残疾人小康进程规划纲要》，把加快推进残疾人小康进程作为全面建成小康社会决胜阶段的重点任务，聚焦农村、贫困地区和贫困、重度残疾人，全力推进残疾人小康进程。在社会保障方面，按照“普惠＋特惠”的原则，完善兜底性社会安全网。政府聚焦于贫困残疾人的基本生存问题，加强了社会救助制度建设。2015年8月，中国残联、教育部、民政部等七部门出台了《关于加强残疾人社会救助工作的意见》，对贫困残疾人、重度残疾人、一户多残家庭实施优惠政策，将其优先纳入社会救助范围，提高救助标准。在城市廉租住房、棚户区改造、旧住宅区整治建设中，优先安排贫困残疾人住房；各地通过贷款贴息、集中建设农村集体公租房、过渡房等方式，改造残疾人危房。2015年9月，国务院印发《国务院关于全面建立困难残疾人生活补贴和重度残疾人护理补贴制度的意见》，缓解了贫困残疾人和重度残疾人的经济压力。贫困精神病人免费服药、重度精神病人大病医疗救助等制度也大大减轻了残疾人家庭的医疗负担。部分地区对低收入残疾人家庭的生活用水、电、气、暖等基本生活支出费用实施优惠和补贴政策，在各项支农、惠农政策中对残疾人实施重点照顾和优先扶持。五年来，累计投入1600多亿元用于残疾人民生保障和基本公共服务，扶持500多万农村贫困残疾人实现脱贫，将800多万城乡贫困残疾人纳入了最低生活保障范围，400多万残疾人得到托养照料服务，困难残疾人生活补贴和重度残疾人护理补贴惠及2100多万人次，残疾人基本康复服务覆盖率达到65%，有2000多万人次残疾人获得基本康复服务。

再次，努力消除各种障碍，残疾人社会参与更加广泛。在残疾人就业方面，政府大力开发公益性就业岗位，发展辅助性就业，鼓励残疾人创业，采取优惠措施帮助残疾人从事农业生产劳动，过去五年，共新增100多万城镇残疾人就业。在无障碍建设方面，《中华人民共和国国民经济和社会发展第十三个五年规划纲要》将无障碍纳入其中，《国务院关于加快推进残疾人小康进程的意见》和《“十三五”加快残疾人小康进程规划纲要》对全面推进城乡无障碍环境建设做出了进一步的部署，对残疾人家庭进行无障碍改造，方便了残疾人的出行。在残疾人文化体育方面，残疾人文化体育事业被纳入国家公共文化体育服务体系，各地采取措施确保残疾人以无障碍的方式获得文化材料和电视节目、电影、戏剧等文化作品，鼓励和促进残疾人参与文艺创作、从事文化产业。中国残疾人艺术团出访100余个国家和地区，中国残疾人体育代表团在夏季残奥会勇夺金牌榜、奖牌榜两个“四连冠”。在社会包容性方面，社会已形成了良好的助残氛围，残疾人融入社会的障碍正在逐步消除，残疾人参与社会的意愿强烈，他们努力实现自身价值并为社会做出贡献。

最后，积极参与残疾人领域国际交流合作，在国际残疾人事务中的影响力明显提升。我国推动制定并认真履行《残疾人权利公约》，积极推动将残疾人事务纳入《2030 年可持续发展议程》，促成建立了“一带一路”、亚太经济合作组织、中国—东盟博览会等框架下残疾人事务区域合作机制。2014 年 10 月，张海迪当选康复国际候任主席，并于 2016 年 10 月正式就任康复国际主席。张海迪就任后，设立非洲基金，开展了更多面向发展中国家的援助项目，得到了国际社会的广泛赞誉。2017 年第三个“亚太残疾人十年”中期审查高级别政府间会议在北京成功举办，习近平主席专门致信祝贺，作出重要指示。中国积极参与残疾人国际事务，得到国际组织的高度认可：2016 年，中国政府举办纪念《残疾人权利公约》十周年大会，联合国秘书长潘基文出席，对中国残疾人人权保障状况给予高度评价；联合国在成立 70 周年之际，特邀中国残联共同发行纪念邮票版张，纪念通过《2030 年可持续发展议程》。

（二）2017年残疾人事业进展

2017 年，在国务院残疾人工作委员会的指导下，政府各部门和残联认真贯彻落实党中央、国务院的一系列重要部署，推动残疾人事业持续健康发展。

首先，贫困残疾人精准脱贫和社会保障取得新成效。2017 年，政府相关部门和残联组织聚焦贫困残疾人脱贫攻坚，全力落实《贫困残疾人脱贫攻坚行动计划（2016～2020 年）》，出台了《发展手工制作促进贫困残疾妇女就业脱贫行动实施方案》《电子商务助残扶贫行动实施方案》《产业扶持助残扶贫行动实施方案》等具体行动方案，贫困残疾人得到各种扶持。全年残疾人接受实用技术培训 70. 6 万人次，康复扶贫贴息贷款扶持 2. 1 万农村残疾人，6692 个残疾人扶贫基地安置 10. 5 万残疾人就业，扶持带动 21. 8 万户残疾人家庭，完成 8. 2 万户农村贫困残疾人危房改造，各地投入危房资金 10 亿元。2017 年，共有 92. 5 万贫困残疾人退出建档立卡。在社会保障方面，“两项补贴”制度实现全国县（区）全覆盖，受益残疾人超过 2000

万人次，比2016年增长39.5%。城乡残疾居民参加城乡社会养老保险人数达2614.7万，547.2万60岁以下参保的重度残疾人中有529.5万得到政府的参保扶助，282.9万非重度残疾人享受了全额或部分代缴养老保险费的优惠政策，1042.3万人领取养老金。残疾人托养服务工作稳步推进，残疾人托养服务机构有7923个，托养服务人数达到23.1万人。28个省份对“成年无业重度残疾人单独施保”作出相关规定，20多个省份落实低收入残疾人家庭生活用水、电、气、暖等基本生活支出费用优惠和补贴政策。

其次，残疾人基本公共服务取得新进展。在残疾人康复服务方面，实施精准康复服务行动，出台《残疾预防和残疾人康复条例》，设立国家“残疾预防日”，推进残疾预防试验区建设试点工作。全年为854.7万残疾儿童及持证残疾人提供康复服务，为244.4万残疾人提供辅助器具适配服务，残疾人家庭医生签约率达到20.1%。在残疾人教育方面，修订《残疾人教育条例》，启动实施《第二期特殊教育提升计划（2017～2020年）》，完善《残疾人参加普通高等学校招生全国统一考试管理规定》，将《国家通用手语常用词表》《国家通用盲文方案》纳入国家语委语言文字标准体系。2017年，全国有10404名残疾人被普通高校录取，残疾人事业专项彩票公益金资助17779名残疾儿童接受普惠性学前教育和21所中高等教育院校改善办学条件，1.5万名残疾青壮年文盲接受扫盲教育。在残疾人就业方面，出台扩大企业保障金减免范围及缴纳金额封顶政策，持续推进按比例就业公示工作，印发《关于进一步落实残疾人辅助性就业机构扶持政策的通知》和《关于促进残疾人就业政府采购政策的通知》，建立应届高校残疾毕业生台账。全年城乡持证残疾人新增就业35.5万人。在残疾人文化体育方面，开展了第九届全国残疾人艺术会演，直接参与全国会演残疾人3000多人，观众达30万；实施“文化进社区”“文化进家庭‘五个一’”“残疾人文化周”等活动，推广盲人数字阅读工程，打造“共享芬芳”文化活动品牌；举办“残疾人健身周”“残疾人冰雪运动季”“全国特奥日”等活动，为10万多重度残疾人提供了体育康复服务，积极备战2022北京冬残奥会。第八届残疾人世界田径锦标赛以30金位居第一，第二十三届夏季听障奥运会以14金取得新突破。

最后，残疾人事业保障体系更加健全。在残疾人法律法规保障体系方面，制定或修改关于残疾人的专门法规、规章省级11个、地市级10个，制定或修改保障残疾人权益的规范性文件省级12个、地市级53个、县级152个，在《公共图书馆法》等10多部立法中提出保障残疾人权益建议，特别是《民法总则》以国家基本法形式明确了对残疾人的特殊保护和残联的维权职责。在大数据建设方面，实名制获取全国残疾人基本服务状况和需求信息数据动态更新工作步入常态，2016年、2017年获取了3163万名持证残疾人的服务与需求信息和68.9万个村（社区）的公共服务设施基本情况。全国残疾人基本服务状况和需求信息数据已纳入国务院办公厅决策服务平台。在基础设施建设方面，中央财政安排残疾人事业发展补贴资金30.57亿元，落实社会服务兜底工程中央预算内投资12亿元，支持170个残疾人康复和托养项目建设。2017年，全国已竣工并投入使用的各级残疾人综合服务设施比2016年增加46个，面积增加28.3万平方米，投资增加11亿元；已竣工并投入使用的各级残疾人康复设施比2016年增加71个，面积增加48万平方米，投资增加15.1亿元；已竣工并投入使用的各级残疾人托养服务设施比2016年增加83个，面积增加31.6万平方米，投资增加10.2亿元。

二　残疾人事业面临的挑战和机遇

党的十九大作出我国正处于新时代的科学论断，在此背景下，我国社会主要矛盾已经转化为人民日益增长的美好生活需要和发展不平衡不充分之间的矛盾。作为新时代人民的组成部分，残疾人也对美好生活存在新需求，这给我国残疾人事业提出了挑战；同时，在新时代，残疾人事业也面临难得的发展机遇。

（一）残疾人事业面临的挑战

一是残疾人日益增长的美好生活需要与发展不平衡不充分的矛盾凸显。

马斯洛把人的需求层次分成生理需求、安全需求、社交需求、尊重需求和自我实现需求五类，依次由较低层次到较高层次排列。五种需求像阶梯一样从低到高，按层次逐级递升；某一层次的需求相对满足了，就会向高一层次发展。1987 年全国第一次残疾人抽样调查表明，残疾人对改善生存状况的需求尤为强烈。这是因为当时残疾人的贫困状况尤为严峻。[①] 2006 年全国第二次残疾人抽样调查表明，残疾人的生活状况得到一定程度的改善，残疾人的需求也呈现多样化，对康复、就业、教育的需求呈现快速增长的趋势，同时残疾人的婚姻问题也开始受到重视。2015 年进行的全国残疾人基本状况和需求专项调查表明，残疾人的需求不仅显示了层次性，而且进一步呈现多样化，尤其是残疾人对自我发展的需求呈现明显增长的态势。我国已建立了现代社会保障制度，残疾人社会服务体系也日趋完善，残疾人经济地位和社会地位快速提升，残疾人的需求也正在经历转型升级。他们当中的绝大多数已脱离了贫困，开始对生活有了更高追求，迫切希望融入社会，并实现自我价值。但是，相对于我国的经济和其他社会事业的发展水平而言，残疾人事业仍然是我国经济社会发展中的短板，残疾人的基本生存保障水平不高，公共服务能力还有待于进一步提升，城乡和区域发展差距仍在拉大；社会对残疾人的包容度不高，残疾人融入社会还存在较多的障碍。另外，残疾人事业发展不平衡的问题相对突出，少数发达地区残疾人事业发展遥遥领先，而大部分地区的残疾人事业发展还不充分，残疾人经济保障和社会地位还存在较大的地区差距和城乡差距。

二是“残疾人一个也不能少”进入小康面临巨大挑战。党的十八大报告首次正式提出全面建成小康社会的目标，《中共中央关于制定国民经济和社会发展第十三个五年规划的建议》首次将精准扶贫纳入规划之中，党的

① 调查表明，经济发展中等以下的地区，处于贫困线（人均收入 300 元以下）的残疾人一般占残疾人总数的 60% 以上，农村多数残疾人尚未解决温饱问题。一些贫困地区更为严重，如安徽铜陵贫困残疾人占贫困人口的 75%；残疾人的人均收入同当地社会平均收入相比，一般低 1/3 ~ 1/2。贫困残疾人中盲人、智力残疾者、精神残疾者、多重残疾者及其他重度残疾者居多。他们中有的住破窑洞或栖息于茅草棚，极度贫困。

十九大报告提出“从现在到二〇二〇年，是全面建成小康社会决胜期”，这给残疾人事业带来严峻的挑战。2017 年全国残疾人基本服务状况和需求信息数据动态更新情况显示：全国尚未脱贫的建档立卡残疾人达到 281 万人，生活于危房之中的残疾人还有 57.4 万人，24.7 万残疾儿童家庭反映义务教育入学存在问题，超过 1132 万残疾人反映需要康复服务，急需家庭无障碍改造服务的重度残疾人接近 3329 万人。这些残疾人家庭构成了中国的“贫困内核”，如果不采取强有力的措施和手段，将严重制约残疾人事业的整体发展。

三是残疾人年龄结构变化给残疾人事业发展提出了挑战。随着老龄化社会的到来，残疾人年龄结构发生显著变化。从 1987 年到 2006 年，0～14 岁残疾儿童占残疾人总数的比例从 15.8% 下降至 4.66%，15～59 岁残疾人占残疾人总数的比例从 44.48% 下降至 42.1%，60 岁及以上的残疾人占残疾人总数的比例则从 39.72% 上升至 53.24%。自开展第二次全国残疾人抽样调查以来，因人口老龄化的加速以及残疾预防工作体系的完善，我国残疾人口的残疾状况、年龄结构等进一步发生变化。但是，我国只能通过动态更新数据库掌握持证残疾人的残疾状况和年龄结构等数据，而无法掌握全体残疾人的基本数据，这给残疾人事业的发展带来挑战。

四是残疾人事业领导组织体制改革面临挑战。20 世纪 80 年代至 90 年代，我国政府的主要职能集中于经济发展和企业管理，社会事业建设明显滞后于经济发展。在这种情况下，成立中国残疾人联合会，赋予其管理、代表和服务的职能，极大地促进了中国残疾人事业的快速发展，残疾人的基本生活状态得到显著改善。进入 21 世纪以后，中国政府调整了职能结构，在发挥经济职能的同时加强了社会建设。自党的十八大以来，在“四个全面”和“五位一体”的发展理念指导下，社会事业得到进一步重视，政府社会管理职能得到加强。政府各部门在残疾人工作中的职能逐步回归，与残联的职能产生重叠或交叉。同时，残联的管理、代表与服务职能的非均衡发展有所显现，相对于“管理”职能的充分发挥而言，其“代表”和“服务”职能应进一步强化。

（二）残疾人事业面临的发展机遇

一是党和国家对残疾人事业高度重视。以习近平同志为核心的党中央对残疾人格外关心、格外关注。习近平同志两次对做好残疾人脱贫攻坚工作作出重要指示，突出强调“全面建成小康社会，残疾人一个也不能少”，要“把贫困老年人、残疾人等作为群体攻坚重点”。在“一带一路”高峰论坛开幕式演讲中，习近平同志明确指示要“密切妇女、青年、残疾人等群体交流，促进包容发展”。在致2013～2022年亚太残疾人十年中期审查高级别政府间会议贺信中，习近平同志进一步重申“残疾人是人类大家庭的平等成员”，郑重宣布“中国将进一步发展残疾人事业，促进残疾人全面发展和共同富裕”。党的十八大以来，残疾人事业成为“四个全面”战略布局的重要内容，《中共中央关于全面深化改革若干重大问题的决定》《中共中央关于全面推进依法治国若干重大问题的决定》《中共中央关于制定国民经济和社会发展第十三个五年规划的建议》等重要文件，都对健全残疾人权益保障制度、完善残疾人权益保障法律法规、发展残疾人事业提出了明确要求。党的十九大报告明确要求“发展残疾人事业、加强残疾康复服务”“办好特殊教育”“筹办好北京冬奥会、冬残奥会”。这些重要指示为促进新时代残疾人事业发展提供了行动指南和重要遵循。

二是全社会的残疾人观念正在发生转变。国家将残疾人事业纳入相关事业领域，政府的角色正在回归，各部门将残疾人工作纳入职责范围，承担起发展残疾人事业的主要责任。其主要包括：民政部门将贫困残疾人的生活保障责任承担起来；贫困残疾人脱贫被纳入坚决打赢脱贫攻坚战的大局，农村贫困残疾人脱贫成效被纳入各地各级党委、政府扶贫开发工作成效考核办法；国务院教育行政部门主管全国的残疾人教育工作，统筹规划、协调管理全国的残疾人教育事业；将残疾预防和残疾人康复工作纳入国民经济和社会发展规划，建立政府主导、部门协作、社会参与的工作机制。尤其是在残疾人事业经费投入方面，财政部门已成为残疾人事业发展的绝对主体，残疾人事业经费投入稳定增长。社会大众对残疾人的态度正在改变，社会对待残疾人的理念有了一定提升，残疾人开始得到社会尊重，社会也开始逐步接纳残疾人。残疾人社会政策也正在发生改变，传统的残疾人“居养”模式正在向“平等参与”模式转变，残疾人融入社会的步伐加快。残疾人事业成为中国特色社会主义事业的重要组成部分，“平等、参与、共享”的现代残疾人理念成为社会主义核心价值观的重要体现。政府围绕培育和践行社会主义核心价值观，大力弘扬人道主义精神和中华民族传统美德，增强了全社会扶残助残意识，形成了关爱残疾人、关心残疾人事业的良好社会风尚。

三是新技术在残疾人事业中得到快速应用和普及。中国残疾人数超过8500万人，而且随着人口老龄化的发展，残疾人的数量还在增加。与此同时，残疾人事业涉及经济、社会、政治和文化的方方面面。面对“海量”数据，只有采用大数据处理技术，才能快速推进残疾人事业的发展。从2015年起，中国连续三年获取了全国所有持证残疾人的实名制信息，中国在世界上率先建立了所有持有残疾人证的残疾人实名制的大数据库，获取全国3404万持证残疾人基本服务状况和需求的动态信息以及70万多个村（社区）残疾人基本公共服务状况信息。这些为残疾人事业应用新技术提供了政策支持。

三　新时代残疾人事业发展动向

面对新时代背景下的新矛盾，我们应从重点工作入手，做到以点带面，推进残疾人事业的整体发展。

（一）转变残疾人脱贫思路，实现残疾人全面小康

中国残疾人70%生活在农村，要实现残疾人的全面小康，关键在农村。2017年，农村持证建档立卡残疾人281万人。从年龄段看，老年残疾人（60岁及以上）占比超过1/3，而且随着农村老龄化发展趋势的加快，老年残疾人的贫困比例将进一步上升；从残疾等级分布看，重度残疾人（一级和二级）的比例超过一半；从受教育程度看，建档立卡残疾人（只统计15

岁及以上残疾人）中未上过学和上过小学的人数占比接近80%。农村贫困残疾人年龄老化、以重度残疾人为主且文化程度普遍偏低，开发式扶贫的“扩散—涓滴”效应传导慢，效果不明显。另外，人力资本开发、技术扶贫、产业发展以及金融扶持对中老年人、重度残疾人和未接受过教育的残疾人所产生的缓贫效果也极为有限。针对贫困残疾人的现状，未来精准脱贫应改变以开发为主的思路，做好三个“结合”。①

一是做好“开发”与“保障”的结合。针对残疾人的情况，建立和完善社会保障体系，保障基本生存。（1）保两端，扶中间，即对残疾儿童和残疾老年人采取以社会保障为主的缓贫政策，而扶贫开发的对象则以劳动年龄段的残疾人为主。（2）保重度，扶家人。它主要包括：提高重度残疾人护理补贴和困难残疾人生活补贴的保障水平；扩大重度残疾人康复补助范围，并提升标准；落实精神病人免费服药制度，缓解家庭医疗支出；建立农村重度残疾人托养制度，解放家庭劳动力。（3）扶难点，助边缘。农村残疾人扶贫对象应优先定位于最困难的家庭，包括一户多残家庭、重度残疾人家庭、无劳动力残疾人家庭、长期治疗或服药的残疾人家庭、无技能且文化水平低的残疾人家庭，扶贫资源包括信息资本、人力资本等应向他们倾斜，尤其要根据他们各自的实际情况，制定一户一策的脱贫方案，由专人负责，定期检查和修订，加强督促和落实。对于具有一定发展能力、处于贫困边缘的残疾人及其家庭，则以提供服务为主，包括信息服务、培训服务、职业规划、就业指导等。

二是做好“生产”与“生活”的结合。经过20多年的扶贫开发，有发展能力的残疾人基本脱贫，未脱贫的残疾人往往是人力资本开发较为困难的群体。要在短短的几年时间内让这些残疾人一个也不能少地脱贫，政府最重要的任务之一是构建保障残疾人基本生活的社会安全网。（1）完善残疾人基本社会救助制度。以贫困残疾人的基本生活为目标，通过“普惠+特惠”的方式构建起残疾人基本生活安全网。（2）加大住房困难残疾人住房补助

① 参见杨立雄《关于农村残疾人反贫困问题的再思考》，《残疾人研究》2015年第2期。

力度。根据贫困等级、家庭结构和危房等级对残疾人家庭危房改造给予补助，补助标准在现有基础上应得到大幅度提升；对于完全无能力修建住房的贫困残疾人家庭，实施“交钥匙”工程，即政府修好房子，残疾人家庭免费入住；加快残疾人家庭无障碍改造进度，加大改造力度。

三是做好“增收”与“减支”的结合。残疾人精准脱贫，不仅需要“增收”，更需要“减支”。（1）减轻残疾人医疗康复支出，包括：修订新型农村合作医疗目录，提高残疾人医疗报销比例；制定精神病免费用药政策，制定残疾人康复补助政策，扩大医疗康复项目纳入报销的范围，等等。（2）减轻残疾人辅助器具支出，包括：制定基本辅助器具补贴目录和适配服务目录，惠及所有有需求的残疾人；将辅助器具纳入医疗保险报销目录，通过社会筹资方式减轻残疾人的辅助器具支出。（3）加大农村残疾人医疗救助和康复资助力度，包括：扩大残疾人参保补助范围，应将残疾程度轻但家境贫困的残疾人及其家庭成员纳入资助范围；适当放宽医疗救助的病种范围，尤其要将罕见病纳入救助范围；残联部门可以针对某些特殊病种设立医疗救助和康复资助专项基金。

（二）转变就业模式，提升残疾人就业质量

我国现有的残疾人就业模式是一种庇护性就业模式，强调残疾人在竞争性劳动力市场的劣势地位，要求从政策和制度层面给予保护。这种模式取得了一定的成效，但是残疾人未能全面融入社会，也未能消除社会对残疾人就业的偏见。为此，应以提升就业质量、改善就业环境、促进社会融入为主要目标，逐步向竞争性就业模式转变。

一是完善残疾人就业服务体系。（1）采取政府购买服务的方式发挥社会组织作用。通过政府购买服务的方式，引入专业化的社会组织和市场组织，为残疾人提供职业心理咨询、职业适应评估、职业康复训练、求职定向指导、职业介绍等服务。（2）拓展就业服务内容。它主要包括：对残疾人进行职业评估并进行专业培训，提供持续的职业发展规划咨询，为残疾人提供法律咨询并维护残疾人合法权益，整合外部资源实施个性化服务，等

等。(3)为残疾人就业单位提供切实有效的服务。它主要包括：向企业宣传残疾人就业政策，帮助企业培训残疾职工，改造企业工作环境，为企业提供法律咨询服务，等等。

二是大力提升残疾人人力资本。残疾人就业难的一个重要原因在于残疾人的人力资源开发不足，形成“低素质屏障效应”，使残疾人对职业的竞争力和对外部环境的适应力降低。因此，促进残疾人就业，需要从提升残疾人的人力资本入手，打破就业难的循环圈。（1）提高残疾人的受教育水平。它主要包括：普及义务教育，保障残疾人尤其是残疾儿童的受教育权；大力倡导残疾人随班就读，促进其实现社会融入；对于不符合随班就读的残疾人，应能够满足其进入特殊学校继续学习的需求；在资金支持上，变地方财政支持为中央财政支持，避免教育经费投入的地区差异，最大限度保证经费投入的延续性和稳定性。（2）加强残疾人的技能培训。它主要包括：因地制宜提供有针对性的技能指导；提供免费或低收费的技能培训；做好培训跟踪与结果评估工作。(3）开发残疾人人力资本优势。残疾人具有人力资本比较优势，实施平等竞争就业模式，需要有专业的机构对其人力资本优势进行评估、开发，并根据相关资源进行专业匹配。

三是立法禁止残疾人就业歧视。反就业歧视立法应明确就业平等、禁止就业歧视的法律原则；明确法律禁止对包括残疾人在内的群体的歧视行为，明令禁止在招聘、考核、录用等环节中对包括残疾人在内的歧视行为，细化残疾人就业中所遭遇的各种歧视行为（包括在职工、公务员的招用、聘用、录用、转正、晋级、职称评定、培训、劳动报酬、生活福利、社会保险，以及各类专业资格考试、就业服务、合伙、代理等各个与就业有关的方面)，明确规定受歧视者的上诉权利，加大用人单位的举证责任；完善和细致的立法；等等。

四是改革按比例安置制度。按比例就业应成为今后我国残疾人就业的主要渠道，这就需要严格执行按比例安置就业制度，加大对未安置残疾人就业单位的处罚力度。另外，也应该根据人口、经济形势等因素的变化，对按比例就业制度进行适当改革。与20多年前相比，我国残疾人口年龄结构发生显著变化，出生缺陷率有所下降，残疾儿童比例和数量快速下降，新进入劳动力市场的残疾人逐年减少。与此同时，随着人口老龄化的加速，劳动年龄段的残疾人老龄化现象明显，退出劳动力市场的残疾人数增加。因此，需要对当前的按比例安置制度进行进一步研究，并做出适当调整，包括适当调整法定安置比例，建立安置比例递增机制，实施差别安置比例。

（三）提升独立生活能力，满足残疾人对美好生活的需要

我国已建立了较为完善的社会安全网，绝大多数残疾人的基本生存问题已得到解决，残疾人对美好生活的向往越来越强烈，越来越多的残疾人开始追求自身发展，融入社会的愿望也越来越强烈。这就需要消除阻碍残疾人社会参与的障碍，增强其独立生活的能力。

一是大力提升环境无障碍和信息无障碍。我国的环境无障碍和信息无障碍处于发展的初期阶段，农村还处于空白状态。今后要大力开展环境无障碍创建工作，推动无障碍建设纳入乡村振兴计划，推进行业无障碍服务和信息无障碍建设，加大重度贫困残疾人家庭无障碍改造力度。现阶段，要为残疾人提供无障碍公共设施及服务，推进信息交流无障碍，为残疾人走向社会、参与社会生活提供必要的条件。

二是加大残疾人辅助器具适配力度。① 我国残疾人辅助器具需求远未得到满足。中国残联的统计数据显示，我国8500多万残疾人中超过1/3有辅助器具需求，在老龄化和高龄化快速发展的背景下，失能老年人的增加导致对辅助器具需求的快速增长。这些人群多数难以通过社会救助政策解决其辅助器具需求。在全面建成小康社会的背景下，完成“残疾人辅助器具适配率达到80%”的目标，就需要建立一套完善的辅助器具社会政策，包括面向贫困残疾群体的辅助器具适配社会救助政策、面向疾病康复和工伤康复群体的辅助器具适配社会保险政策，以及面向全体残疾人的辅助器具适配社会福利政策。

① 参见杨立雄、李晞《中国残疾人辅助器具政策研究》，《残疾人研究》2018年第1期。

（四）整合资源，夯实残疾人组织保障体系

一是妥善做好领导组织体制改革。加强组织领导，充分发挥国务院残工委和各级政府残工委的作用，整合利用各方面的资源，推动各项工作有序有效开展；进一步发挥各级残工委的议事协调职能，健全相关制度和机制，积极议大事、谋大局，研究解决重大问题、统筹协调重点政策；建立督促检查抓落实的制度，每一项工作都要明确目标和重点，做到部署到位、责任到位、监督到位。做好残联改革，进一步解决职能交叉、重叠等问题；强化残联的代表、维权功能，将残疾人需求、意志传递给政府相应的服务提供部门。让管理职能逐步回归到政府，将残联承担的社会服务职能逐步剥离出去。

二是整合残疾人基础设施。[①] 近些年来，政府高度重视残疾人事业，加大了残疾人基础设施投入，残疾人服务设施建设得到全面发展。截至2017年底，全国已竣工并投入使用的各级残疾人综合服务设施有2340个，总建设规模达533万平方米，总投资为154.9亿元；已竣工并投入使用的各级残疾人康复设施有833个，总建设规模达261.4万平方米，总投资为80.8亿元；已竣工并投入使用的各级残疾人托养服务设施有649个，总建设规模达161.2万平方米，总投资为44.3亿元。但是，由于配套政策和配套设施跟不上，残疾人服务设施并没有得到充分的利用，设施和设备闲置的情况比较普遍。今后，应基于“小而专”的发展模式和福利社区化的发展原则，充分考虑不同地区残疾人服务需求的特点，将专业化要求高、占地面积大的服务项目安排在更高一级的综合性或专业性服务机构，而将服务需求量大且专业性要求不高的项目开设于社区，让残疾人能在自己的家庭或社区中接受服务。同时，也应看到，残疾人基础设施发展不平衡不充分的问题较为突出，中西部地区基础设施老化、建设滞后的问题尤为突出。因此，今后还应继续

① 参见杨立雄《残疾人服务设施利用率低的原因分析及对策建议》，《甘肃社会科学》2013年第1期。

加大残疾人基础设施的投入，加大对中西部地区基础设施投入的补贴力度，缩小地区之间的差距。

三是应用大数据推进残疾人事业。2015 年，国务院残工委组织开展了全国首次残疾人基本服务状况和需求专项调查，为出台困难残疾人生活补贴和重度残疾人护理补贴制度、制定残疾人小康进程规划和残疾人事业“十三五”规划等提供了重要依据。残联实施动态更新，了解和掌握残疾人基本服务状况和需求信息数据的动态更新，成为反映残疾人基本状况逐步改善和完成全面小康目标的重要参考。但是，从总体上看，大数据技术在推进残疾人事业的过程中还有较大的发展空间。动态更新每年对 3000 多万残疾人进行调查，生成的数据达到数十亿，蕴含极大的信息量。但是这些大数据还未得到充分的开发利用，对提升理论研究起到的作用尚不明显。未来应进一步提升残疾人事业的信息化水平，促进残疾人事业工作手段的现代化；同时，逐步开放动态更新数据，提升残疾人理论研究水平，为制定残疾人政策提供有力支持。

组　织　篇

Organization Reports

B.2 残联组织30年发展报告

邱观建　于　娣*

摘　要： 本报告梳理了中国残联组织的发展历程，回顾了残疾人社会组织形态演进和中国残联成立及发展的过程，介绍了中国残联组织机构、人力资源、职能定位与业务进展以及事业经费的发展现状。本报告认为残联组织是中国特色残疾人事业的主要参与者，在其中扮演了残疾人利益的代表者、助残服务的提供者、残疾人事业的管理者的角色。残联组织面临的新

* 邱观建，武汉理工大学原党委副书记、纪委书记。武汉理工大学中国残疾人事业发展研究中心（基地）主任，教授，博士生导师。长期在高校从事党史党建、马克思主义中国化教学与理论研究，自2012年以来专注于中国特色残疾人事业理论与实践研究、中国扶弱助残志愿服务项目研究，在公开出版的报纸杂志上发表论文80余篇，主持、承担国家、省部级及企事业单位科研项目30余项，主编、参编学术专著、大学教材等20余部。先后荣获教育部、湖北省社会科学研究成果奖6项。现任中国残疾人研究会常务理事，中国青年志愿者协会常务理事，湖北省科技期刊编辑学会理事长，湖北省残疾人研究会会长，湖北省中共党史研究会副会长。于娣，武汉理工大学马克思主义学院博士研究生，研究方向为残疾人事业。

形势、群团改革提出的新要求、残疾人对于美好生活的新需求为残联组织的发展带来了挑战与机遇，残联组织在未来的发展中将进一步转变职能、改进工作方式、完善组织体系。

关键词： 中国残疾人联合会　残联组织　残疾人事业

改革开放40年来，中国的经济发展和社会建设取得了巨大成就，中国特色社会主义发展彰显出旺盛的生命力和独特的魅力。中国残疾人事业与改革开放同向而行，从快速恢复到大发展，取得了丰硕成绩，走出了具有中国特色的残疾人事业发展道路。中国残疾人联合会及各地方残联组织作为残疾人事业中最具活力的组织要素之一，从成立、发展到壮大，如今也已渐渐走向成熟。

一　中国残联组织发展历程

（一）中国残联成立之前的残疾人组织

中华传统文化中包含着丰富的慈善思想，《礼记》中写道："矜寡孤独废疾者，皆有所养。"但这只是那时人们的一种理想，多数残疾人的处境较为悲惨。1949年中华人民共和国成立后，残疾人生存状况发生了根本转变：他们在政治上获得了和健全人一样的地位，初步享受到应有的权利和义务；有了参加各种力所能及的劳动生产和各项工作的可能与机会，经济条件和生活状况有了显著改善，残疾人福利事业获得初步发展。

残疾人社会组织形态也发生根本性变化，在残疾人事业发展中承担起非常重要的管理和代表的职能。1953年，经人民政府批准成立中国盲人福利会；1956年，成立中国聋哑人福利会。中国盲人福利会和中国聋哑人福利会协助政府开展医疗康复、特殊教育、生产自救、文化体育等残疾人工作。

1960年，两个协会合并成立中国盲人聋哑人协会。协会的宗旨是为盲人聋哑人说话办事，维护他们的合法权益，为他们谋福利。协会的任务是协同政府有关部门，安置盲人聋哑人就业，发展盲人聋哑人特殊教育，做好盲人聋哑人社会救济，开展盲症聋症的防治和文化体育工作；争取社会支持，举办职业培训、康复、职工教育等福利事业；进行社会宣传，提倡关怀盲人聋哑人的社会主义新风尚；进行友好往来，加强国际合作。中国盲人聋哑人协会按照地方的行政区划建立地方各级盲人聋哑人协会，盲人聋哑人10人以上的企事业、街道、乡镇设立基层协会分会。① 中国盲人聋哑人协会成立之后，积极开展工作，为残疾人事业的发展奠定了基础。

中共十一届三中全会以后，我国进入了以经济建设为中心的新的历史时期，这为我国残疾人事业带来了新的生机和活力。在组织体系创新方面，20世纪80年代，相继创立了中国残疾人福利基金会和“联合国残疾人十年”中国组委会，全国性和地方性从事残疾人工作的群众团体得到发展，并积极开展活动。这一时期，对中国残疾人事业产生重要影响的标志性事件是1984年中国残疾人福利基金会的成立，它是中国政府批准的全国性的社会福利团体，其主要任务是呼吁社会关心残疾人的劳动、生活、康复、教育，全面发展残疾人事业，争取有关方面制定相应的法律和规定，筹集、管理和使用残疾人福利基金。② 中国残疾人福利基金会成立后，对残疾人服务的内容、渠道和方法进行了卓有成效的探索，结合前期的工作实际提出了发展残疾人事业的新途径，即强调政府的主导作用，同时与社会化管理模式相结合；重视发挥残疾人的主观能动性，进一步提升其在残疾人事业发展中的重要作用；营造良好的社会环境和文明风尚，推动残疾人平等享受各项权利。中国残疾人福利基金会是改革开放的产物，是残疾人工作从社会救济型向事业型转变的一项创新。

---

① 《中国盲人聋哑人协会章程》，载中国残疾人联合会编《中国残疾人事业年鉴（1949～1993）》，华夏出版社，1996，第254～255页。

② 《中国残疾人福利基金会章程》，载中国残疾人联合会编《中国残疾人事业年鉴（1949～1993）》，华夏出版社，1996，第180～181页。

（二）中国残联的成立与发展

1985 年，民政部提出组建残疾人联合会的设想；1986 年，民政部向中央领导请示，并商定了残疾人联合会组建的主要原则；1987 年，民政部成立中国残联筹备研讨小组；1987 年 12 月 9 日，国务院发文批准成立中国残联，并明确了中国残联半官半民的事业团体属性，具有“代表、服务、管理”三种职能，由民政部代管，在国家计划中单列户头，与国务院和各省、自治区、直辖市建立业务联系。① 1987 年 12 月 24 日，中国盲人聋哑人协会与中国残疾人福利基金会完成了合署办公。1988 年 3 月 11 日，中国残联首届全国代表大会在北京召开，审议通过了《中国残疾人联合会章程》，标志着中国残联正式成立。

《关于残疾人的世界行动纲领》指出：“支持建立强大的全国性残疾人组织，使他们在具有切身利害关系的一切领域发挥作用；鼓励残疾人组织的联合、统一，并与政府协调行动。”中国残联的设计符合行动纲领的精神，同时与我国的制度框架相适应。正是由于这样的设计，才能集中力量办大事，关注残疾人亟待解决的问题，在较短的时间内打下坚实的事业发展基础。

自中国残联组建以来，我国着力完善组织体系建设，按照行政区划自上而下建立各级残联，配备专职理事长。1995 年，根据中央进一步加强残疾人工作与残联建设和残联工作只能加强不能削弱的指示要求，各地加强了残联的组织建设，基本建立起省、市、县三级残联组织，业务领域基本形成。在这一阶段，各级残联理顺了管理关系，实现了机构升格。② 1998 年，国务院残工委印发了《关于加强基层残联建设的决定》，积极推进县级残联“四

---

① 《国务院办公厅转发民政部〈关于组建中国残疾人联合会报告的通知〉》，载中国残疾人联合会编《中国残疾人事业年鉴（1949～1993）》，华夏出版社，1996，第 301～302 页。

② 至 2000 年底，全国 29 个省级残联和 88.3% 的市级、94% 的县级残联调整了级别，机构达到正局规格，结束了民政代管，理顺了管理关系；增加了编制，充实了力量，残联系统工作者达到 8 万多人，实现了理事长专职；建立了党组织，加强了干部管理和自身建设，残联组织建设得到了加强和完善。

位一体”和乡级残联“三位一体”建设。至2000年，全国31个省（自治区、直辖市）、384个市（地）、2800多个县（市、区）、95%以上的乡镇（街道）以及相当一部分大中型企事业单位建立了残疾人联合会，大部分村委会、居委会、福利企业和残疾人较集中的企事业单位建立了残疾人基层组织，残联组织体系基本建成。①

进入21世纪后，残疾人组织体系建设重点转向推动社区残疾人工作和体系完善。民政部、中国残联等14部委联合出台了《关于加强社区残疾人工作的意见》，加强基层社区残疾人组织建设。2005年，国务院残工委下发《关于进一步加强基层残疾人组织建设的意见》，规范县、乡、村三级残疾人组织设置。随后于2006年、2007年和2009年又分别下发《基层残疾人组织规范化建设验收标准》《全国残疾人专职委员考核选聘办法》《关于进一步加强和规范基层残疾人组织建设的意见》，促进残疾人组织体系的进一步完善，保障基层残联组织的规范和健康发展。

30年来，中国残联组织的发展立足国情，不断探索，形成具有中国特色的组织体系架构。随着残联组织的快速发展和残疾人工作者队伍的不断壮大，残疾人服务能力迅速提升，促进了残疾人事业的发展（见表1）。

表1　各级残联组织发展状况

单位：个

年份	1996	2000	2005	2010	2015	2016
省级残联	99	129	141	155	158	158
地市级残联	341	396	359	359	359	360
县（县级市、市辖区）残联	2819	2788	3089	3073	3069	3071
乡镇（街道）残联	49951	45133	41706	40041	40063	40055
村残协	—	—	382944	529349	518569	516080
社区残协	—	—	62052	74285	67718	68312

资料来源：根据中国残疾人联合会历年统计数据整理。

① 《残疾人组织建设工作概述》，载中国残疾人联合会编《中国残疾人事业年鉴（1994～2000）》，华夏出版社，2002，第726页。

二　中国残联组织发展现状

（一）组织机构发展现状

“残联”这个概念具有狭义和广义之分。狭义的残联是指中国残联，机构设置包括办公厅、研究室、维权部、组织联络部、康复部、教育就业部、宣传文化部、体育部、国际联络部、计划财务部、人事部、机关党委及其领导的下属单位和各类协会等。① 广义上的中国残疾人联合会指的是一个宏观的残联系统，包括：中国残联及中国残联领导的盲人协会、聋人协会、肢残人协会、智力残疾人及亲友协会、精神残疾人及亲友协会五个专门协会；按照国家行政区划设立的地方各级残联组织；社区居民委员会、村民委员会、残疾人集中的企事业单位设立的残疾人协会或残疾人小组。在本报告中，使用广义的残联概念，包括中国残联以及在每个行政层次上的地方组织。2017年，全国省、市、县、乡（除兵团、垦区外）共成立残联4.3万个，各省（区、市）、市（地、州）全部建立残联；93.5%的县（市、区）、98.7%的乡镇（街道）已建立残联。全国95.4%的社区（村）建立残协，达到58.6万个。全国共建立省级及以下各类残疾人专门协会1.5万余个，其中省级专门协会已建比例为100%，市级专门协会已建比例为96.5%，县级专门协会已建比例为86.4%。

（二）人力资源发展现状

干部队伍建设是各级残联党组一项非常重要的工作职责，中共中央组织部赋予中国残联党组对省级残联负有协管职责，协助当地组织部门对省级残联进行管理，组联部是履行协管的职能部门。《中共中央组织部关于转发中

① 中国残疾人联合会：《中国残疾人联合会机构概况》，中国残疾人联合会网站，2014年7月8日，http://www.cdpf.org.cn/zzjg/jggk/。

国残联党组〈关于残疾人联合会干部管理办法和党组织管理关系的意见〉的通知》（组通字〔1996〕2号）规定地方残联干部的管理，以地方党委为主，负责残联干部的培养教育和选拔配备；上一级残联协助，对下一级残联干部进行培养教育和了解考察。这个文件同时还要求“省、自治区、直辖市及省辖市、直辖市的区、自治州残联成立党组”。

残联组织重视干部管理培训，多层次、全方位、制度化举行各类干部培训班（见表2）。通过培训，广大残疾人工作者进一步明确“人道、廉洁、服务、奉献”的职业道德，提升了工作能力，增强了服务意识。《“十三五”加快残疾人小康进程规划纲要》中对于残疾人干部队伍建设和公益性岗位设置做出了相应要求：指出要建设壮大专职兼职相结合的干部队伍，加强残疾人干部培养力度，鼓励残疾人干部交流任职，残联干部既要具备过硬的思想政治素质，又要具备代表、服务和管理残疾人的业务能力；探索设立残疾人公益性岗位，改善基层残疾人专职委员保障条件。

表2　残疾人事业干部队伍综合培训情况

年份	2012	2013	2014	2015	2016
省级举办综合培训班(期)	130	127	124	119	92
参加省级综合培训人次(人次)	14718	16207	17731	16945	9417
省级举办残疾人干部培训班(期)	44	31	35	30	26
参加省级残疾人干部培训人次(人次)	2358	2339	2498	2114	1613
参加全国培训人次(人次)	1096	881	752	335	221
参加全国残疾人干部培训人次(人次)	140	120	96	90	90

资料来源：根据中国残疾人联合会历年统计数据整理。

残联组织是残疾人的代表，是残疾人和残疾人工作者的联合会，是残健融合的组织。这个组织不排斥健全人，但是既然是残疾人的组织，就一定要有残疾人。《中共中央组织部关于转发中国残联党组〈关于选拔残疾人干部充实地方残疾人联合会领导班子和干部队伍的报告〉的通知》（组通字〔2002〕38号）明确要求各级残联领导班子中须配备相应的残疾人职数，其中各省、自治区、直辖市和副省级城市残联领导班子中配备一名残疾人理事长或副理事长，同时需要聋人、盲人、肢体残疾人担任理事。省级残联机关残疾人干部比例应达到15%以上。市级残联领导班子根据具体职数也有相应的要求。2017年，93.5%的省级残联、67.5%的地市级残联配备了残疾人领导干部，52.7%的县级残联配备了残疾人领导干部（见表3）。

表3　残疾人干部队伍建设情况

单位：%

年份	2013	2014	2015	2016	2017
省级残联残疾人领导干部已配比	93.8	97	97	96.8	93.5
地级市残联残疾人领导干部已配比	—	—	68	69.4	67.5
县级残联残疾人领导干部已配比	—	—	53	53.3	52.7

资料来源：2013～2017年《中国残疾人事业发展统计公报》。

（三）职能定位与业务进展

残联组织“代表、服务、管理”的三种职能体现了两个特性，即统一性和联合性。

统一性体现在组织上的统一性和功能上的统一性。全国建立健全了“横向到边、纵向到底”的残疾人组织网络。国家、省、市、县、乡五级全部建立了残联，社区（村）普遍建立了残疾人协会。各级残联对下一级残联形成了组织上统一、干部上协管、业务上指导的关系。统一的组织关系形成了强大的工作合力，保证了党和政府惠及残疾人的政策措施深入广泛落实，为残疾人事业迅速发展提供了坚强的组织保障。残联组织的业务领域包括康复、特殊教育、就业、扶贫、无障碍建设等残疾人需求的方方面面。这些业务在残联组织的统一部署和协调之下，形成了相互配合、相互促进的工作关系。残联组织的这种模式，合理划分了为残疾人服务的资源类型、最大限度地避免了工作衔接上可能出现的矛盾和问题，为集中力量解决残疾人最急需的突出问题提供了可能。功能上的统一性为残疾人事业的全面发展提供了有力的组织支撑。

联合性体现在残联组织是五类残疾人的联合体，是“代表、服务、管理”三种职能的联合会，也是残疾人、残疾人亲友和残疾人工作者残健融合的联合会。五类残疾人成立联合组织，有利于将分散的力量集中起来，寻求共同利益，发出统一的声音，为残疾人事业争取更大的支持。残联的三种职能相辅相成：残联只有代表残疾人才能发出合法和合理的声音；残联的服务使残疾人工作得到落实，从而惠及残疾人；建立在代表和服务基础上的管理，才具有合法性和针对性，真正做到“寓服务于管理”。残联是一个残健融合的组织，包括健全人在内的社会有为残疾人提供生存和发展条件的义务，残疾人也应该在针对残疾人的政策和工作中发挥作用。健全人有健全人的优势，残疾人也发挥了残疾人独特的作用。

残联业务领域的开拓遵循的原则是：群众最需要的；可能实现的；社会影响大的；效益好效率高的；有长远意义的，带基础性的。[①] 残联组织已经形成了包括预防康复、教育就业、社会保障、扶贫开发、宣传文体、无障碍建设、信息化建设在内的综合性业务体系。2017 年，残联组织的各项业务取得了新的进展：854.7 万残疾儿童及持证残疾人得到基本康复服务，全年共为 244.4 万残疾人提供各类辅助器具适配服务；全国共有特殊教育普通高中班（部）112 个、在校生 8466 人，残疾人中等职业学校（班）132 个、在校生 12968 人，10818 名残疾人被普通高等院校录取、1845 名残疾人进入高等特殊教育学院学习；城乡持证残疾人新增就业 35.5 万人；城乡残疾居民参加城乡社会养老保险人数 2614.7 万；92.5 万残疾人退出建档立卡；为 89.2 万户残疾人家庭实施了无障碍改造。

（四）残疾人事业经费发展现状

残联组织的活动资金及其他资源，主要由各级财政拨款、国家彩票公益金、残疾人福利基金、企事业单位赞助等构成。各地按照“地方投入为主、

① 邓朴方：《残疾人事业的健康持续发展问题》，载《人道主义的呼唤（第二辑·1996～2000）》，华夏出版社，2006，第 245～247 页。

中央补助为辅”的原则，多渠道筹措事业发展经费。中国残联隶属于国务院，是国家事业单位。因而，国家每年在财政预算支出中，都有稳定的财政拨款，列入中央部门预算。政府从彩票发行收入中按一定比例提取资金作为彩票公益金，中央与地方按 5∶5 比例办法进行分配，中央彩票公益金收入的 30% 用作专项公益金，使用范围包括残疾人事业。

近年来，国家不断加大对残疾人事业的支持力度，中央财政对残疾人事业的投入逐年增长（见表 4）。2011 年，国务院下发通知将残疾人事业纳入国民经济和社会发展大局，加大投入，建立稳定增长的残疾人事业经费投入保障机制。2016 年，财政部、中国残联制定了《中央财政残疾人事业发展补助资金管理办法》。《“十三五”加快残疾人小康进程规划纲要》中指出各级财政继续加大对残疾人民生保障和残疾人事业的投入力度，按照支出责任合理安排所需经费。充分发挥社会力量作用，鼓励采用政府和社会资本合作模式，形成多渠道、全方位的残疾人事业资金投入格局。

表 4　全国一般公共预算支出残疾人事业投入情况

单位：亿元

年份	预算数	决算数
2012	99.07	101.37
2013	111.33	121.06
2014	128.88	145.85
2015	469.28	395.14
2016	393.64	460.60

资料来源：整理自财政部历年公共财政支出数据。

三　残联组织的角色与作用

（一）中国特色残疾人事业的主要参与者

我国政府对残疾人事业高度重视，将其纳入国民经济社会发展规划，兼顾特性、统筹安排，同步实施、协调发展。在残疾人事业恢复发展、开拓局面、不断推进的过程中，在中国特色残疾人事业领导体制和工作机制中，残联组织发挥重要作用。各级残联组织深入贯彻中央党的群团工作会议精神，落实全面从严治党要求，切实加强党对残疾人事业的全面领导，努力增强政治性、先进性、群众性，发挥代表、服务、管理职能，成为党和政府联系残疾人的桥梁和纽带。各省、市、县普遍建立残疾人专门协会，社区、村普遍建立残疾人协会。

残联组织在当初成立的时候，从中国国情出发，确定了“半官半民”的性质，做出了融代表、服务、管理三种职能于一体的定位。随后改成“亦官亦民”，意思是一样的，只是用了一个相对贴切的说法。一方面，残联能够更好地贯彻政府意图，拥有了政府才具有的工作手段和资源条件，赋予了政府委托的相应职能，承担政府残疾人议事协调机构的日常工作，发挥残疾人事业各业务各部门之间的协调作用。另一方面，残联密切联系残疾人群体，代表残疾人利益，关心残疾人需求，反映残疾人意见，探索运用灵活多样的社会化方式开展工作，动员和组织社会力量发展残疾人事业。30 年的发展实践证明，这种性质和职能的定位是完全正确并且卓有成效的。

（二）残疾人利益的代表者

残联组织代表残疾人的根本利益，反映残疾人群体的一般要求，是残疾人的利益代言人。残联组织工作的生命线在于保持与广大残疾人群体的血肉联系。[①] 从这一层面上讲，表达残疾人的群体诉求目的不在于解决某个成员的具体问题，而在于塑造残疾人群体形象，表达残疾人的群体诉求，获取社会的重视与支持，期望政府在制定政策时能够在“普惠”的基础上对残疾人有所“特惠”。

---

① 邓朴方：《加强专门协会工作》，载《人道主义的呼唤（第三辑·2001～2005）》，华夏出版社，2006，第 82 页。

残联代表残疾人充分参与国家决策。如表5所示，残联维护残疾人权益，参与制定或修改关于残疾人的专门法规、规章以及保障残疾人权益的规范性文件。残联全过程参与《中华人民共和国残疾人保障法》的修订，并参与全国人大、全国政协对《中华人民共和国残疾人保障法》执行、评价的监督检查工作。在参与《残疾人权利公约》制定的过程中，中国政府全程吸纳残疾人组织参与，提交涉及基本人权公约履约报告时，均征求残疾人组织的意见和建议。残联主动参与涉及残疾人权益的法律法规建设，在多部法律的立法过程中提出了保障残疾人权益的具体建议。中国共产党中央政法委员会等部门出台的《关于建立完善国家司法救助制度的意见（试行)》，对残疾人的司法救助作出了规定。残联与最高人民检察院推出《关于在检查工作中切实维护残疾人合法权益的意见》，并推进与最高人民法院、全国人大内司委和公安司法机关的联动机制建设。

表5　残联参与制定或修改残疾人法律体系和政策文件情况

单位：个

年份	2012	2013	2014	2015	2016	2017
制定或修改关于残疾人的专门法规、规章	30	31	18	13	19	21
制定或修改保障残疾人权益的规范性文件	706	543	427	338	285	217

资料来源：根据2012~2017年《中国残疾人事业发展统计公报》整理。

残联组织积极贯彻中央关于建立完善群团组织参与各渠道民主协商工作的要求，推动了具体实践，开展了专项调研活动。如表6所示，残联积极参与在人大、政协的工作，结合残疾人工作中的具体问题和重点难点工作，及时提出建议，在后续工作中督促落实。残联主动参与关涉残疾人群体政策措施的制定修订与效果评估，与政府部门保持沟通协商并及时反馈。与全国政协社法委率先建立了残疾人事务的协商工作机制，发挥全国政协社法委残疾人事务协商机制的示范作用，推进地方各级残联与人大、政协相关机构和政府部门等形成常态化工作机制，就残疾人最关心、最现实的问题进行研究和协商解决。

表 6　残联参与人大、政协工作情况

单位：件

年份	2012	2013	2014	2015	2016	2017
残联协助人大、政协代表分别提出议案、提案	1771	1743	1538	1406	956	753
残联协助办理人大议案、政协提案	1435	1464	1374	1238	988	993

资料来源：根据 2012～2017 年《中国残疾人事业发展统计公报》整理。

残联注重动态了解和及时反馈残疾人合理诉求，推动信访接访重心下移。扎实推进残疾人法律救助和法律援助服务，权益维护、诉求调解成效明显，338 个城市开通了 12385 残疾人服务热线，密切关注和及时处置了互联网上涉及残疾人的重点、热点、焦点信息。拓宽残疾人反映诉求渠道，加大信访案件督办力度和信访积案化解力度，及时解决侵害残疾人权益的事（案）件（见表 7）。从 2015 年起，连续三年获取了全国 3404 万持证残疾人基本服务状况和需求的动态信息以及 70 万多个村（社区）残疾人基本公共服务状况信息，在世界上率先建立了所有持有残疾人证的残疾人实名制的大数据库。2017 年中国残联直接走访 43 个国定贫困县、179 个村，调研成果已被纳入中办、国办《关于支持深度贫困地区脱贫攻坚的实施意见》中。

表 7　残疾人信访接待情况

年份	2011	2012	2013	2014	2015	2016
残疾人来信(万件)	6.0	5.5	5.4	4.8	4.6	4.0
残疾人来访(万人次)	34.9	34.4	32.3	28.6	26.9	24.6

资料来源：根据 2011～2016 年《中国残疾人事业发展统计公报》整理。

残联是盲人、聋人、肢残人、智力残疾人、精神残疾人的统一代表组织，领导五个专门协会。残联积极推动专门协会充分发挥自身优势，担当本类残疾人的代言人。[①] 残联成立专门协会项目评估和财务监审委员会，加强

① 邓朴方：《残疾人社团登记是新起点新课题》，载《人道主义的呼唤（第四辑·2006～2012）》，华夏出版社，2012，第 451～452 页。

专门协会工作第三方评估，促使协会能充分发挥独特优势，以更开放、更积极的心态走向社会，在助残社会组织中起到引领示范作用。2017 年，各专门协会积极履职，推动工作创新迈出新步伐。起草制定了 11 个残疾人服务标准和服务规范，开展了 8 个涉及本类别残疾人迫切需求的专项调研。积极为中国残联相关政策文件建言献策，向全国人大代表或政协委员分别主动建议议案、提案 7 件。开展了 52 项具有可示范可复制的项目活动，打造了近 20 个服务品牌，产生了良好社会影响。

（三）助残服务的提供者

残联作为互益型组织，基本功能是满足残疾人需要，这在很大程度上决定着对残疾人群体的吸引力，为组织成长提供内生性动力。在残联最初成立的时候，我国经济有了初步发展但是国力仍然不强，残疾人事业长期遭到忽视造成了残疾人服务的严重缺失，工作任务繁重，很多残疾人由于得不到康复而被束缚在残疾中。邓朴方主席和当时的残疾人工作者深刻而准确地意识到残疾人的迫切需求和康复对残疾人自身、家庭和社会的重要意义，经过多方协调呼吁，成立了中国康复研究中心，全面开展了三项康复，解决了残疾人的迫切需求。残联组织采用最经济的手法，降低了残疾人的康复成本，做了其他部门意识不到或忙不过来的事，为社会带来了正外部性。

各级残联受政府委托直接承办和管理残疾评定、制发残疾人证以及残疾人康复、托养、就业、教育、文化、体育等 10 大类 30 多项残疾人基本公共服务项目（部分类别和项目服务情况见表 8）。残联组织提供公共服务的方式主要有三种，即授权型（政府授权，残联执行）、协同型（联合政府共同展开）和补缺型（提供那些本应该由政府承担但由于各种原因未能及时提供的服务）。残联在提供残疾人公共服务方面坚持普惠与特惠相结合的原则。普惠制度旨在保障残疾人基本的生存和发展需要，使残疾人享受各项公平待遇。特惠制度意在解决残疾人的特殊困难和特殊需求，为残疾人提供合理便利、特别扶助和优先保障。

表 8 残联助残服务情况

类别	项目	年份				
		2013	2014	2015	2016	2017
康复	残疾儿童及持证残疾人享受基本康复服务(万人)	746.8	751.5	754.9	279.9	854.7
	残疾人康复服务机构(个)	—	6914	7111	7858	8334
教育	特殊教育普通高中班(部)在校生(人)	7313	7227	7488	7686	8466
	残疾人中等职业学校(班)在校生(人)	11350	11671	8134	11209	12968
	普通高等院校录取残疾人(人)	7538	7864	8508	9592	10818
就业	城乡持证残疾人就业人数(万人)	—	—	—	—	942.1
文化	省级残疾人专题广播节目(个)	120	17	19	26	25
	省级残疾人电视手语栏目(个)	36	30	29	29	31
体育	全国性残疾人体育赛事(项)	18	20	—	—	23
服务设施	投入使用的各级残疾人综合服务设施(个)	2094	2231	2281	2294	2340

资料来源：根据 2013 ~2017 年《中国残疾人事业发展统计公报》整理。

在康复方面，保障残疾人基本康复服务需求，重点实施残疾儿童抢救康复、贫困残疾人辅具适配、聋盲防治康复项目，加强社会康复服务，进行残疾人健康管理。在教育方面，提高残疾人受教育水平，巩固特殊教育发展基础，为困难残疾儿童和青少年提供 12 年免费义务教育。在就业方面，开展适合残疾人特点的职业培训，为残疾人提供就业创业服务，制定相关就业援助和扶持政策，为重度残疾人提供辅助性和支持性就业服务。在社会保障方面，资助重度残疾人社会保障个人缴费部分，为重度残疾人医疗报销和就医费用提供结算服务。在宣传文化方面，推动实施残疾人享受公共文化体育场馆的优惠措施，开展特需文化服务，加强手语、通用盲文的规范与推广。全面推进无障碍环境建设，为残疾人参与社会创造便利化条件和构建友好型环境，让残疾人安居乐业、衣食无忧，生活得更加殷实、更加幸福、更有尊严。

（四）残疾人事业的管理者

残联组织提出“亦官亦民”的组织性质，在“三位一体”的职能设置中被赋予“管理”职能。回望残疾人事业的发展历程，残联组织利用“官”的职能创造性地开展工作，开创了残疾人事业的崭新局面。推动残疾人事业纳入国家发展规划，推动政府设立残疾人工作议事和协调机构，推动各个行政层次残疾人组织机构建设，推动制定促进残疾人事业发展、保障残疾人权益的法律法规，推动残疾人社会保障体系的完善，推动残疾人公共服务水平的提升，推动整个社会对残疾人的认识、理解与尊重，让残疾人的生存和发展状况得到了实质性的改善。“‘半官半民，亦官亦民’，‘官’这头行政手段不能放弃，政府该管的要管，该开协调会的开协调会，该下文件的下文件，该贯彻的贯彻，该拨款的拨款，没有这个，好多事办不成，中国就是这个体制。”①

残联协助政府做好残疾人事业的顶层设计。党的十九大报告明确要求“发展残疾人事业、加强残疾康复服务”“办好特殊教育”“筹办好北京冬奥会、冬残奥会”。党的十八届三中、四中全会做出了健全残疾人权益保障制度、完善保障残疾人权益法律法规的新部署，为促进新时代残疾人事业发展提供了行动指南和重要遵循。继 2008 年党中央、国务院出台《中共中央 国务院关于促进残疾人事业发展的意见》后，国务院又推出了《国务院关于加快推进残疾人小康进程的意见》《国务院关于全面建立困难残疾人生活补贴和重度残疾人护理补贴制度的意见》等两份重要文件。中国残联牵头起草并推动出台了《“十三五”加快残疾人小康进程规划纲要》《国家残疾预防行动计划（2016～2020 年）》，配合出台了《国务院关于加快发展康复辅助器具产业的若干意见》《“健康中国 2030”规划纲要》等重要文件，会同有关部委制定了康复服务、辅助器具推广、无障碍环境建设、文化体育工作、就业促进、基层综合服务能力建设、信息化建设 7 个实施方案。中国残联在推动制定和出台相关政策文件基础上，采取沟通部委、联动地方、分片督导、典型推广等方式，强化互动统筹，加强沟通联系，共同推动政策的落

① 邓朴方：《不要做“泥足巨人”》，载《人道主义的呼唤（第三辑 · 2001～2005）》，华夏出版社，2006，第 161～162 页。

地实施。

建立健全适合国情残情的残疾人事业领导体制和工作机制。地方普遍建立了党委领导、政府负责的残疾人事业领导体制，政府残工委办公室设在各级残联。残联组织作为政府残工委的办事机构，推动残工委进一步完善了工作规则、明确了职责分工，逐步形成了党委领导、政府负责、社会参与、残疾人组织充分发挥作用的残疾人事业领导体制和工作机制。残联组织推动建立健全残疾人事业法律法规体系。经过多年的努力，基本构建起包括《中华人民共和国宪法》、《中华人民共和国残疾人保障法》、行政法规、地方法规以及扶助残疾人优惠政策在内的一整套残疾人事业法律法规政策体系，为发展残疾人事业提供了法制保障和政策支撑，为残联开展工作提供了依据。

四　残联组织面临的新形势、挑战与未来发展

（一）残联组织面临的新形势

党的十八大以来，残疾人事业呈现蓬勃发展的新局面，整体发展水平跃上新台阶。残疾人事业顶层设计和制度建设取得重大突破，残疾人事业进一步纳入“五位一体”总体布局和“四个全面”战略布局；残疾人民生保障和共建共享取得重大成效，残疾人事业基础管理和建章立制得到有力加强，基本建成了覆盖全国所有持残疾人证残疾人的基本服务状况和需求的实名制大数据；各级残联全面落实从严治党各项工作要求和党的群团工作会议精神，残联组织党的建设和自身建设得到显著加强；残疾人事务国际交流合作得到有效拓展，在国际残疾人事务中讲述中国故事，提供中国方案，贡献中国智慧，影响力显著提升。

党的十八届七中全会和党的十九大彰显以人民为中心的发展思想。党的十九大报告提出：“要坚持把人民群众的小事当作自己的大事，从人民群众关心的事情做起。”这些内容体现了以人民为中心的发展思想，体现了党中央对残疾人的格外关心、格外关注。党的十九大开启了新时代的新征程，为

开创新时代中国特色残疾人事业新局面指明了方向。

2015 年 1 月，中共中央下发《关于加强和改进党的群团工作的意见》，同年 7 月，党的群团工作会议首次召开，提出了新形势下加强和改进党的群团工作的重要性和紧迫性，指出新形势下，党的群团工作只能加强，不能削弱；只能改进提高，不能停滞不前。这为残联组织的发展与改革提出了新的要求。

（二）残联组织面临的挑战

不容乐观的是，残疾人事业的发展在我国经济社会发展中依然属于薄弱环节，表现为尚不完备的残疾人基本保障体系，相对薄弱的残疾人公共服务能力，差别较大的城乡和区域发展水平，发展的质量和效益仍有提升空间。2017 年全国残疾人监测数据显示：残疾人脱贫攻坚任重道远，全国仍有超过 380 万贫困残疾人尚未脱贫；残疾人就业仍面临层次低、不稳定、收入少等诸多问题；残疾人教育水平有待提高，在义务教育阶段尚有 24.7 万残疾儿童存在入学问题；康复服务与残疾人的康复需求之间依然有差距，1132.1 万残疾人表示需要康复服务；无障碍环境建设尚不能满足社会发展以及残疾人的需要；残疾人文体活动参与水平依然不尽如人意。这些问题需要残联组织在深化改革加快发展中着力加以解决。

党的群团工作会议精神要求残联组织不断增强政治性、先进性和群众性。在残疾人事业政府主导作用不断强化的前提下，探索解决群团组织中存在的普遍问题，警惕和防止机关化、行政化及各种脱离残疾人群众的不良倾向。党的十九大明确提出我国已经迈进新时代，对我国社会发展的主要矛盾作出了新的判断，残疾人对于美好生活的需要和向往以及残疾人事业发展中不平衡不充分的表现，给残联组织的发展提供了新的思路与着力点。新形势下，残联组织要立足残疾人工作实际，进一步深化改革推动发展，强化残联组织的代表职能，认真研究残疾人工作领域不平衡不充分发展的具体表现和重点难点，顺应广大残疾人日益增长的美好生活需要，推动新时代残疾人事业更加充分、更加均衡发展。

（三）残联组织的未来发展

群团改革的关键在于回归自身逻辑。残联组织兼具政治属性与社会属性，是沟通党和政府与残疾人群体的桥梁和纽带，既有公共权力资源的支持，又能向残疾人群体结构延伸，有着独特的合法性渊源和行动逻辑，只是在实践发展中组织功能的发挥受到了限制。残联组织是代表残疾人共同利益、全心全意为残疾人服务的群众团体，群众性是残联的根本特点。残联组织要进一步调整组织职能，把梳理残联传统职能、承接政府转移职能、认清残疾人社会需求三者结合起来。重点强化代表职能，使残疾人在残疾人组织中更具话语权，残疾人组织在基层工作中更有主动权，残疾人和残疾人组织在社会中贡献更多力量。既重视发挥桥梁纽带作用，又重点维护和增进残疾人的群体利益；既参与残疾人事业各项决策的贯彻与落实，又能动地影响党和国家作出反映残疾人群体利益要求的各项决策。

残联组织要在发展中不断改进工作方式。充分运用社会化的工作方式，动员社会力量开发社会潜能，整合社会资源，支持和培育残疾人社会组织，规范政府购买公共服务，切实增加公共服务供给、提高公共服务质量、提升公共服务有效性。进一步加强和完善组织建设，增强各级残联和残疾人工作者做好残疾人工作的实际本领。进一步改进作风，密切联系残疾人，全心全意为残疾人服务。不断完善组织体系，进一步推动完善和落实党委领导、政府负责的残疾人工作领导体制，为残疾人事业发展提供更坚强的政治和组织保障。

参考文献

中国残疾人联合会编《中国残疾人事业年鉴（1949～1993）》，华夏出版社，1996。

中国残疾人联合会编《中国残疾人事业年鉴（1994～2000）》，华夏出版社，2002。

邓朴方：《人道主义的呼唤（第一辑·1983～1995）》，华夏出版社，2006。

邓朴方：《人道主义的呼唤（第二辑·1996～2000）》，华夏出版社，2006。

邓朴方:《人道主义的呼唤（第三辑·2001~2005)》，华夏出版社，2006。
邓朴方:《人道主义的呼唤（第四辑·2006~2012)》，华夏出版社，2012。
王颖、折晓叶、孙炳耀：《社会中间层：改革与中国的社团组织》，中国发展出版社，1993。
张宝林:《中国残疾人事业理论与实践研究（综合卷)》，华夏出版社，2007。
康晓强:《论习近平的群团观》,《社会主义研究》2017 年第 1 期。

B.3
残疾人福利基金会发展报告（2017）

李　莹*

摘　要：　残疾人慈善组织在残疾人福利事业发展中扮演重要角色。其中，中国残疾人福利基金会以及各地方残疾人福利基金会具有较大社会影响力，地方各级残疾人福利基金会通过多渠道募集社会资源、开发残疾人支持项目，推动了残疾人康复、教育、就业和生活状况的改善。然而，各级残疾人福利基金会的未来发展依然面临诸多挑战，今后还需继续增强公信力建设、扩大募款渠道、改善自身管理水平以及不断完善助残项目设计。

关键词：　残疾人福利基金会　募捐　慈善组织

2016年，《中华人民共和国慈善法》（以下简称“慈善法”）出台，标志着我国建立起慈善事业发展的重要法律根基。慈善事业的发展依托于众多慈善组织的活动开展。在残疾人福利服务领域，慈善事业的发展则依托于众多残疾人慈善组织的参与。在残疾人慈善组织中，影响力较大的组织之一为残疾人福利基金会，包括全国残疾人福利基金会与各地方的残疾人福利基金会。我国2004年颁布实施的《基金会管理条例》第二条规定：“本条例所

---

* 李莹，中国人民大学副教授。2009年毕业于香港大学，获得哲学博士学位，专业为社会政策，随后进入中国人民大学工作。2016年10月至2017年8月赴美国纽约大学做访问学者。长期关注残疾人福利、儿童福利研究，已在国内外知名期刊发表多篇关于残疾人保障和服务的文章。

称基金会，是指利用自然人、法人或者其他组织捐赠的财产，以从事公益事业为目的，按照本条例的规定成立的非营利性法人。”残疾人福利基金会，即是通过社会募捐推动残疾人福利事业发展的非营利性机构。根据社会募捐的范围，基金会又分为公募和私募基金会。我国的残疾人福利基金会为具有公募资格的基金会，主要面向残疾人群体开展慈善活动。

以下将分别梳理中国残疾人福利基金会以及地方残疾人福利基金会的发展历史和现状，总结主要挑战并对其未来发展提出意见和建议。

一 中国残疾人福利基金会发展报告

（一）中国残疾人福利基金发展历程

中华人民共和国成立初期，受当时环境制约，我国残疾人工作的主要内容为对残疾人的扶助、收养和救济。改革开放后，残疾人事业发展迅速。20世纪80年代初，张海迪等优秀残疾青年获得社会关注，陆续有城市的残疾青年成立残疾人协会。1982年，联合国大会通过了《关于残疾人的世界行动纲领》；1983年，联合国大会宣布1983～1993年为“联合国残疾人十年”。这一国际环境促使我国必须建立自己的新型残疾人组织。[①]

1983年，在李维汉等知名人士积极推动下，国务院批准成立中国残疾人福利基金会，主管部门为中国残疾人联合会。1984年3月10日，中国残疾人福利基金会在北京召开第一次基金会理事会会议，通过了基金会章程，确定了会徽，决定王震任名誉理事长，崔乃夫任理事长。1989年12月，根据国务院《基金会管理办法》及《中国残疾人福利基金会章程》制定了《中国残疾人福利基金会基金管理办法》《中国残疾人福利基金会对捐资捐赠者的表彰办法（草案）》。1994年，中国残疾人福利基金会成立十周年之

① 中国残疾人福利基金会：《成长历程》，中国残疾人福利基金会网站，http：//www. cfdp. org. cn/jjhgywm/jjhczlc/。

际，基金会第十次理事会会议通过《中国残疾人福利基金会章程修正案》。2006年，中国残疾人福利基金会第二届理事会第一次会议审议通过了《中国残疾人福利基金会章程（修订稿）》，并使用至今。同年，推举刘华清为名誉理事长，推举邓朴方为会长，追认王鲁光为会长，选举江上舟为理事长。2015年中国残疾人福利基金会三届九次理事会选举王乃坤为理事长。2016年第三届理事会第十一次会议暨第四届理事会第一次会议再次选举王乃坤为基金会第四届理事会理事长。①

中国残疾人福利基金会是以服务残疾人为主的全国性公募基金会。据中国残疾人福利基金会官网，基金会的宗旨是弘扬人道，奉献爱心，全心全意为残疾人服务。理念是“集善”，即集合人道爱心，善待天下生命。其主要业务范围包括宣传残疾人事业，筹集资金，接受捐赠，管理和使用基金，资助残疾人事业。中国残疾人福利基金会自成立以来，不断创新筹款方式，募款金额持续增加。先后培育了“集善嘉年华”“启明行动”“助听行动”“助行行动”“助学行动”“助困行动”“中国信息无障碍论坛”等公益项目，形成了“集善工程”的公益项目品牌，产生了较大社会影响力。

为了贯彻宗旨、实现理念，基金会亦不断完善自身管理水平、明确工作目标。2010年9月13日至14日，中国残疾人福利基金会召开基金会战略规划研讨会。②《中国残疾人福利基金会战略规划（2011～2025年）》明确了基金会的工作目标为建设成为公开、透明、高效率、高公信力的世界一流基金会。基金会的发展规划实行“三步走”战略：到2015年，基本建成职业化的基金会，到2020年实现基金会社会化转变，到2025年使基金会达到国际化水平，从而在整体上达到公开、透明、高效率、高公信力的世界一流基金会。③

① 中国残疾人福利基金会：《基金会大事记》，中国残疾人福利基金会网站，http：//www.cfdp.org.cn/jjhgywm/jjhczlc/。

② 中国残疾人福利基金会：《基金会大事记》，中国残疾人福利基金会网站，http：//www.cfdp.org.cn/jjhgywm/jjhczlc/。

③ 中国残疾人福利基金会：《中国残疾人福利基金会战略规划（2011～2025年）》，中国残疾人福利基金会网站，2016年1月22日，http：//www.cfdp.org.cn/jjhxxpl/。

（二）中国残疾人福利基金会的组织架构

中国残疾人福利基金会的组织架构包括三层。第一层为会长，由邓朴方担任。第二层为理事会和监事会，理事会为基金会的决策机构，负责组织章程制定与修改、理事长与秘书长任免以及重要业务活动决策等；监事会负责对理事会以及基金会财务等进行监督。第三层为财务部、监管办公室、宣传办公室、资产管理部、国际合作部、综合办公室等职能部门和三个项目部。

总的来看，机构设置层级较少，有利于信息上传下达和促进决策效率。但是执行部门主要集中于第三层级，要求不同部门间具有较高沟通协作能力。同时层级较少也导致工作人员上升空间小，工作动力可能受到负面影响。此外，具体人事管理分为两种类型：主要工作人员纳入政府编制管理，其他员工多为社会招聘人员。在这一管理模式下，在编与不在编工作人员的工作稳定性、工作待遇均有显著差别，不利于最大化利用人力资源和形成稳定工作队伍。

（三）中国残疾人福利基金会的业务

中国残疾人福利基金会的服务对象是8500多万残疾人。中国残疾人福利基金会成立以来，随着募款金额增加，业务范围也逐渐扩大。尤其是2000年以来，培育了一系列有社会影响力的公益项目，从康复支持到教育支持、信息无障碍等，多方面满足残疾人需求，受惠残疾人数逐渐增多，形成了“集善工程”这一公益项目品牌。

主要项目包括以下几项。（1）启明行动：2006年6月由中国残疾人联合会和中国残疾人福利基金会共同发起，募集资金，为贫困白内障盲人免费做复明手术。（2）助听行动：针对听力残疾儿童，从2006年起，中国残疾人福利基金会与相关公司合作，为贫困听力残疾儿童提供人工耳蜗资助。（3）助行行动：旨在关注贫困肢体残疾人，通过装配假肢、提供轮椅等设施，促进残疾人参与社会生活。（4）助学行动：自2002年起实施，旨在推动贫困残疾儿童少年接受义务教育，为其提供资助。（5）助困行动：针对康复人才短缺、康复服务不足问题，旨在促进康复人才培养、康复机构建设。(6) 中国信息无障碍论坛：自2004年起，中国残疾人福利基金会与中华人民共和国工业和信息化部、中国残疾人联合会、中国互联网协会每年举办一届中国信息无障碍论坛；通过中国信息无障碍论坛的影响，切实推动信息无障碍不断进步。(7) 集善嘉年华：一项以“助无助者”为目标的公益演出和慈善筹款活动，自2004年起，每年一届，为残疾人事业发展募集资金。

业务开展模式表现为从封闭式向开放式转型。中国残疾人福利基金会成立之后，各地亦相继成立了地方残疾人福利基金会，各级残疾人福利基金会主管部门为各级残疾人联合会。这便为中国残疾人福利基金会与中国残联、地方残疾人福利基金会建立了横向、纵向关联，其业务开展方式也依托这一关联网络进行，具有突出的封闭性特征。也即基金会主要通过各级残联、地方残疾人福利基金会为残疾人提供康复、教育、就业、文化生活、社会保障、社会服务和残疾预防等公益项目和活动。[①] 通过将资金拨付给各级残联或地方残疾人福利基金会，依靠残联系统来完成残疾帮扶活动。[②] 在项目实施上，尤其依靠地方残疾人福利基金会的合作，坚持与地方基金会建立“上下联动、密切配合、共同发展”的工作机制。[③] 这种封闭式资助系统有利于节省执行成本，但是也使社会大众对于资助方的认知不明确，不利于扩大基金会影响；此外，依托行政系统执行项目往往导致执行过程与结果存在竞争缺乏、效率不足、监督不足的问题。[④]

近年来，尤其是自2016年以来，中国残疾人福利基金会的项目实施从封闭型向开放型转变。2011年中国残疾人福利基金会的发展规划明确指出，

---

① 中国残疾人福利基金会：《中国残疾人福利基金会战略规划（2011～2025年）》，中国残疾人福利基金会网站，2016年1月22日，http://www.cfdp.org.cn/jjhxxpl/。

② 徐宇珊：《从封闭到开放：中国基金会的“散财之道”》，《中国非营利评论》2010年第1期，第34～54页。

③ 王乃坤：《中国残疾人福利基金会2016年度工作总结和2017年度工作安排》，中国残疾人福利基金会网站，2017年4月20日，http://www.cfdp.org.cn/jjhxxpl/。

④ 徐宇珊：《从封闭到开放：中国基金会的“散财之道”》，《中国非营利评论》2010年第1期，第34～54页。

在未来业务开展中，基金会将继续向开放式、资助型基金会转型。[①] 项目实施方的选择从残联行政系统和残疾人福利基金会系统拓展到所有社会组织。通过公开招标与公平竞争，面向专业化的草根组织开展项目。这一工作模式有利于促进公益资金的使用效率、提升基金会的社会声誉和公信力，[②] 也为民间残疾人服务机构的发展提供了支持。

（四）中国残疾人福利基金会的筹款

中国残疾人福利基金会自成立以来，筹款能力逐渐提高。发展趋势为筹资手段从定向募捐为主向多元化渠道扩展，募捐对象从企业等大额捐赠者为主扩展至广大社会公众，募款额逐年增加。

中国残疾人福利基金会成立以来，定向大额筹款是基金会的一大资金来源，筹款能力和规模可观。定向大额筹款主要途径为依靠主要领导人向特定的企业进行募款。面向公众的筹款额度则较小，如2009年基金会募款额中公众捐赠额占比不到1%。[③]

2012年12月11日至12日，中国残疾人福利基金会召开2012年工作研讨会，全体工作人员专门就如何更好地开展公众募款进行研讨。[④] 近年来，中国残疾人福利基金会积极加强筹资的社会化水平，在定向大额捐赠之外，拓宽筹资渠道，创新筹资手段，通过与网络募款平台合作等方式，促进筹资渠道的多元化。比如2016年，基金会加大网络募捐力度，组织召开公益项目设计大赛，与民政部制定的13家网络募款平台中的10家平台建立了联系并开展合作。

---

① 中国残疾人福利基金会：《中国残疾人福利基金会战略规划（2011～2025年）》，中国残疾人福利基金会网站，2016年1月22日，http://www.cfdp.org.cn/jjhxxpl/。

② 徐宇珊：《从封闭到开放：中国基金会的“散财之道”》，《中国非营利评论》2010年第1期，第34～54页。

③ 中国残疾人福利基金会：《中国残疾人福利基金会战略规划（2011～2025年）》，中国残疾人福利基金会网站，2016年1月22日，http://www.cfdp.org.cn/jjhxxpl/。

④ 中国残疾人福利基金会：《基金会大事记》，中国残疾人福利基金会网站，http://www.cfdp.org.cn/jjhgywm/jjhczlc/。

由表1可以看出，中国残疾人福利基金会的收入呈稳定增加态势。从近年来的趋势看，境内捐赠所占比例增加明显；在促进筹资多元化的努力下，公众募捐数额增加也较快。至2016年，年度捐赠收入550817133元，公益事业支出600901964元，2016年的年度捐赠收入位列中国公募基金会榜榜首。①

表1 中国残疾人福利基金会历年收支情况

单位：元

年份	实际总收入	本年捐赠收入	来自境内	来自境外	募捐收入	来自境内	来自境外	总支出	公益事业支出
2016	588225567	550817133	404754633	146062500	17458014	16278014	1180000	611124105	600901964
2015	539597536	490445844	311333440	179112403	11286163	7154943	4131220	477664319	467709140
2014	383536412	353797545	233829409	119968136	7444637	3048634	4396003	415780040	405344781
2013	363299364	339994213	239338488	100655725	6874949	4372594	2502355	330647570	318352173
2012	357233884	317719093	203413577	114305515	31305780	29173209	2132571	331878542	320034410
2011	351589854	334834445	164151483	170682962	14198971	13674809	524162	328977305	315216804
2010	246649757	236968776						179585388	
2009	223758234	214107800						140250370	
2008	159642082	151638666						191366465	

资料来源：根据中国残疾人福利基金会网站信息整理而得。

（五）2017年业务开展情况

2017年中国残疾人福利基金会总收入为48151.31万元，其中以捐赠收入为主体，达到44716.20万元；政府部门拨项目款300万元，投资收益和其他收入为3135.11万元。值得注意的是，在捐赠收入中，现金收入为14797.65万元，占捐赠收入的33%，比例偏低；通过公开募捐获得的收入为3785.7万元，仅占捐赠收入的8.5%。此外，2017年投资收益为负（-10.62万元），说明基金会的资金管理仍有待加强。

在2017年的筹款活动中，中国残疾人福利基金会继续尝试创新筹资手

① 中国残疾人福利基金会：《基金会大事记》，中国残疾人福利基金会网站，http：//www.cfdp.org.cn/jjhgywm/jjhczlc/。

段，特别重视网络募捐渠道，在爱耳日、自闭症日、读书日、全国助残日、儿童节、爱眼日、99 公益日、国际残疾人日等特定时间节点，依托多家网络平台，推出“残疾儿童助养”“我送盲童一本书”“脑瘫儿童滋养计划”“爱心一片”“重塑未来”“阳光鹿童”等多个公益项目，全年共募集善款 2445 万元，同时达到宣传和筹资的目的。①

基于善款支持，2017 年中国残疾人福利基金会共开展 95 项公益慈善活动。② 从辅具器具需求到精神需求，多方位满足残疾人需求，改善残疾人生活质量，项目实施范围遍及全国大部分地区。其主要品牌项目的实施情况有以下几个方面。(1)“集善扶贫健康行”系列行动，聚焦白内障复明、骨关节康复、残疾人互联网就业、孤独症儿童康复等领域，整合社会资源、精准扶贫，实施“造血”型公益项目。(2)“集善工程·助听行动”向 2000 多名听力残疾人和老年人捐赠了助听器，为 69 名聋儿植入了人工耳蜗，资助 160 名聋儿进行手术和语言康复训练，还支持了中国听力语言康复研究中心的扩建项目。(3)“助行行动”立足提升残疾人生活品质，向 3000 多名残疾人捐赠了电动和手动轮椅，给 700 多名贫困残疾人安装了功能性假肢，为全国 27 个省、区、市的 10000 余名残疾儿童提供 9504 辆便携式残疾儿童轮椅。(4)“助学行动”资助领域不断扩大，公益项目覆盖到融合教育、特教师资培训和残疾儿童的课间营养餐。③

从支出情况看，2017 年度总支出为 45380.15 万元，其中慈善活动支出为 43308.68 万元。④ 重大公益慈善项目支出情况如表 2 所示，支出内容包括直接或委托其他组织资助给受益人的款物，为提供慈善服务和实施慈善

---

① 张雁华：《中国残疾人福利基金会 2017 年度工作总结和 2018 年度主要工作安排》，中国残疾人福利基金会网站，2018 年 5 月 2 日，http://www.cfdp.org.cn/jjhxxpl/。

② 中国残疾人福利基金会：《中国残疾人福利基金会 2017 年度工作报告》，中国残疾人福利基金会网站，2018 年 3 月 30 日，http://www.cfdp.org.cn/jjhxxpl/jjhnsbg/201805/P020180528576688475173.pdf。

③ 张雁华：《中国残疾人福利基金会 2017 年度工作总结和 2018 年度主要工作安排》，中国残疾人福利基金会网站，2018 年 5 月 2 日，http://www.cfdp.org.cn/jjhxxpl/。

④ 许小宁：《中国残疾人福利基金会 2017 年度财务决算和 2018 年度财务预算报告》，中国残疾人福利基金会网站，2018 年 5 月 2 日，http://www.cfdp.org.cn/jjhxxpl/。

项目发生的人员报酬、志愿者补贴和保险，使用房屋、设备、物资的相关费用，以及管理慈善项目发生的差旅、物流、交通、会议、培训、评估等费用。

表 2 2017 年主要公益慈善项目支出情况

单位：元

项目名称	启明白内障复明项目	青光眼助残项目	长江新里程计划项目	明门儿童轮椅项目	一汽项目	衣恋幸福同行项目	蜜儿餐项目
支出	7646575.58	4000000.00	12462331.65	16415157.75	1907736.10	15909554.15	19587940.10
项目名称	集善三星爱之光行动项目	服装项目	集善澳门基金会项目	狮子会项目	中央企业集善工程项目	“集善扶贫健康行”白内障项目	合计
支出	8960025.75	43529461.96	9974481.60	5787000.00	1690000.00	43163494.17	191033759.11

资料来源：根据中国残疾人福利基金会网站《中国残疾人福利基金会 2017 年度工作报告》整理而得。

此外，为了适应信息时代要求，降低运营成本、提高慈善活动开展效率、增强募款能力和社会公信力，2017 年中国残疾人福利基金会启动了包括网络办公、捐赠管理、资助管理、大数据中心等模块在内的综合信息管理平台建设。同时，在宁夏中卫设立了基金会数据中心云基地，为迎接公益活动大数据时代的到来做好准备。①

二 地方残疾人福利基金会发展报告

（一）成立背景

1984 年中国残疾人福利基金会成立后，全国各地陆续成立了残疾人福利基金会。2012 年 12 月 6 日，西藏自治区残疾人福利基金会在拉萨成立并

① 张雁华：《中国残疾人福利基金会 2017 年度工作总结和 2018 年度主要工作安排》，中国残疾人福利基金会网站，2018 年 5 月 2 日，http：//www.cfdp.org.cn/jjhxxpl/。

举行挂牌仪式。至此，全国所有省份均设立了自己的残疾人福利基金会。[①] 全国有各级残疾人福利基金会约75个，与中国残疾人福利基金会类似，一般由残联担任业务主管部门，为地方性公募基金会。

（二）机构定位与业务开展情况

与中国残疾人福利基金会类似，地方残疾人福利基金会通常由政府和残联支持成立，主要工作人员纳入政府编制管理。在这一背景下，各地残疾人福利基金会在业务开展中注重对政府职能的补充。比如重庆市残疾人福利基金会致力于成为党委和政府部门推动残疾人工作和残疾人事业发展的助手和有效补充。[②]

具体而言，地方残疾人福利基金会围绕残疾人事业募捐、管理和使用福利基金，开展助残活动。各地针对地方残疾人需求，普遍开创了多项助残项目，涵盖扶贫、康复、托养、教育、就业、文化等多个领域。比如山东济南残疾人福利基金会开创了“我的兄弟姐妹”品牌，开展了支持残疾人生活救助、就业、智力与精神和重度残疾人托养、残疾儿童康复等方面的项目。[③] 沈阳市残疾人福利基金会开展了生活就业支持、教育救助、辅助器具配置等公益项目。[④]

（三）筹款与公益支出情况

地方残疾人福利基金会善款来源一般包括有组织的募捐、接受捐赠，还

① 麦朵：《西藏成立残疾人福利基金会》，搜狐网，2012年12月10日，http：//roll.sohu.com/20121210/n359985500.shtml。

② 林子、顾婷婷：《情系残疾人　心系基金会——专访重庆市残疾人联合会党组成员、副理事长、重庆市残疾人福利基金会理事长任能君》，《红岩春秋》2017年第2期，第30～35页。

③ 李晶：《残疾人福利基金会管理存在的问题与对策研究——以济南市为例》，硕士学位论文，山东大学，2011，第18～19页。

④ 张高飞：《沈阳市残疾人福利基金会管理问题研究》，硕士学位论文，大连理工大学，2014，第11～14页。

有公益服务收益、政府资助、投资收益以及其他合法收入多个方面。[①] 随着经济社会的发展以及慈善环境的改善，各地残疾人福利基金会争取社会捐赠的方式方法不断改进、创新。比如山东济南残疾人福利基金会坚持市场化、社会化思路募集善款。通过举办公益演唱会、发行爱心卡并向社会征集冠名权、与企业合作设立专项基金等方式募集善款。[②]

各地残疾人福利基金会募款额逐渐增加，扶残助残工作惠及人数增加。比如重庆市残疾人福利基金会自2007年成立以来，第一年只筹集到700多万善款，2011年募集了1600多万，2016年募集了5000万，募款额连续攀升。对残疾人的资助水平平均每人达到1000元。近5年共帮扶了20万人次。[③]

以各省级残疾人福利基金会为例，搜索其网站最新公布的募款和支出情况（见表3），可见各省级残疾人福利基金会信息公布及时性存在区别，有的已经更新到2017年，有的数据还停留在2014年，还有个别省份的残疾人福利基金会没有自己的网站。从已公开数据来看，各省级残疾人福利基金会收入情况差异较大，相应的公益事业支出规模也存在一定差异。

表3　部分省级残疾人福利基金会收支情况

单位：元

省份	年份	年度收入	捐赠收入	年度支出	公益事业支出	管理费用
黑龙江	2017	12549329	12473472	11967752	11568427	399324
吉林	2015		17418100		22347100	
辽宁	2014	8076606	7950559	5570568	5394067	100300

① 张同全：《残疾人福利基金募集的市场化运作模式探讨——以青岛市为例》，《中国行政管理》2006年第8期，第69～70页；林子、顾婷婷：《情系残疾人　心系基金会——专访重庆市残疾人联合会党组成员、副理事长、重庆市残疾人福利基金会理事长任能君》，《红岩春秋》2017年第2期，第30～35页。

② 李晶：《残疾人福利基金会管理存在的问题与对策研究——以济南市为例》，硕士学位论文，山东大学，2011，第17页。

③ 林子、顾婷婷：《情系残疾人　心系基金会——专访重庆市残疾人联合会党组成员、副理事长、重庆市残疾人福利基金会理事长任能君》，《红岩春秋》2017年第2期，第30～35页。

续表

省份	年份	年度收入	捐赠收入	年度支出	公益事业支出	管理费用
山东	2015	18140732	25416511	22682304	22181299	512350
河北	2016	11098343	11076096	17176882	16992300	183392
天津	2015		19784600		12243300	
北京	2016	5413400	4478300	4632300	4503600	128700
陕西	2015		23527100		22243400	
山西	2016	15943186	14125454	13797519	13416023	381495
湖南	2016	13167511	12508447	17318498	16479009	839489
内蒙古	2015		8549200		8519200	
新疆	2015	6323600	6293600	8870900	8190700	287500
青海	2016		2495800		1607100	
上海	2015	5597500	5095400	4844400	4194700	649700
四川	2015		18081400		9860700	
贵州	2015	5892900	6650000		5508300	
云南	2015		9208700		9151700	
广西	2016		4560500		2127000	
广东	2015		1740000		2730000	
江西	2016	34544485	34543888	24133255	23530587	438501
重庆	2016	42688525		37369842	35410722	1312606
安徽	2015	6317300	4931000	6397600	6152700	244800
江苏	2016		24837700		34424700	
浙江	2015		7925800		5969200	
福建	2017	35944500	34783700	24621700	23265900	
海南	2016	43450982	42474531	49264997	15590913	2318323

资料来源：据省级残疾人福利基金会网站公布的最近年份的收支信息整理而得。

三　残疾人福利基金会发展动向

（一）残疾人福利基金会面临的挑战

一是基金会面临的政策环境不断向好，但同时也存在挑战。慈善法出台后，慈善制度不断完善，为慈善组织包括残疾人福利基金会提供了良好制度环境。与此同时，良好的制度环境也带来了社会慈善组织的迅猛发展，这意味着未来残疾人福利基金会面临的募款竞争可能将持续增大。此外，现行政策对于残疾人福利基金会管理费用的要求仍较严格。民政部颁布的《基金会管理条例》要求基金会工作人员工资福利和行政办公支出不得超过当年总支出的10%。而支出水平受制于募款能力，在募集资金数额有限的情况下，10%的限制难以为人力资源管理提供充足资金，不利于招募到足够合格人员。[①] 同时专业人员的缺乏又导致基金会募款能力的低下，形成恶性循环。[②] 2016年慈善法出台后，要求具有公募资格的基金会“年度管理费用不得超过当年总支出的百分之十，特殊情况下，年度管理费用难以符合前述规定的，应当报告其登记的民政部门并向社会公开说明情况”。这一条款相比之前基金会人员和行政办公支出限额的规定有所放松，为实践预留空间，但特殊情况的认定仍难以把握。

二是信息时代对于募捐方式提出了新的挑战。在互联网捐款平台兴起前，公众个人捐款主要通过邮局或银行汇款完成，便捷性差，结果是基金会募款主要依靠企业等一些组织机构来实现。互联网兴起后，尤其是随着移动互联网和智能手机的普及，公众捐款动动手指即可完成，便捷度大大提高。此外，网络和信息处理技术的发展还使得个人捐款的使用变得更加透明和易于追溯。互联网的便捷性、信息回馈的及时有效性提高了公民参与慈善事业的可能，改变了公益慈善筹款的生态格局，突出表现为个人小额捐款比重相比企业大额捐赠比重显著提高。[③] 在这一背景下，残疾人福利基金会可采用的募款方式增多，比如残疾人福利基金会既可以在本机构网站募捐，也可通过政府指定的募捐平台开展募捐。但也要求残疾人福利基金会不断探索网络募捐的模式与方法。如何在众多网络筹款项目中，获得公众关注、达到筹款目标，成为各级残疾人福利基金会

① 李晶：《残疾人福利基金会管理存在的问题与对策研究——以济南市为例》，硕士学位论文，山东大学，2011，第19～21页。

② 秦潇：《非营利组织财务管理若干问题及对策研究——以××残疾人福利基金会为例》，硕士学位论文，天津财经大学，2014，第39～40页。

③ 邓国胜：《移动互联网时代公益组织发展的新格局》，《国家治理》2017年第8期，第43～45页。

必须面对的挑战。

三是如何提高自身公信力和社会影响力，吸引更多社会资源，是各级残疾人福利基金会长期面临的重要挑战。此外，就残疾人福利基金会而言，其服务对象为广大残疾人。随着国家经济发展和人民生活改善，国家和社会对于残疾人的福利日益重视，从关注残疾人基本的衣食住行需求转向关注其更高层次、更多个性化的需求。这也对各级残疾人福利基金会的服务创新提出了更高的要求和更大的挑战。

四是残疾人福利基金会自身管理有待强化。各级残疾人福利基金会普遍在人员与管理上存在多种问题。首先，最突出的问题之一为基金会现有薪酬水平普遍较低，尤其是社会聘用人员，既无法享受行政编、事业编带来的稳定，也没有享受到高工资。① 在这种情况下，无论是全国还是地方残疾人福利基金会均面临人员缺乏问题，且专职工作人员中懂得基金会运作与管理的人才较少，工作人员往往身兼数职。② 受制于专业人才缺乏，业务开展存在多重问题：公益项目的策划力度不够；③ 救助对象的筛选机制有待提高，存在救助资金的利用效率不高、无法按时将资源发送给最为需要的人、遗漏急需救助人士的问题；④ 公众募款能力仍然偏弱，对于企业大额捐赠依赖度高；通过某一节日或者活动的一次性短期募款行为居多，缺乏长期筹款机制；捐赠收入不够稳定，波动较大；在基金的增值管理方面，一般较为保

① 中国残疾人福利基金会：《中国残疾人福利基金会战略规划（2011～2025年）》，中国残疾人福利基金会网站，2016年1月22日，http：//www. cfdp. org. cn/jjhxxpl/。

② 盛洗洗：《新疆公募基金会发展状况研究》，硕士学位论文，新疆大学，2017，第27～28页；张高飞：《沈阳市残疾人福利基金会管理问题研究》，硕士学位论文，大连理工大学，2014，第19页；李晶：《残疾人福利基金会管理存在的问题与对策研究——以济南市为例》，硕士学位论文，山东大学，2011，第19～21页。

③ 中国残疾人福利基金会：《中国残疾人福利基金会战略规划（2011～2025年）》，中国残疾人福利基金会网站，2016年1月22日，http：//www. cfdp. org. cn/jjhxxpl/。

④ 张高飞：《沈阳市残疾人福利基金会管理问题研究》，硕士学位论文，大连理工大学，2014，第21页；李晶：《残疾人福利基金会管理存在的问题与对策研究——以济南市为例》，硕士学位论文，山东大学，2011，第23～24页。

守，投资收益少。[1] 其次，信息公开程度不高，一些地方残疾人福利基金会未能及时公开和更新财务状况、项目运作等资料。最后，对外联系方面虽然已经打破封闭式的业务开展方式，重视与残联系统、残疾人福利基金会系统外的社会组织合作，但是合作规模、合作渠道和合作水平均需继续提高。

（二）残疾人福利基金会的未来改革

为了应对以上挑战，建议残疾人福利基金会在以下方面继续努力。

一是加强信息公开，重视社会公信力建设、品牌建设，增强社会影响力。通过网站、新闻媒体等向社会公布捐赠和受赠物资使用情况，提高资金和项目开展的公开化、规范化、透明化。同时应加大宣传，树立品牌，提高公众对残疾人福利基金会的认知度、认可度。

二是提高扶残助残质量和扩大覆盖面，重视项目设计，加强项目创新，促进服务方式内容的多样化，从注重满足残疾人基本生活需求向关注潜能开发、赋权等更高目标迈进。在提供助残服务和项目开展中，应注意加强与社会助残服务组织的合作。在残疾人社会组织日益增多的情况下，各地残疾人福利基金会应根据自身使命与发展战略，积极与相关社会组织合作。可考虑从运作型基金会向资助型基金会转型，即减少直接运作项目，增强对直接服务的社会组织及公益服务项目的资助。这有助于残疾人福利基金会将精力集中于社会募款，并通过公开招标、择优资助等方式，发现、激励广大社会助残组织创新服务项目，最大化利用善款，满足残疾人个性化需求。

三是重视筹款和支出管理。在10%的管理费用限额下，残疾人福利基金会应尽可能扩大募款额，减少这一限额对业务开展可能存在的影响。此外，对于基金会的行政运营加强财务管理，在不损害服务质量的前提下，尽可能减少管理费用。

四是继续扩大募款渠道、重视网络募捐和公众筹款。在传统定向募款方

---

① 李晶：《残疾人福利基金会管理存在的问题与对策研究——以济南市为例》，硕士学位论文，山东大学，2011，第22～23页。

式之外，加大社会募款力度，更多利用网络募捐渠道，逐步提高公众募捐比重。建议依托专业人才，加强筹款创意开发和活动设计，最大限度吸引公众关注。同时积极与其他公益慈善组织包括草根 NGO 等建立联系，合作开展筹资项目，实现多方共赢。

五是逐步改善人力资源配置和管理水平。在今后工作中应提高工作人员待遇，选聘高素质人才，加大培训力度，促进人才的专业化。在此基础上，细化分工，调整组织设置，完善信息沟通和监督考评机制，促进业务执行能力的不断提高。

健　康　篇

Health Reports

B.4 残疾预防与康复事业发展报告（2017）

张金明*

摘　要： 本报告分析了残疾预防工作取得的进步和存在的不足，提出了残疾预防的改革的建议；本报告还分析了残疾人康复服务进展，分析了当前康复服务工作的主要内容和措施、取得的主要成就和存在的不足，对残疾人康复工作的改革提出了建议。

关键词： 残疾预防　残疾康复　健康

* 张金明，中国康复研究中心副研究员。2002～2004年在挪威奥斯陆大学留学，获国际社区医学硕士学位，2011年在美国圣地亚哥州立大学访学；任《中国康复》审稿人、残疾人事业发展研究会第二届理事会理事、中国残疾人康复协会第五届理事会理事；近年参与起草、制定《残疾预防和残疾人康复条例》《国家残疾预防行动计划（2016～2020年）》《0～6岁儿童残疾筛查工作及技术规范》等国家残疾人工作相关法规、技术规范，参与制定和组织实施康复工作实施方案。发表中英文各类论文60余篇；参编（译）图书、教材20册；参与多项科研课题（其中主持部级课题1项）；承担首都医科大学康复医学院、中国中西部康复人才远程教育教学任务，承担国家级继续医学教育远程培训任务。

残疾是重大公共卫生问题和社会问题，是全人类面临的共同挑战，从源头上减少和控制残疾的发生是应对这一挑战的战略选择。残疾预防对保障人民的健康、保护人力资源、提高人民素质具有重大意义。预防、保健、治疗、康复是促进人类健康的连续过程。我国从20世纪90年代开始有计划地开展残疾预防，经过不懈努力，传染性疾病、营养不良和药物中毒等传统致残因素得到控制。但是，我国人口基数大，老龄化、工业化、城镇化程度不断加深，残疾预防形势依然严峻。

一　残疾预防工作进展

世界卫生组织提出，利用现有的科学技术，可以使至少50%的残疾得到控制或延缓发生。世界残疾预防会议拟定的《匹兹堡宣言》指出“大多数残疾的损害是可以预防的”，而人类战胜和应对残疾的主要着力点就在于预防。残疾预防对保障人民健康，促进人口、资源、环境、经济和社会可持续发展具有重要意义。

2006年第二次全国残疾人抽样调查显示，全国残疾人总数为8296万人，其中多重残疾有1352万人，占16.3%。先天性因素致残占9.57%，后天获得性因素致残占74.67%，不明原因或其他因素致残占15.75%。后天获得性因素是致残的主要因素。这些数据为开展残疾预防工作提供了数据依据。加强残疾预防工作，不仅可以大幅度降低致残人数，也可以减轻残疾等级，有利于减轻家庭、社会和国家负担。

（一）残疾预防取得的进步

一是残疾预防政策已成体系。我国政府高度重视残疾预防工作。在残疾人事业发展计划及重要文件中都涉及残疾预防问题，特别是近年，随着经济社会、公共服务及残疾人事业的发展，残疾预防问题得到进一步重视。经过多年的努力，我国残疾预防政策已趋于成熟。自2008年以来，国家颁布了一系列文件，促进残疾人健康事业的发展，包括2008年《中共中央　国务院关于促进残疾人事业发展的意见》、2010 年《关于加快推进残疾人社会保障体系和服务体系建设的指导意见》、2011 年《中国残疾人事业“十二五”发展纲要》、2015 年《国务院关于加快推进残疾人小康进程的意见》、2016 年《国家残疾预防行动计划（2016～2020 年）》《“十三五”加快残疾人小康进程规划纲要》。2017 年 1 月 11 日，国务院第一百六十一次常务会审议通过的《残疾预防和残疾人康复条例》，自 2017 年 7 月 1 日起正式施行，这是我国颁布的第一部关于残疾预防和残疾人康复的行政法规，为未来残疾预防和康复工作提供了法律依据。《残疾预防和残疾人康复条例》发布后，政府在残疾预防和康复中的职责有了明确规定，其主要职责包括：残疾预防和康复工作的领导组织工作，致残因素的动态监测、重点预防和优先干预工作，康复资源的配置，残疾人康复服务体系的建立和完善。《残疾预防和残疾人康复条例》还要求残疾预防要覆盖全人群和全生命周期，要求以社区和家庭为基础，坚持普遍预防和重点防控相结合的原则。除此之外，《残疾预防和残疾人康复条例》提出建立残疾人信息的收集、共享制度，要求将残疾预防与疾病防控、母婴保健、交通安全、生产安全、康复服务等结合起来，纳入相关行业管理服务之中。

二是全力推进残疾预防工作。（1）设立全国残疾预防日。在相关部门的推动下，2017 年 6 月，国务院正式批复将每年 8 月 25 日设立为“残疾预防日”。（2）开展残疾预防宣传。残疾预防日设立后，中国残联与有关部门迅速行动，积极开展首个残疾预防日宣传教育活动的组织、实施，与 15 个部门联合制定下发《关于组织开展第一次“残疾预防日”活动的通知》，确定活动主题为“推进残疾预防，建设健康中国”。中共中央宣传部和中国中央电视台制作《焦点访谈》专题节目，组织拍摄公益宣传广告，在中国中央电视台 8 个频道和北京公交、地铁系统播出；新华社、人民日报等各大媒体对残疾预防日相关活动进行了广泛报道，央视网、光明日报、工人日报等媒体主动编发评论文章。（3）完善组织体系。为全面推动《国家残疾预防行动计划（2016～2020 年）》的贯彻、实施，中国残联进一步推动完善残疾预防工作协调联动机制，牵头成立了由 17 个相关部门组成的残疾预防工作协调小组和全国残疾预防和残疾人康复专家咨询委员会。（4）完善残疾预防工作机制。2017 年，进一步推动落实《全国残疾预防综合试验区创建试点工作实施方案》，实施本地残疾预防工作计划，开展主要致残因素的动态监测，推动建立残疾报告制度。同时要求针对本地区主要致残风险和重点人群，加大投入，完善残疾预防工作措施和保障条件。（5）加强残疾预防试点工作。承担全国残疾预防综合试验区创建试点任务的县（市、区）切实加大工作力度，如期完成试点任务，积极为各地残疾预防工作顺利推进创造经验，引领示范。在 100 个县（市、区）试点建立全国残疾预防综合试验区，积极落实《国家残疾预防行动计划（2016～2020 年）》，承担产前筛查、残疾报告发布等责任，圆满完成计划任务。（6）落实《国家残疾预防行动计划（2016～2020 年）》。《国家残疾预防行动计划（2016～2020 年）》出台后，各地对贯彻落实工作给予高度重视，已有北京、陕西、江西等 25 个省份制定本地实施方案。北京将残疾预防工作目标从 15 项扩展为 28 项，山西在全省范围铺开新生儿疾病筛查和免费孕前优生健康检查。同时积极努力探索残疾筛查、评定、报告及干预一体化工作机制，完善残疾预防方法技术评价，制定并应用残疾预防相关工作规范。

三是残疾预防取得明显成效。其主要包括：全面普及脊髓灰质炎疫苗常规免疫接种，基本消灭脊髓灰质炎；规范耳毒性药物使用，加强妇幼保健、耳病防治等工作，降低儿童听力残疾、智力残疾现患率；将白内障复明手术纳入重大公共卫生服务项目，实施白内障复明工程等，提升白内障手术率。

（二）残疾预防存在的不足

我国残疾预防工作面临致残因素复杂、残疾人数量不断增加的严峻挑战，包括：出生缺陷率居高不下；精神类疾病发病率呈现上升趋势，尤其是孤独症儿童数量快速上升；意外伤害致残发生率呈上升趋势；等等。

在残疾预防方面，还存在以下几个方面的不足。

一是预防措施不够完善，专业服务能力不足，科技创新能力欠缺。我国先天性残疾比例呈现下降趋势，但是后天获得性残疾比例呈现上升趋势，而且非传染性疾病致残占有很大比重。在各类残疾中先天性残疾所占比例不到10%，获得性残疾则占到75%左右。而 在获得性残疾中非传染性疾病致残所占比重最大，并且随着年龄的增长这一趋势更加明显。致残因素的复杂性要求残疾预防措施多样、专业、有效。而当前残疾预防措施尚不能充分应对复杂的致残因素。残疾预防的专业服务人员数量和水平在残疾预防实践中明显不足。多样化的致残因素需要不断创新科技，以提高残疾预防措施的科学性和有效性。

二是残疾预防工作体系、工作机制尚不健全。残疾预防涉及多领域、多专业，这一特点决定了残疾预防需要多部门协同工作，建立工作机制，在三级预防方面协同推进。应加强部门分工，进一步明确职责，完善衔接有效的残疾预防工作体系和机制。随着残疾预防相关法规、条例、政策的出台，以政府为主导、相关部门负责、职责分工明确的工作体系和机制需要不断完善。

三是全社会残疾预防意识仍待大力增强。做好残疾预防需要全民参与，需要提高全社会残疾预防意识。虽然残疾不可避免，但可以防止和控制致残的风险和残疾的发展。世界卫生组织指出，利用现有的技术，可以使一半以上的残疾得到控制或延迟发生。提高残疾预防意识是推进残疾预防工作的第一步。因此需要通过各种途径，采取多种措施，加大残疾预防知识普及，提高残疾预防意识。

（三）残疾预防改革

针对上述问题和不足，今后残疾预防工作要强化“预防为主”的战略方针。在全国8500多万残疾人中，除智力残疾以先天性致残因素为主外，其余各类残疾大多以后天因素致残为主。减少疾病、合理用药、安全生产、劳动保护等措施，都可以主动控制残疾。另外，随着社会文明进步和现代科学技术发展，致残的先天因素同样得到控制，如抓好禁止近亲婚育工作可以减少约13%的先天智力残疾发生；孕期和产前诊断技术和手段的应用，可有效地对先天缺陷儿进行早期诊断。国家确定的“预防为主的方针”必须落实到基层社区中，渗透到卫生、劳动、教育、环保等部门工作领域中，渗透到社区公众意识行动中，才能真正有效地减少各种先天、后天因素的致残。

除此之外，要做好三个强化。

一是强化政府统一领导。《残疾预防和残疾人康复条例》规定，县级以上人民政府负责领导残疾预防工作，考核并监督有关部门承担的残疾预防工作。同时，强化政府部门的残疾预防责任，将残疾预防融入各相关行业的管理与服务工作。建立以政府为主导、有关职能部门密切配合、动员社会力量和广大群众积极参与的工作体系，以社会化的工作方式开展残疾预防工作。相关职能部门除承担对残疾预防的计划制订、组织实施、检查指导、考核验收外，还应承担在残疾预防工作中的责任，各部门应结合各自的业务领域，在残疾预防中发挥作用。

二是强化监测与信息整合。《残疾预防和残疾人康复条例》规定，县级以上人民政府组织有关部门、残疾人联合会实施残疾监测，定期调查残疾状况，分析致残原因，对主要致残因素实施动态监测；卫生、教育、民政、残联等有关部门各司其职，建立协调联动机制，实现残疾预防的资源、信息共享，加强残疾预防工作督导、考核。

三是强化全民残疾预防责任与意识。要充分利用社区的广播、电视、报刊等传媒，将残疾预防作为经常性宣传内容。有关部门如卫生、公安、劳动、教育、环保、红十字会、妇联、残联等应结合自身业务特点开展宣传教育。同时针对不同人群开展有针对性的教育。比如，对新婚夫妇、孕妇应开展优生优育和孕期、围生期保健教育等；对工矿企业职工开展上岗前培训，进行安全生产和劳动保护的教育；对青少年开展心理健康教育和卫生常识教育等；对老年人和慢性病人开展自我保健教育等。同时还要编写通俗易懂的科普读物，把防病防残、劳动卫生、安全防护、母婴保健、合理用药等知识和技能传播给社会大众，使之转化为实现健康的自觉行为。

二　残疾人康复服务进展

1988年，残疾人康复工作纳入国民经济和社会发展规划，随后相继制定实施了多个残疾人事业五年发展规划和配套康复工作实施方案。截至“十二五”末，我国已为2797万残疾人提供基本康复服务。

（一）残疾人康复主要工作进展

一是加强对残疾人康复工作的规划。2017年1月，国务院印发《“十三五”推进基本公共服务均等化规划》，该规划勾勒了残疾人康复工作的发展蓝图，包括：构建多元化康复服务体系和多层次康复保障制度；建立残疾儿童康复救助制度和残疾人基本型辅助器具补贴制度；以残疾儿童、贫困残疾人为重点，保障有需求的残疾儿童和贫困残疾人得到基本医疗和康复服务。同时，《残疾预防和残疾人康复条例》还明确了残疾人康复服务的基本要求、康复机构及其工作人员的法定条件及要求，使残疾人康复工作更具可行性。

二是全力推进残疾人家庭医生签约服务。为做好“十三五”残疾人康复服务工作，国家通过残疾人家庭医生签约服务，推进残疾人精准康复服务。2017年7月，中国残联康复部印发《关于在残疾人精准康复服务行动试点培育地区推进残疾人家庭医生签约工作的通知》，提出开展家庭医生签约服务，解决基层残疾人康复工作力量不足的问题。2017年9月，国家卫生计生委办公厅、中国残疾人联合会办公厅联合印发《关于做好残疾人家庭医生签约服务工作的通知》，提出了将家庭医生签约服务与残疾人精准康复服务行动更有效对接、解决基层康复力量不足、推进精准康复向基层延伸等具体任务，采取的主要措施包括：提升残疾人家庭医生签约覆盖率；发挥家庭医生作用，推进残疾人精准康复服务行动；开发残疾人基本康复服务包，将基本康复服务纳入签约服务内容；发挥家庭医生的康复评估、咨询、指导和转介等作用，为家庭医生开展残疾人康复服务创造条件。

三是加快落实康复方案和措施。为贯彻落实《"健康中国2030"规划纲要》《"十三五"加快残疾人小康进程规划纲要（2011～2015年）》《残疾人康复服务"十三五"实施方案》《残疾人精准康复服务行动实施方案》等文件，2017年，相关部门出台《关于做好残疾人家庭医生签约服务工作的通知》，推进残疾人家庭医生签约工作。另外，相关部门印发了《关于加快精神障碍社区康复服务发展的意见》，开展精神卫生综合管理试点工作督导。

四是加大多领域康复人才培养。认真落实《全国残联系统康复专业人才实名制培训实施方案》，按照视力残疾、听力残疾、肢体残疾、智力残疾、精神残疾不同的康复领域，组织各类培训班，以实施实名制培训为基础，培育建立康复骨干人才和学科带头人队伍，健全康复人才培训网络和管理制度，探索科学、有效的康复专业人才在岗培训工作机制。残疾预防与康复科技攻关得到进一步重视。争取在国家科学技术奖励工作办公室备案，支持中国残疾人康复协会开展首届"残疾预防及康复科学技术奖"评选活动。12个科研项目、166名科研工作者获得表彰，进一步团结凝聚了康复科技力量，促进了残疾预防及康复科学技术创新。全国残联系统康复人才实名制培训持续开展。中国残联与北京大学共建精神残疾康复合作中心，加强与各残疾人专门协会协作，利用各方力量，完善康复人才培训体系，将脊髓损伤者生活重建等纳入培训内容。继续与教育部合作推进职业院校残疾人康复人才培养试点，组织编写81册0～6岁残疾儿童康复系列教材。积极参与中国康复大学前期调研、考察、论证等相关工作。2017年共举办国家级培训52期，培训专业人员3000余人次。

（二）残疾人康复取得的成就

2017年，残疾人康复工作取得了以下几个方面的进展。

一是康复机构建设和社区康复工作进一步得到加强。为贯彻落实《残疾预防和残疾人康复条例》，深圳、济南等6个地市开展残疾人康复服务机构信息发布试点工作。中国残疾人联合会办公厅下发《关于集中开展残疾人康复机构自查自纠工作的通知》，指导各地加强康复机构规范管理，支持中国康复研究中心、中国听力语言康复研究中心、中国残疾人辅助器具中心举办三类省级康复机构管理人员培训，加强地方康复机构业务指导、专业协作。认真组织实施“长江新里程计划”项目第三期，完成132个假肢服务机构规范建设和脑瘫服务项目，培育扶持231个社会助残组织开展助残社区服务。截至2017年底，全国已有残疾人康复机构8334个（有些康复机构提供多种康复服务），其中，提供视力残疾康复服务的机构有1194个，提供听力言语残疾康复服务的机构有1417个，提供肢体残疾康复服务的机构有3088个，提供智力残疾康复服务的机构有2659个，提供精神残疾康复服务的机构有1695个，提供孤独症儿童康复服务的机构有1611个，提供辅助器具服务的机构有1866个。康复机构在岗人员达24.6万人，其中，管理人员达3.1万人，专业技术人员达16.5万人，其他人员达5.0万人。全国开展社区康复服务的市辖区为965个，开展社区康复服务的县（市）为2023个，县（市、区）合计达2988个，社区康复协调员达47.9万人。

二是制定残疾人康复服务规范。2017年多次召开精准康复服务规范研讨会，中国残疾人康复协会、北京市残联康复部、北京市残疾人康复服务指导中心有关人员，以及北京博爱医院、香港复康会、挪威协力会、北京市标准化研究院有关专家参加了会议，并对“规范”的内容、形式、框架结构等进行了研讨。2017年9月，残疾人康复服务规范研讨会在山西召开，征求了基层工作意见。残疾人精准康复服务规范在中国残联康复部、有关专家、基层工作者、标准化文件制定专家的指导下，日臻完善。

三是康复服务能力提升。2017年，通过完善残疾人康复法规政策，实施重点康复项目，残疾人康复服务状况显著改善，康复服务体系进一步完善，854.7万残疾儿童及持证残疾人得到基本康复服务，其中包括0~6岁残疾儿童141239人。在得到康复服务的持证残疾人中，有视力残疾人88.3万人、听力残疾人40.7万人、言语残疾人4.3万人、肢体残疾人484.6万人、智力残疾人71.3万人、精神残疾人125.9万人、多重残疾人35.5万人。全年共为244.4万残疾人提供各类辅助器具适配服务。2017年全国残疾人基本服务状况和需求信息数据动态更新情况显示，2016年有781.7万残疾人接受基本康复服务，全国残疾人基本康复服务覆盖率为65%，比2015年提高了5个百分点。

（三）残疾人康复存在的不足与改革①

当前，残疾人康复服务工作存在的主要问题表现为五个方面。（1）残疾人康复工作机制还未完善，相关部门工作职责还有待进一步划分，基本公共服务内容尚未充分涵盖残疾人康复服务内容和充分纳入医疗卫生工作大局。随着公共服务的发展，残疾人康复服务需要纳入公共服务大局，但工作机制和部门间的协调运作机制尚不完善，阻碍了康复服务工作发展。（2）残疾人康复服务缺乏有针对性的兜底保障，部分贫困残疾人还难以得到康复服务，康复服务率有待进一步提高。（3）康复服务供给方式和措施有待创新。在不同地区，残疾人状况和康复服务资源不同，因地制宜整合和利用各种康复资源尤为重要。但针对残疾人多样化的康复需求难以提供个性化的服务，残疾人康复服务供给方式和手段需要进一步创新。（4）康复服务能力有待进一步提升。康复机构普遍重视提供专业化的康复服务，但是在规范化管理方面缺乏制度保障，也缺乏有效监管，影响了机构的专业发展。另外，康复专业人才队伍总体数量不足、专业素质不高的问题日益显现。社会力量提供的康复服务是残疾人服务的重要资源，其潜力尚未得到充分发挥。（5）区域发展不均衡，偏远农村地区残疾人康复服务相对城市而言发展滞后。康复服务水平受地域影响明显，由于我国地域广阔，残疾人口基数大，康复资源分布不均衡，城乡社区康复发展不均衡，农村残疾人社区康复相对城市而言发展滞后。

为更好推进残疾人康复工作，需着力做好以下几方面工作。

一是深刻领会《残疾预防和残疾人康复条例》的精神并认真贯彻落实。各级政府及相关部门要做好残疾预防和康复工作的统筹规划，根据《残疾

① 本部分内容参见张金明、赵悌尊《中国残疾人社区康复30年回顾与展望》，《中国康复理论与实践》2017年第11期。

预防和残疾人康复条例》精神，制定相关配套政策，完善工作机制，落实预防为主、预防与康复相结合的工作方针。扩大康复服务供给力度，整合康复服务资源，创新康复服务供给形式，为残疾人提供综合性和个性化的康复服务。加强康复人才和康复学科建设，加快制定康复服务标准，加强康复服务过程的监督，提升康复服务质量。强化政府在康复服务中的责任，加大康复服务经费的投入力度，多方筹集康复服务资金，推进残疾人康复服务。

二是将残疾人康复服务融入公共服务大局，实现残疾人“人人享有康复服务”。将康复服务纳入“健康中国”“医疗卫生体制改革”“国家残疾预防行动”“城乡社区服务体系建设”等大局，加强对康复服务的组织领导工作，强化政府在康复服务中的主导作用，满足残疾人的基本康复服务；充分发挥社会力量、残疾人组织和市场机制作用，满足残疾人多层次、个性化需求，实现残疾人“人人享有康复服务”。

三是拓宽康复服务多元化供给途径，促进康复服务可持续发展。在推进残疾人小康进程中，党和政府高度重视民生保障工作，应以此为机遇，加大政府对康复服务的支持力度，为残疾人提供基本康复服务；同时，充分发挥社会力量和社会组织的作用，引入社会资本，优化市场、社会力量等多元化康复服务形式，聚合康复服务资源，激发康复服务活力，为残疾人提供更加丰富的康复服务内容。

四是加强人才培养，加大设施建设力度，提升康复服务质量。康复专业人员是确保康复服务质量和精准康复服务效果的人力资源。要加快人才培养步伐，统筹规划人才发展方案，提升康复人才待遇，消除人才晋升障碍，使康复服务人才留得住、用得上。提升现有康复人才水平，有计划地组织康复技术人员进修、继续教育、在岗培训，鼓励康复人员依法取得相应资格。加大康复设施建设力度，加快康复设备的升级换代。康复机构要发挥好技术指导、人员培训、知识普及、残疾人康复需求及功能评估、康复计划制订、训练指导、辅助器具展示及适配、转介服务等作用。

五是进一步规范康复服务行为，确保康复服务安全、有效、精准。按照《残疾人精准康复服务行动实施方案》提出的目标，加强康复服务的规范化和标准化建设，进一步提升康复需求评估和康复服务流程的专业化水平，推进康复服务信息化管理，提升管理的专业化水平。加强康复资源的整合利用，完善转介服务的路径和流程。同时，开发康复服务的监测与评估的工具，及时、有效、完整收集各类数据，对康复服务过程进行动态、全面、科学监测。

六是推进城乡均衡发展，增加残疾人对康复服务的获得感。进一步明确残疾人“人人享有康复服务”的目标，促进康复服务的广度和深度。强化县级康复服务实施力度，应加强乡（街）村（社区）康复服务的落实，逐步缩小城乡残疾人康复服务差距。制定康复服务相关政策，改善农村康复服务工作条件，拓宽资金支持渠道；将康复服务重点转向农村，以项目带动康复服务在农村的发展；加强县级残疾人康复机构能力建设，顺应医药卫生体制改革等形式，充分利用医联体，建立对口支援制度；增强乡镇卫生院、村卫生室人员及社区康复协调员的康复服务意识，加强基层康复服务人员培训，推进城乡康复服务均衡发展，提升残疾人对康复服务的获得感。

B.5

工伤预防与工伤康复事业发展报告（2017）

乔庆梅*

摘　要：　本报告梳理了中国工伤预防和工伤康复的发展脉络，分析了当前工伤预防和工伤康复的发展现状及存在的问题，为工伤预防和工伤康复的未来发展提出了建议。

关键词：　工伤预防　工伤康复　残疾人健康

根据第二次全国残疾人抽样调查数据，在全国8296万残疾人口中，因创伤及伤害致残者占全部残疾人口的12.43%，[①] 成为继非传染性疾病致残之后的第二大致残原因，可见，创伤致残预防成为残疾预防工作的重要领域，其中包括职业伤害致残的预防，即工伤预防。工伤康复是为因工致伤残人员提供的医疗康复、职业康复和社会康复服务，目的是最大限度恢复和提高其身体功能，并尽可能帮助其重回工作岗位和社会生活，是残疾人康复的一部分。然而，长期以来，由于管理体制的原因，中国的工伤预防和工伤康复与非工伤致残的预防与康复是独立发展的，两者没有互相借鉴与融合。

---

* 乔庆梅，中国人民大学残疾人事业发展研究院、中国人民大学中国社会保障研究中心副教授，管理学博士。长期从事职业安全与工伤保障、残疾人社会政策研究。在《中国社会科学》（内部文稿）、《中国软科学》、《中国人民大学学报》、《光明日报》和《人民日报》等报纸杂志发表文章40余篇，主持国家社会科学基金、教育部社会科学基金、中国残联、北京残联、中国医疗保险研究会等课题20余项。

① 崔斌、陈功、郑晓瑛：《中国残疾人口致残原因分析》，《人口与发展》2009年第5期。

一　工伤预防事业的发展

（一）工伤预防事业的变迁

中国工伤预防伴随着劳动保险制度的建立而建立。从中华人民共和国成立初期到现代工伤社会保险制度建立之前，中国工伤预防主要以劳动保护的方式实施，以劳动和卫生部门管理为主，另外还有国家相关部门的安全管理，如原国家经贸委的安全管理、中华全国总工会对职业场所生产环境的监督、原国家安全生产监督管理局的管理等。至今，中国工伤预防事业经历了以下两个阶段。

第一阶段：劳动保障时代的劳动保护及安全生产管理（1949～1995年）。自1949年中华人民共和国成立到1996年劳动部颁布《企业职工工伤保险试行办法》的几十年间，工伤预防的规定和实践体现在各劳动保护法律法规和安全生产管理措施当中；当时的工伤保险实行“国家主管，企业负责”的运作模式，工伤预防由劳动部门中的劳动保护机构负责。《中国人民政治协商会议共同纲领》规定了公私企业8至10小时工作制度、青年女工保护和工矿检查制度，成为中华人民共和国成立后劳动保护和工伤预防方面最早的规定。1951年9月3日至15日，劳动部第一次全国劳动保护工作会议通过《工厂安全卫生暂行条例（草案）》、《保护女工暂行条例（草案）》和《限制工厂加班加点暂行办法（草案）》等劳动保护相关法规。1954年，《中华人民共和国宪法》提出了劳动保护有关条款。1954年9月，劳动部提出了贯彻执行安全技术教育制度的要求。1956年，国务院颁布《工厂安全卫生规程》和《建筑安装工程安全技术规程》，并加大了执法力度，改善了中华人民共和国成立初期安全生产混乱和事故高发的状况。

从1958年开始，工伤保险进入停滞状态，但是整体上仍是处于曲折发展之中。1958年3月，卫生部、劳动部和中华全国总工会颁布《矿山企业防止矽尘危害技术暂行办法》、《矽尘作业工人医疗预防措施暂行办法》和《产生矽尘的厂矿企业防痨工作暂行办法》三部职业伤害防治法规。1960 年 7 月 24 日，中共中央批转《关于女工劳动保护工作的报告》。1963 年 10 月 20 日，劳动部、卫生部和中华全国总工会联合颁布《防止矽尘危害工作管理办法（草案）》。1975 年 3 月 24 日，国家计划委员会颁布关于《安全生产管理暂行办法》，继而发布了《防治矽尘和有毒物质危害实施计划》。这些都从宏观管理和专项规划两方面加强了对职业病的预防工作。

改革开放以后，为了遏制职业事故高发的态势，1978 年 12 月 25 日，第三机械工业部重新颁布了《安全规程》，要求健全企业安全生产责任制度。1979 年 5 月 25 日，国家计划委员会、国家经济委员会和国家劳动总局联合颁发通知，继续贯彻执行《国务院关于加强企业生产中安全工作的几项规定》《工厂安全卫生规程》《建筑安装工程安全技术规定》《工人职工伤亡事故报告规程》等安全生产和劳动保护法规。1979 年 5 月 28 日，国家劳动总局颁布了《国家劳动总局关于建立劳动保护室的意见》，在上海、天津、北京、四川和黑龙江五省市企事业单位中试点建立劳动保护室。1981 年 4 月 11 日，国家劳动总局发出《开展劳动安全标准化工作的通知》，促进劳动安全管理。1982 年 2 月 13 日，国务院颁布了《矿山安全条例》和《矿山安全监察条例》，对国营矿山安全技术和工业卫生作了规定。1986 年 7 月 4 日，国务院颁布了《国务院关于加强工业企业管理若干问题的决定》，要求企业抓好安全生产工作，保障职工人身安全。1987 年 12 月 3 日，国务院颁布《中华人民共和国尘肺病防治条例》，加强尘肺病的防治工作。1992 年 11 月 7 日，第七届全国人大常委会第二十八次会议通过了《中华人民共和国矿山安全法》，成为中国矿山工作领域重要的专项法律。1993 年 8 月，劳动部颁发了《劳动监察规定》。1994 年 6 月 8 日，劳动部发出《劳动部关于认真贯彻执行〈矿山安全法〉进一步加强矿山安全工作的紧急通知》，加强矿山行业的职业安全和工伤预防工作。从总体来看，这一时期中国的安全生产开始朝系统化、法治化和科技化的方向发展。

第二阶段：现代工伤保险制度下的工伤预防与安全生产（1996 年至

今）。1996 年 8 月 12 日，劳动部颁布《企业职工工伤保险试行办法》，这是中国历史上第一部专门性的工伤保险规章，对工伤预防、企业和职工责任等问题都作了规定。[①] 1996 年 10 月 30 日，劳动部颁发《〈矿山安全法〉实施条例》。1997 年 11 月 1 日，第八届全国人大常委会第二十八次会议通过了《中华人民共和国建筑法》。2001 年 10 月 27 日，第九届全国人大常委会第二十四次会议通过《中华人民共和国职业病防治法》，这是继《中华人民共和国矿山安全法》之后，中国第二部专门性的职业病防治法律。2002 年 4 月 30 日，国务院第五十七次常务会议通过了《使用有毒物品作业场所劳动保护条例》。2002 年 5 月 1 日，卫生部颁布《国家职业卫生标准管理办法》，完善了职业卫生标准管理办法。2002 年 6 月 29 日，《中华人民共和国安全生产法》获得通过，该法与《中华人民共和国职业病防治法》《中华人民共和国矿山安全法》一道，成为我国职业安全和工伤预防领域三部最重要的法律。2003 年 10 月 29 日，中华人民共和国劳动和社会保障部发出了《关于工伤保险费率问题的通知》，通过浮动费率和差别费率，促进企业实施工伤预防。

随着法律制度的完善，专门性的职业安全与工伤预防职能机构开始建立。1999 年 12 月 30 日，国家煤矿安全监察局成立，这是专门负责煤矿安全生产管理的机构；2001 年，经国务院同意，国家经贸委在国家煤矿安全监察局的基础上，组建国家安全生产监督管理局；2003 年，国家安全生产监督管理局成为国务院的直属机构，专门负责安全生产监督管理；2005 年，国家安全生产监督管理局升格为国家安全生产监督管理总局，突出体现了职业安全与工伤预防工作在国家社会经济发展中占有越来越突出的地位。

21 世纪初期，高发的安全生产事故倒逼了制度的发展，推动了工伤预

① 比如其中第一条即提出“为了……分散工伤风险，促进工伤预防……制定本办法”，第五条提出“工伤保险要与事故预防、职业病防治相结合。企业和职工必须贯彻‘安全第一，预防为主’的方针……防止劳动过程中的事故，减少职业危害”，并规定通过差别费率和浮动费率机制，促进企业安全生产和工伤及职业病的预防。

防和职业安全法律法规的出台。2004 年 1 月 1 日实施的《工伤保险条例》进一步明确了预防、赔偿、康复“三位一体”的制度定位。此后，国务院发布了多项通知、政策法规推进工伤预防工作。[①] 2010 年 10 月，中编办发布了《关于职业卫生监管部门职责分工的通知》，将原卫生部承担的职业卫生监督检查职责归并到国家安全生产监督管理总局，强化了职业安全与卫生监督，优化了有关工伤预防的管理体制。至此，从法规体系和制度建设的角度来看，中国的工伤预防工作体系具备了初步的雏形。

（二）现行工伤预防制度的管理体制与内容

2018 年 3 月，根据第十三届全国人大第一次会议批准的国务院机构改革方案，对安全生产监管职能进行了调整，将原国家安全生产监督管理总局的职业安全、职业健康监督管理职责整合到新组建的中华人民共和国国家卫生健康委员会，原国家安全生产监督管理总局的安全生产监督管理职责整合至新组建的中华人民共和国应急管理部。至此，中国的工伤预防工作又回到三部门管理的状态中，即社会保障行政部门负责工伤保险和职业安全培训与宣传工作，应急部门负责安全生产的管理，卫生健康部门负责职业卫生和职业卫生监督。

工伤保险行政部门作为工伤保险的主要管理者、实施者，承担了重要的工伤预防职能。近年来，人力资源社会保障部发出了多项通知和规定，探索实施工伤预防宣传、教育和培训。从实践内容上看，工伤预防主要集中在工

① 这些法律包括：2004 年 1 月 9 日，国务院发布了《国务院关于进一步加强安全生产工作的决定》；2004 年 1 月 13 日，国务院颁布《安全生产许可证条例》；2004 年 2 月 17 日，国务院办公厅发出《国务院办公厅关于加强安全工作的紧急通知》；2005 年 1 月 11 日，中华人民共和国劳动和社会保障部颁布《关于进一步做好劳动保障监察工作的意见》；2005 年 8 月 22 日，国务院办公厅发出了《国务院办公厅关于坚决整顿关闭不具备安全生产条件和非法煤矿的紧急通知》，推动在全国范围内全面关停不具备生产安全条件的小煤矿和非法开采煤矿；2005 年 9 月 3 日，国务院颁布《国务院关于预防煤矿生产安全事故的特别规定》；2007 年 8 月 31 日，国务院办公厅发出《国务院办公厅关于进一步加强安全生产工作坚决遏制重特大事故的通知》；2007 年 11 月 30 日，国家安全生产监督管理总局颁布重新修订的《安全生产违法行为行政处罚办法》；等等。

伤事故和职业病预防宣传与培训领域，包括工伤保险政策、预防工伤事故和职业病知识等宣传，参保职工及相关管理人员工伤事故预防知识、技能、案例和相关政策培训。

安全生产监督管理部门实施的工伤预防工作，主要体现在安全生产监督管理中。中国的安全生产监督管理工作经历了中华人民共和国成立后的初创（从1949年中华人民共和国成立到“一五”计划完成）、“大跃进”和“文化大革命”时期的破坏、改革开放后的恢复和发展，到20世纪90年代，市场经济体制的建立、非公有制经济的发展，使中国劳动保护工作面临新的挑战，安全生产事故发生率再一次陡增。为适应新的形势，安全生产监督管理部门加快推动相关法律法规出台，包括：2002年发布了中国第一部综合性的安全生产基本法律——《中华人民共和国安全生产法》，2009年及2014年两次修改《中华人民共和国安全生产法》。2018年3月，在新一轮机构改革中将原国家安全生产监督管理总局的职能分别调整至国家卫健委和应急管理部。从安全生产监督管理职责分工看，在安监部门统筹监管安全生产下的各部门、各领域负责制仍将是中国安全生产监督管理的基本方式。

（三）工伤预防取得的进展与存在的不足

从总体来看，中国的工伤预防实践仍处于探索阶段，尚未形成规模化的稳定的工伤预防体系。工伤预防取得的进展主要表现为以下几个方面。

一是工伤预防法律体系初具雏形。正如前文所述，在职业安全和劳动保护发展史上，我国陆续颁布了《中华人民共和国矿山安全法》《中华人民共和国职业病防治法》《中华人民共和国安全生产法》等法律法规，这些法律和《工伤保险条例》一道形成我国较为完善的工伤预防法律体系，对于规范我国安全生产与职业伤害预防起到了基础性的规范作用。

二是工伤预防制度开始初步探索。除《工伤保险条例》明确的“三位一体”的制度定位以及通过浮动费率和差别费率促进企业实施工伤预防外，2009年9月23日，人力资源社会保障部发布了《关于开展工伤预防试点工作有关问题的通知》，决定选择郑州、广州、海口等市县作为工伤预防的试点地区，标志着工伤预防工作在中国实践的开始。2013 年 10 月 22 日，人力资源社会保障部发布了《人力资源社会保障部关于进一步做好工伤预防试点工作的通知》，在 2009 年试点的基础上扩大试点，将天津等 50 个城市列为工伤预防试点城市。2017 年 8 月，人社部、财政部等联合发布了《工伤预防费使用管理暂行办法》，明确了工伤预防费用主要用于工伤事故和职业病预防的宣传和培训工作、工伤预防费使用比例原则上不得超过设区的市上年度工伤保险基金征缴收入的 3%。[①] 至此，从费用来源、工作内容、管理主体上开始了工伤预防制度的初步探索。

三是地方性探索初具成效。试点推动了实践，工伤预防探索在各地初步开展。广东省走在全国前列，工伤预防工作取得了较好的成效：从 2009 年起，广东省在制造、建筑、陶瓷、五金、黏胶等行业累计培训企业 600 多家、参训员工 7.7 万人，2008 ~2016 年，广东省的工伤发生率从 0.62% 下降至 0.37%，下降幅度达 40%。[②] 山东省于 2018 年 3 月 1 日颁布实施了《山东省工伤预防费使用管理实施办法》，标志着工伤预防工作在该省的全面开展。福建省莆田市率先在全省颁布了《莆田市工伤预防费使用管理实施暂行办法》，该办法自 2018 年 6 月 1 日开始实施。成都市自 2015 年启动工伤预防试点以来，出台了《成都市工伤预防试点管理暂行办法》《成都市工伤预防试点业务经办管理规程》等制度，全市工伤保险参保人数从 2015 年的 346.11 万人增长至 2017 年的 423.81 万人，增幅为 22%；工伤案件从 2015 年的 1.27 万件下降至 2017 年的 1.10 万件，降幅为 13.4%；工伤保险基金支出从 2015 年的 5.63 亿元下降至 2017 年的 4.44 亿元，降幅为 21%。[③] 可见，工伤预防工作的地方试点已初见成效，但与体系化、稳定化的工伤预防制度仍相距甚远。

---

① 在实践中，各地做法不同，比如山东省规定：因工伤预防工作需要，经省人力资源社会保障部门和财政部门同意，可以适当提高工伤预防费使用比例，最高不得超过设区的市上年度工伤保险基金征缴收入的 5%。

② 向春华：《工伤预防要全面推开》，《中国社会保障》2017 年第 7 期。

③ 郑兴全：《探索预防新模式　筑牢基金“防火墙”——成都市工伤预防为劳动关系双方保驾护航》，《中国劳动保障报》2017 年 11 月 28 日，第 4 版。

如前所述，我国的工伤预防工作尚处于探索时期，实践中的不足显而易见，主要表现为以下几个方面。

一是工伤预防功能尚未真正发挥。工伤预防作为工伤保险制度的最重要的功能之一，主要是通过浮动费率和差别费率促进企业实施工伤事故预防。我国虽然已将国民经济划分为八类，并规定了各类别的基准费率和浮动费率，但从实际情况看，由于各类别、各费率档次之间差别不大，这一机制并未发挥较好作用，工伤保险费率也未能较好体现行业、企业的风险状况。据对部分工伤预防试点地区的统计，各地工伤预防基金占工伤保险基金收入的实际比例仅为0.97%，[①] 与高发的职业伤害事故形成了鲜明的对比，这说明在工伤预防领域，许多该做的事情还未做，许多该发挥的作用尚未发挥。

二是工伤预防科学处于极其落后的状态。工伤预防是一种非常复杂的风险管理手段，需要采用专业化的管理和技术手段，对职业病和工伤事故进行事前的防范，是集安全学、人机工程学、管理学、经济学、医学乃至法学、心理学和社会学等多门学科于一体的工作领域，但从工伤预防领域专业人才队伍建设以及工伤预防相关科学研究发展现状看，各学科并没有在职业安全领域发挥作用，从而使我国的职业安全科学长期处于极其落后的状态，无法为工伤预防实践提供有力的智力和技术支持。

三是数据统计不足制约工伤预防发展。职业状况的复杂性决定了不同的产业、行业，不同的工种、工作岗位乃至不同的人群面临的职业风险的差异性。发生伤害事故的具体情况各异，这就决定了工伤预防工作既宏观又微观，既抽象又具体的特征。然而，有效的工伤预防需要根据具体的职业环境和风险状况采取具体的措施。但从我国关于职业风险、职业伤害的统计看，数据尚不够具体、准确，我们难以确切了解工伤的行业、工种、人群分布，导致工伤预防工作针对性不足，工伤预防效果差。从国外职业安全状况较好的国家经验看，良好的工伤预防需以完善、精确的统计为基础，否则工伤预

① 李方：《规范预防费用管理　保障职工安全健康——人社部工伤保险司负责人就〈工伤预防费使用管理暂行办法〉答记者问》，《中国劳动保障报》2017年9月2日，第6版。

防工作会无的放矢。因此，建立完善的职业伤害报告统计制度成为推广工伤预防的基础性工作。

（四）工伤预防的未来发展

从总体来看，工伤预防在我国具有迫切的需求和巨大的发展潜力，工伤预防工作的未来发展应从以下几方面着手。

一是进一步落实“预防为首”的理念。中国工伤保险预防、康复、补偿“三位一体”的功能定位已经得到了法律的认可，《工伤保险条例》提出了“促进工伤预防”的立法宗旨，《中华人民共和国职业病防治法》也提出了防治结合的原则，通过国家监管、经济激励（如工伤保险的行业差别费率和浮动费率机制）刺激企业提升职业伤害及事故预防的动力。但是，从各部法律法规的可操作性来看，落地性不强，如工伤保险主管部门和安全生产管理部门（现为应急管理部门）之间的衔接配合机制没有明确，也没有明确工伤预防基金所承担的工伤预防培训和宣传的具体工作方向和实施措施以及效果评估等。由此造成在实际操作过程中，工伤预防的功能并没有得到很好发挥，还面临着配套政策和制度不完善、企业和社会理解支持度不够、劳动保障部门和安全生产部门配合差等问题。然而，在构建健康中国的大背景下，如果没有劳动者的健康，健康中国的战略终将受到挑战，因此，有必要在健康中国战略的统一指导下，树立劳动者安全健康理念。

二是统一部门职能。在长期的发展中，我国涉及工伤预防的工作职能从来未集中于任何一个部门，职能权力的不集中导致协调的困难。为了提高工伤预防的管理效能，提高工伤预防的实施效果，应实现各部门在工伤预防制度框架内的职能、行动和政策统一，做到信息资源的充分利用和共享。我国应考虑在工伤保险管理机构内设置专门负责工伤预防的部门，对参保企业工伤预防法律规章的执行情况进行检察监督，开展工伤预防宣传教育，组织企业对工伤保险事务工作人员进行培训，制定差别费率和浮动费率的方案并真正将其落实，分析事故发生的原因，应与安全监督部门、卫生部门实行“双轨制”的安全卫生监察，并组建由企业安全生产专员、工伤保险业务人员、学科领域专家构成的专家队伍，对全民职业安全、职业健康工作进行管理。通过专门性的工伤预防机构的工作和协调，将社会保险部门、安全监察管理部门、卫生部门的职能统一起来，各部门相互配合、统一作战，充分发挥各自的资源优势，提高工伤预防工作的管理效能。

三是加快信息化建设。我国职业安全领域信息化建设急需加强，应当建立专门的工伤预防信息管理系统，利用政务信息管理平台，将与工伤预防有关的人员、用人单位、资源（包括技术手段、专家队伍）等信息全部整合到一个信息管理系统中，为每个劳动者以及其就业情况建立职工安全和健康信息档案，实时监控企业的工伤保险参保情况、安全生产培训情况、职业健康检查情况、工伤事故发生情况和工伤待遇享受情况等信息（这也是世界各国已经或正在做的工作）。通过工伤预防信息管理系统的建设，各部门、政府和企业之间能够建立数据共享、信息交换、沟通协作的平台，实现职业危害评估情况和安全生产情况的信息共享，为职业安全健康监察、工伤保险费率确定或调整提供依据。同时，工作目标和相关政策的制定应综合考虑各方信息，统计不同的职业伤害类型、伤害程度、高发人群和发展趋势的数据资料，使职业安全健康与工伤预防工作有的放矢。

四是完善工伤事故统计与报告制度。综观世界各国，凡是工伤预防工作做得比较好的国家，无不具有完善的事故统计与报告制度。工伤事故统计工作的目的是提供详细、完整的关于工伤事故的数据信息，工伤事故管理部门可以对大量的工伤事故的资料进行加工、整理、分析和推断，揭示工伤事故的发生规律，提出事故预防对策。改革中国现有的工伤事故统计体系，使统计方法科学化、统计范围准确化，为工伤预防工作提供目标和方向，如应急管理部的事故统计范围不应仅限于工矿商贸企业的劳动者伤亡事故，农业、机关事业单位以及社会团体的伤亡事故也应统计在内；除了对死亡数据的统计，更应重视对伤残状况的统计，这是更加符合安全生产事故发生规律的做法。应使劳动监察部门、工伤保险部门、企业在完善自身工作的基础上加强交流与合作，加强县、乡两级政府的劳动保护监察力量，完善基层职工伤亡事故报告、统计、调查和处理工作。工伤保险部门应根据企业的安全生产状况做好工伤费率的调整，既要考虑职业伤害风险存在的客观性和不同行业风险差异存在的客观性，也要考虑费用负担和促进工伤预防的关系。

总之，工伤预防工作是一项复杂、专业和科技含量极高的综合性工作，需要法律、经济、行政、科技等多方面的配合，尤其在中国多部门管理的体制下，部门的协调无疑增加了制度落实的难度，应在理念形成、制度协调、科学支撑等方面提升工伤预防工作的有效性，这是健康中国战略的需要，更是应对中国人口红利消失、劳动力短缺时代到来的需要。

二　工伤康复事业进展

工伤康复是继工伤预防之后工伤保险制度的第二大功能，其目的是恢复受伤者的肢体功能，促进其重新回到工作岗位。良好的工伤康复可以减少工伤保险基金支付负担，促进劳动力的再生产。

（一）工伤康复事业的发展与变迁

我国工伤康复事业经历了三个阶段。

第一阶段：劳动保障时代的工伤疗养与康复（1949～1995 年）。中国最早的工伤康复可以追溯到中华人民共和国成立初期的革命伤残军人抚恤制度。1950 年，中华人民共和国内务部发布的《革命残废军人优待抚恤暂行条例》，对各级伤残革命军人的抚恤标准作了详细规定；1951 年的《中华人民共和国劳动保险条例》规定了因工伤残人员的医疗和康复救治工作，《中华人民共和国劳动保险条例实施细则修正草案》第十四条也明确指出：“工人职员因工负伤在该企业医疗所、医院、特约医院、特约中西医师或转送之医院医疗终结后，必需（须）安装假腿、假手、镶牙、补眼者，其所需费用，完全由企业行政方面或资方负担。”这些都是对劳动者遭遇职业伤害之后的功能补偿或替代措施，属于工伤康复的初始阶段。我国对现代康复科学（包括工伤康复）的认识和运用始于 20 世纪 80 年代。1982 年初，卫生部曾提出选择若干疗养院、综合医院试办康复医疗机构，这是中国康复医学工作的开始。1987 年，我国政府组织开展了第一次全国残疾人抽样调查，很大程度上唤醒了公众的残疾意识，促进了中国职业康复的进步。1990 年，中国康复研究中心建立了全国第一个专门的职业康复研究机构。这一时期，工伤康复多是和其他残疾人康复共同发展的，这是由计划经济的特征决定的，即劳动者的衣食住行和各种保障都在国家的计划和调配之下，工伤人员也不例外。进入改革开放时期之后，经济增长的目标导向使全国上下并没有对工伤康复予以过多的关注。

第二阶段：现代工伤康复事业的开端（1996～2003 年）。我国工伤保险改革的标志性事件之一是 1996 年《企业职工工伤保险试行办法》的实施，其中第六条、第二十一条、第四十二条、第四十三条分别对发展康复事业、辅助器具配置、工伤康复筹资、工伤康复费用支付等进行了原则规定，这标志着在中国工伤保险发展史上，我国开始通过国家法律法规的方式把工伤康复纳入制度化的发展思路上来。然而，在实践层面，由于对工伤康复认识的局限性以及技术、人才、基础设施的限制，这一时期的工伤康复并未取得实质性进展。

第三阶段：工伤康复制度化发展的开始（2004 年至今）。虽然 1996 年的《企业职工工伤保险试行办法》提出了发展工伤康复事业的思想，但从 1996 年制度试行以来，中国工伤康复在实践中的发展实为乏善可陈。直到 2004 年《工伤保险条例》颁布，工伤康复的实质性工作才有所缓慢发展。2004 年，广东、山东、江西、黑龙江、河南等地部分医院开始推行工伤康复综合试点。2006 年的《劳动和社会保障事业发展“十一五”规划纲要》提出要“逐步建立适合中国国情的工伤康复制度”“加强工伤预防与职业康复示范建设”。2007 年的《关于加强工伤康复试点工作的指导意见》，强调了工伤康复的重要性和必要性，其中明确了“十一五”期间要“初步形成以医疗康复为基础，以职业康复为核心，以促进工伤职工回归社会、从事劳动为目的，具有中国特色的工伤康复制度框架”。之后，各省均确立了 1～2 个城市的 1～2 家康复机构作为工伤康复试点单位，从而中国工伤康复进入了实质性的发展阶段。2009～2010 年，人力资源社会保障部组织了对工伤康复试点单位的评估，对工伤康复试点机构的基本设施、场地、人才和技术等方面提出了具体要求，并在全国遴选了35家工伤康复试点机构，依托广东省工伤康复中心的优势，建立了全国性的工伤康复基地。

（二）工伤康复的实施方式与内容

一是工伤康复的实施方式。在全国工伤康复试点推行和探索的过程中，由于各地经济、社会发展水平的差异，工伤保险基金的支付能力不一，各地所选择的工伤康复发展道路也有所不同。综合起来看，现阶段各地实施工伤康复的主要做法有三种。（1）创办专门的工伤康复机构实施康复，即从工伤保险基金中提取一部分工伤康复基金，办专门的工伤康复机构，如广东省工伤康复中心、江西省工伤康复中心等。这些地方工伤保险制度发展较早，工伤康复条件相对成熟，工伤保险参保人数较多，工伤保险基金有较充分的盈余，康复人才、技术也相对集中，容易形成较快的发展态势和较完备的管理体制。（2）通过政府购买服务的方式实施工伤康复，即从工伤保险基金中提取工伤康复经费，以政府购买服务的方式委托指定的医疗机构为工伤者实施工伤康复，采用这种方式的省市如北京市、深圳市、湖南省、黑龙江省、南通市等地。这种方式可以充分利用和调动社会资源，使政府从繁杂的事务中解脱出来，只承担甄选、监督的职能，具体的康复服务则由医疗机构提供。（3）政府和社会力量联合创办工伤康复机构，即政府利用现有的社会康复资源，选择基础条件较好的医疗机构进行合作，利用工伤保险基金购置和配备康复所需的资源，合作兴办工伤康复机构，如厦门、济南、郑州、乌鲁木齐、肇庆等地。上述三种方式各有特点，都是结合当地实际探索的结果。

二是工伤康复的内容。根据《工伤康复服务规范（试行）》，工伤者经临床急性期治疗后，生命体征基本平稳，病情相对稳定，但仍有持续性功能障碍（如运动、感觉、言语、认知、精神、吞咽、排尿排便和性功能等障碍）而影响生活自理、劳动能力下降，仍不能回归家庭和社会，且具有恢复潜力和康复价值者，均应及早转入康复协议机构住院康复治疗。康复期最长为12个月，康复内容包括医疗康复、职业和社会康复，职业康复期一般为60天，最长不超过180天。虽然各地在实践中具体做法不一、服务内容和水平各异，但工伤康复的三大板块即医疗康复、职业康复和社会康复构成了其主要内容。（1）工伤医疗康复，即利用临床诊疗技术和康复治疗的手段，最大限度地改善、提高和恢复工伤职工的身体功能及其生活自理能力。工伤医疗康复主要包括康复评定和康复治疗两个阶段，在工伤医疗康复过程中，首先要对工伤职工的伤残性质、伤残程度、伤害类型等作出科学客观的判断和评价，明确工伤者的功能障碍及障碍程度，据以制定治疗康复方案。（2）工伤职业康复，即帮助工伤职工恢复劳动能力，促进其重新回到劳动领域，并能通过自己的劳动获得相应的报酬，进而参与到正常的社会活动之中，其中既包括对工伤职工听、说、读、写、记忆等特定能力的恢复或提高，也包括有针对性的职业技能训练、恢复乃至重构其劳动能力和技能。（3）工伤社会康复，即为了消除各种障碍、消除社会对伤残职工的歧视和偏见，帮助工伤职工克服自卑或自我封闭而实施的各种康复活动，如各种社会活动的参与等。社会康复贯穿于工伤康复的全过程，目的是保护工伤职工的社会权益，创造和谐的社会环境促进其重返社会。

（三）工伤康复实践

从我国工伤康复的发展状况来看，工伤康复初步取得了以下成就。

一是初步形成了工伤康复的法律规范。从上述2007年工伤康复试点工作开始，我国即进入了工伤康复的实践探索和制度完善期。2008年，《工伤康复诊疗规范（试行）》和《工伤康复服务项目（试行）》两部法规颁布，随后各地区相继制定了当地工伤康复管理办法和工伤康复费用结算办法，形成了工伤康复法规制度的基础。2011年，新修订的《工伤保险条例》确立了工伤职工在协议机构进行工伤康复而发生的规定范围内费用由工伤保险基金支付的制度，将工伤康复以法律的形式予以保障；同年，《中华人民共和国社会保险法》第三十八条也规定因工伤发生的医疗和康复费用按照国家规定从工伤保险基金中支付。2012年，《社会保障“十二五”规划纲要》

指出要利用现有医疗和康复资源，建设和完善各级康复服务平台。2012年，《“十二五”时期康复医疗工作指导意见》（卫医政发〔2012〕13号）提出了“十二五”将康复医学发展和康复医疗服务体系建设纳入公立医院改革总体目标。2013年，人力资源社会保障部发布了《工伤康复服务项目（试行）》，并修订了《工伤康复服务规范（试行）》，将工伤康复进一步规范。此外，2012年8月，人力资源社会保障部发布了《工伤保险辅助器具配置目录》，2016年2月，人力资源社会保障部、民政部等联合发布《工伤保险辅助器具配置管理办法》，完善工伤人员康复辅助器具配置政策。至此，包括工伤康复规范、资金支持、辅具适配等在内的法规体系初步形成。

二是形成一批各具特色的工伤康复试点城市，工伤康复初见成效。经过近几年的发展，我国工伤康复初见成效。据不完全统计，截至2016年10月，全国各省、自治区、直辖市工伤康复协议机构已达160余家；2015年全国享受工伤康复待遇共计5.3万人次，比2014年增长了10.4%；康复待遇支出6.9亿元，占当年工伤保险待遇总支出的1%，全国职业康复达到6763人次。[①] 2016年享受工伤康复待遇的达5.1万人次，其中职业康复1.38万人次。除此之外，各地形成了符合自身特色的工伤康复经办方式，如南通市依托综合医院的优势，在工伤康复探索中建立专业的医疗专家队伍，介入工伤康复的全过程，试行工伤职工三期评估。广州作为国内最早探索工伤预防、补偿和康复“三位一体”的城市，从1995年就已经开始发展工伤康复，并于2001年建立了全国首家专门的工伤康复医院。2002年8月，广州市出台了工伤康复的专门管理规定——《广州市社会工伤保险工伤康复管理试行办法》。2004年，广东省工伤康复中心被确定为全国首家工伤康复综合试点单位，开始承担探索工伤康复模式、工伤康复服务技术和规范、工伤康复人才培养、工伤康复国际交流等任务。2009年，国务院确定在珠三角地区建设“国家级工伤康复基地”。广东省工伤康复中心已发展成国家级工伤康复基地，由人力资源社会保障部和广东省政府共同建设。广东

① 向春华：《工伤康复助力工伤职工回归》，《中国社会保障》2016年第10期。

省工伤康复中心开创了医院—企业—社区（家庭）无缝链接的以医疗康复为基础、以职业康复为核心、以促进工伤职工回归社会和重返工作岗位为目标的工伤康复模式。据统计，在该中心接受康复的工伤职工中，82%的人经系统康复后能重返工作岗位，可见其康复效果。

三是康复专业人才培养开始起步。实践的发展推动了人才培养。我国工伤康复事业试点至今，虽然人力资源社会保障部门并未制定工伤康复专业人才培养相关规划，但残疾人事业的发展推动了包括工伤康复专业人才在内的人才培养的发展，工伤康复需求的巨大潜力也体现了一定的虹吸效应，为专业人才的培养提供了方向。据统计，自我国2005年开始招收康复相关专业学生以来，截至2017年，全国共有44所高校开设了该专业，[①] 2017年，全国已具有各类康复治疗技术人员近5万人。[②] 虽然仍不能满足巨大的康复需求，但在一定程度上缓解了康复人才极缺的局面。

（四）工伤康复存在的问题

我国的工伤康复起步晚、发展慢，发展水平尚不能满足实际需要，主要问题体现在以下方面。

一是工伤康复的重要性仍未得到充分的重视和认可。“三位一体”是我国工伤保险制度的定位，但长期以来，我国工伤保险主要发挥的是工伤赔偿的职能，康复作为促进劳动者重回社会、重返工作领域的措施，并未得到充分的重视和认可，如除了前述近2年颁布的相关规章之外，关于工伤康复的管理法规、评定标准以及资金提留及使用等具体事项迟迟没有明确，这一方面使地方部门在实践中受到约束，另一方面也无法从全局上为各地的实践指明方向，不利于康复事业的发展。

二是康复服务供需矛盾突出，无法满足现实需要。人力资源社会保障部发布的2016年度和2017年度《人力资源和社会保障事业发展统计公报》显

① 杨宝成：《“健康中国”战略下运动康复专业人才培养研究》，《医学教育研究与实践》2017年第6期。

② 肖晓鸿：《康复工程技术专业人才培养的探索》，《教职通讯》2017年第32期。

示，2016 年全年评定伤残等级人数达 53.5 万人，196 万人享受工伤保险待遇；2017 年全年评定伤残等级人数达 52.9 万人，193 万人享受工伤保险待遇。而 2016 年，全年享受工伤康复待遇的人数不足 6 万人，接受职业康复的人数不足 2 万人。根据笔者的调研，即便在各地发展较早的工伤康复试点机构，基础设施不足、人才队伍缺乏、康复技术亟待提升的问题也普遍存在，各地无法从量和质两方面满足潜在的工伤康复需求。

三是工伤康复专业人才缺乏，技术落后。康复人才的缺乏已成为政府、社会、学界的共识。相关统计显示，世界各国康复治疗师人数与人口数的比值平均为 70/10 万，而我国只有 0.4/10 万，我国康复技术人员缺口达 30 余万人。[①] 康复人才的奇缺一方面无法满足现实的康复需求，另一方面也成为我国康复技术落后的重要原因。就各试点城市和康复机构的业务看，医学治疗和相关康复是全部康复业务的主要内容，而对工伤人员重返社会发挥重要作用的职业康复和社会康复发展严重滞后，难以保证康复的效果。

（五）工伤康复的未来发展思路

一是真正落实工伤康复优于工伤赔偿的理念。促进工伤康复实实在在的发展，必须确立先康复后赔偿的理念。首先，要促进工伤职工身体技能、劳动能力和社会参与的恢复，帮助他们重新返回劳动领域，这样不但能够使劳动者通过劳动获取生活资料，而且可以充分保护其社会参与权、社会保障权以及其他社会权利；其次，通过良好的工伤康复，帮助工伤者重回工作领域，不需要对工伤人员进行长期的伤残年金和其他待遇支付，节约了工伤保险基金支出；再次，工伤康复后的劳动者回到劳动领域之后，不但可以成为国民经济的贡献者，而且可以继续为包括工伤保险在内的社会保险供款，促进了社会保险制度的发展。可见，无论是从经济、社会还是从劳动者权益保护的角度，工伤康复是较工伤赔偿更有力的措施，只要工伤者有康复的价值和可能，就应为其提供所需的康复服务，包括医疗康复、职业康复和社会康

① 李建军、程军等：《我国康复人才战略研究》，《中国康复理论与实践》2016 年第 5 期。

复。树立并落实工伤康复优于工伤赔偿的理念，是健全工伤保险制度的标志。

二是提升康复的科技水平和人才专业化程度。我国包括工伤康复在内的康复技术和水平亟待提高，这一方面需要购置现代化的医疗设施，从硬件上为工伤康复工作的顺利实施奠定基础；另一方面需要培养专业型人才和复合型人才，为工伤职工提供专业化的检查、评级和康复服务。因为工伤康复的完成，不仅需要基本的医疗救治设施和医疗服务的专业人才，而且涉及社会学、心理学、劳动保障学、特殊教育学、安全学、人机工程学等多学科的专业知识，需要各领域的专业技师（如心理治疗师、社会工作者、特殊教师等）对伤残者的身体状况及康复潜力进行评估，并据以制定康复进程及其康复目标，需要熟悉各类康复设备使用和维护的专业人才。因此，康复科学的研究以及专业人才的培养应着眼于建立复合型和专业性人才兼顾的培养模式；同时，依托国内发展较好的康复中心，开展多种形式的康复人员培训、实习和进修，结合工伤康复的需要，全面推动工伤康复专业人才的培养，并逐步实现与非工伤残疾人康复在人、财、物、技术、场地等各方面资源的交流与合作，最终走二者融合发展的道路。

三是促进各项康复内容的均衡发展。从中国的工伤康复实践来看，除了几家专门的工伤康复机构开展了一定的职业康复和社会康复之外，大部分工伤康复机构仍局限于提供医疗康复服务，职业康复和社会康复服务发展严重不足（这一点，从前述享受职业康复的人次统计数据上可以看出），这一方面与职业康复和社会康复的技术水平和可利用资源有限有关，另一方面也与对二者认识不足有关，同时还受各残疾人政策不配套或执行力度不强的影响（如残疾人就业政策等）。即便发展至今，中国的工伤康复发展水平仍与《关于加强工伤康复试点工作的指导意见》中提出的在“十一五”期间“初步形成以医疗康复为基础，以职业康复为核心，以促进工伤职工回归社会，从事劳动为目的，具有中国特色的工伤康复制度框架”的目标相距甚远。故而，应建立全面的康复观，医疗康复、职业康复和社会康复并重，将医疗康复贯彻于工伤后的整个救济过程，设置完善的康复转介流程，在医疗救治和医疗康复的同时，尽早介入社会康复和职业康复活动，把握最佳康复时机，实现工伤人员的综合全面康复。

总之，在现代工伤保险中，预防、康复、赔偿“三位一体”是贯彻于制度发展始终的功能定位，工伤保险制度发展的目标首先是尽可能减少工伤，即工伤预防；其次是尽可能消除工伤发生后造成的负面影响，即工伤康复；最后在预防、康复不能完全发挥作用的情况下，则应对工伤者进行必要的经济补偿和生活扶助。从我国工伤预防、工伤康复和工伤赔偿的发展程度看，三者仍处于极度的不平衡状态。① 而前两者的充分发展，才是工伤保险制度良性发展的体现。因此，一方面需要大量的经济、科技和人才的支撑，促进工伤预防、工伤康复的发展；另一方面应当将工伤预防、工伤康复置于全局性的健康中国建设、残疾预防和残疾康复工作之中，从整体上实现残疾预防和康复事业的全面、良性发展和现有资源的有效利用。

参考文献

崔斌、陈功、郑晓瑛：《中国残疾人口致残原因分析》，《人口与发展》2009 年第 5 期。

李方：《规范预防费用管理　保障职工安全健康——人社部工伤保险司负责人就〈工伤预防费使用管理暂行办法〉答记者问》，《中国劳动保障报》2017 年 9 月 2 日，第 6 版。

李建军、程军等：《我国康复人才战略研究》，《中国康复理论与实践》2016 年第 5 期。

乔庆梅：《职业伤亡预防：工伤保险制度的首要目标》，《河南师范大学学报》（哲学社会科学版）2010 年第 1 期。

乔庆梅：《中国职业风险与工伤保障——演变与转型》，商务印书馆，2010。

乔庆梅：《德国工伤保险的成功经验》，《中国医疗保险》2015 年第 1 期。

孙树菡、朱丽敏：《新中国工伤保险制度六十年的发展变迁》，《河北学刊》2009 年第 6 期。

向春华：《工伤康复助力工伤职工回归》，《中国社会保障》2016 年第 10 期。

① 根据人力资源社会保障部的统计，2016 年，全年享受康复服务的仅占全部享受工伤保险待遇的 2.6%，工伤康复待遇支出仅占全年工伤保险基金支出的 1.15%。

向春华：《工伤预防要全面推开》，《中国社会保障》2017 年第 7 期。

肖晓鸿：《康复工程技术专业人才培养的探索》，《教职通讯》2017 年第 32 期。

杨宝成：《“健康中国”战略下运动康复专业人才培养研究》，《医学教育研究与实践》2017 年第 6 期。

郑兴全：《探索预防新模式 筑牢基金“防火墙”——成都市工伤预防为劳动关系双方保驾护航》，《中国劳动保障报》2017 年 11 月 28 日，第 4 版。

中华人民共和国人力资源和社会保障部：《2017 年度人力资源和社会保障事业发展统计公报》，中华人民共和国人力资源和社会保障部网站，2018 年 5 月 21 日，http：//www. mohrss. gov. cn/ghcws/BHCSWgongzuodongtai/201805/t20180521_ 294290. html。

B.6

残疾人体育发展报告（2017）

吴雪萍　吴燕丹*

摘　要： 本报告回顾了中国残疾人体育事业从萌芽到不断壮大的发展进程，总结了2017年中国残疾人体育事业的成就和问题，并展望了中国残疾人体育事业的发展方向。中国残疾人体育事业有望持续发展，助力残疾人事业不断繁荣，造福残疾人群体。

关键词： 残疾人　体育事业　大健康

残疾人事业不断发展，是社会进步的重要标志。体育是残疾人事业中重要的组成部分。开展残疾人体育运动不仅能够增强残疾人体质，改善身体机能，而且可以使残疾人更好地融入社会，增添生活乐趣，促进身心健康，扩大生活领域。中华人民共和国成立以来，我国残疾人体育经历了从无到有，

---

* 吴雪萍（1972～），女，教育学博士，上海市曙光学者、浦江人才。现任上海体育学院科研处处长、科学研究院常务副院长，教授，博士生导师。兼任亚洲适应体育教育与运动学会常务理事、中国体育科学学会第八届理事会理事、残疾人事业发展研究会常务理事、残疾人体育发展专业委员会副主任委员、中国残疾人康复协会智力残疾康复专业委员会常务理事等职务。长期从事体育教育训练学适应体育方向的教学和研究工作，主持国家社科基金重点项目、教育部人文社科项目、上海市浦江人才计划、上海市教委曙光计划、上海市科委项目等多项省部级以上项目；主编和参与编写专著、教材10余部，近年来在CSSCI、CSCD和SCI、SSCI期刊上发表中英文论文数十篇。吴燕丹（1966～），女，福建师范大学体育科学学院教授，博士生导师。现为亚洲残疾人体育协会常务理事，中国残疾人联合会事业发展研究会常务理事，福建省残疾人体育研究中心秘书长，福建省青年志愿者协会常务理事，主要研究方向为体育教育训练学适应体育方向，在国内核心期刊发表数十篇较有影响力的论文。

从自发到规范，从探寻摸索到蓬勃发展的历史阶段。回顾我国残疾人体育事业发展进程，在中华人民共和国成立初期产生萌芽的基础上，经历了初步形成、稳步成长、蓬勃发展等阶段。残疾人学校体育、群众体育和竞技体育在不同阶段都有着鲜明特点，回顾历史，展望未来，残疾人体育事业将有更加广阔的发展前景。

一　中国残疾人体育回顾

（一）残疾人体育萌芽产生

我国残疾人体育萌芽时期，具有鲜明的时代特点。中华人民共和国成立伊始，百废待兴，但中央人民政府对体育事业发展给予了高度的重视，提倡发展全民体育运动，提出了新民主主义时期的体育方针。从国家层面，呼吁人们参与体育运动，发展体育运动。1949 年 10 月，“全国体育工作者大会”在北京召开，做出了建设“民族的、科学的、大众的”新体育号召，[①] 在号召全民体育运动的背景下，残疾人体育也随之萌芽。盲校和福利工厂体育运动的开展，为残疾人体育的发展奠定了基础。1951 年 11 月，《政务院关于改革学制的决定》要求各级人民政府应设聋哑盲人特殊学校，开设体育课程，鼓励残疾学生积极进行体育锻炼。[②] 中华人民共和国成立初期残疾人福利工厂的兴建，使残疾人体育运动得到进一步发展。在残疾人体育教育和群众体育出现的同时，残疾人竞技体育也在该时期初步形成。盲人和聋人竞技体育得到了广泛开展，形成了我国残疾人竞技体育的雏形。这些都为日后残疾人体育的发展奠定了基础。

① 刘鹏：《新中国体育的 60 年　从东亚病夫到体育强国》，中国网，2012 年 6 月 5 日，http：//www. china. com. cn/guoqing/2012 – 06/05/content_ 25569829. htm。

② 《政务院关于改革学制的决定》，汇法网，1951 年 8 月 10 日，https：//www. lawxp. com/statute/s1045433. html。

（二）残疾人体育初步形成

改革开放之后，我国社会经济得到长足发展，在此背景下，我国各地体育组织相继得到恢复与建立。国家为残疾人体育事业采取了一系列重大措施。我国的残疾人体育发展态势初步形成，掀开了新的历史篇章。

各级各类残疾人体育组织的恢复和建立是该阶段残疾人体育事业发展的重要标志。1983 年 10 月 12 日，中国残疾人体育协会（前身为中国伤残人体育协会）在天津成立，负责组织、帮助肢残人士包括脊髓损伤、截肢和其他残疾人参与体育运动。之后，各类残疾人体育组织相继成立，1986 年 12 月 10 日中国聋人体育协会成立，并于 1988 年 4 月加入国际聋人体育组织；1985 年 6 月 17 日中国智残人体育协会成立；1993 年中国残联宣文部体育处成立。体育组织的成立和规范，在为残疾人更好地开展和参与体育运动提供机会的同时也为我国残疾人体育事业的发展奠定了坚实基础。1984 年 10 月 7 日至 14 日，我国第一届伤残人运动会在安徽省合肥市举行。这一残疾人体育盛会的举行，不仅推动了我国残疾人运动的发展，而且极大地提高了社会对残疾人体育事业的认知度。

（三）残疾人体育稳步成长

1988 年 11 月 19 日，国务院正式批准在北京举办第六届“远南”运动会（远东及南太平洋地区残疾人运动会）。1994 年 9 月，第六届“远南”运动会在北京举行。这是我国第一次举办国际性残疾人运动会，推动了我国残疾人体育事业发展的国际化进程，残疾人体育事业在这一时期进行了深入改革。

我国残疾人体育事业改革从两个会议纪要开始。1993 年 6 月，中国残疾人联合会签发了《中国残疾人联合会会务会议纪要》，纪要决定在中国残疾人联合会成立体育处，将残疾人体育工作重点转移到了中国残联；1993 年 7 月，《关于理顺中国残疾人体协工作体系，进一步加强残疾人体育工作的磋商纪要》签发，纪要提出我国在改革开放以来，残疾人体育事业得到了较大发展，取得的成绩在国内外得到高度评价。同时认为我们要抓住机遇、促进残疾人体育工作进一步开展、完善残疾人体育协会工作体系等，对于未来残疾人体育工作的开展作出了明确指示。随着改革的进一步推进，我国相继下发了多项促进残疾人体育事业开展的文件，如中国残疾人联合会、中国残疾人体育协会和国家体育总局共同下发的《关于1998年全国残疾人体育工作安排的通知》《1999年残疾人体育工作要点》等。这些文件为我国残疾人事业的改革和发展指明了道路。

特奥运动的开展是该时期残疾人体育事业发展的重要部分，得到了政府部门的大力支持。2004年4月5日，中国残疾人联合会、教育部、民政部、国家体育总局联合发出《关于进一步加强和改进特奥工作的意见》，明确了特奥运动的重要意义、指导方针和任务，并提出建立健全特奥工作体系，大力推进特奥工作开展。其间，我国举办了多项全国特奥运动会，并且举办了各单项赛事。中国特奥会通过举办各种比赛和活动，培养了大量的特奥运动员和特奥工作者，2005年底，特奥运动员的人数达到了50万人。

通过积极参与世界性的残疾人体育赛事，我国逐步将残疾人体育事业发展与国际接轨，不断推进残疾人体育事业国际化进程。从1984年开始，我国相继加入了国际残疾人奥林匹克委员会、国际残疾人体育组织、国际盲人体育联合会、国际脑瘫人体育协会、世界聋人体育联合会、国际轮椅运动联合会、国际特殊奥林匹克委员会、远东及南太平洋地区残疾人运动会联合会8个世界残疾人体育组织。2001年7月，我国成功申办2008年残奥会；2002年5月，我国成功获得2007年第十二届世界夏季特奥运动会的主办权。[①] 两项重要国际残疾人运动赛事的成功申办，不仅向世界展示了我国残疾人体育的强大实力，也展现了残疾人体育在我国发展的广阔

① 周炜：《中国获得2007年世界夏季特奥会主办权》，东方网，2002年5月24日，http：//news.eastday.com/epublish/gb/paper141/17/class014100022/hwz675945.htm。

前景。同时，我国残疾人竞技体育在国际舞台崭露头角，2004 年 9 月 17 日至 28 日，在希腊雅典举行的第十二届残奥会上，中国代表团派出了 200 名运动员参加了 11 个大项 284 个小项的比赛，共获得了 63 枚金牌、46 枚银牌、32 枚铜牌，并且有 23 人 29 次打破世界纪录。实现了我国残疾人奥运会成绩历史性的突破。

（四）残疾人体育蓬勃发展

2008 年 4 月 24 日，中华人民共和国第十一届全国人民代表大会常务委员会第二次会议修订《中华人民共和国残疾人保障法》，中华人民共和国主席令第 3 号公布，自 2008 年 7 月 1 日起施行。其中第五章指出，开展残疾人的体育运动要面向基层，针对不同类型残疾人群开展丰富的适宜其参与的体育运动。同时广泛开展残疾人运动会，增加残疾人参与体育运动的机会和渠道，相关场所应为残疾人提供相应便利。

2008 年第十三届残疾人奥运会在北京成功举办，中国代表团取得了 89 金、70 银、52 铜的好成绩，奖牌总数首次超过了 200 枚，蝉联金牌榜第一位。残奥会的成功举办以及中国残奥代表团所取得的骄人成绩，使中国残疾人体育在国际舞台上大放异彩。同时，也掀起了我国残疾人体育热潮，开启了我国残疾人体育事业的新篇章。

2004 年、2008 年、2012 年、2016 年，我国连续四届残奥会位列金牌榜首位，从 1984 年首次参加残奥会以来，我国通过不懈努力，已然跻身世界残疾人竞技体育强国之列。残疾人竞技体育取得的优秀成绩，与我国上阶段发展残疾人体育事业过程中竞技体育优先的战略密切相关。通过竞技体育的繁荣来带动残疾人体育事业的整体发展，取得了良好效果。在北京奥运会之后，我国进入了后奥运时期，残疾人体育事业发展面临着新形势。利用承办残奥会的历史舞台，整合资源，围绕构建和谐社会的目标，使广大残疾人增强体育健康意识、参与体育运动、提升生活质量是新的阶段中残疾人体育事业的发展方向。

2009 年国务院发布《全民健身条例》，其中明确指出：“制定全民健身计划和全民健身实施计划，应当充分考虑学生、老年人、残疾人和农村居民的特殊需求。”① 这部行政法规的颁布，进一步保障了残疾人体育参与的基本权益，并且为残疾人体育的未来发展奠定了基础。2011 年和 2016 年国务院相继颁布的《全民健身计划（2011～2015 年）》《全民健身计划（2016～2020 年）》都将残疾人体育作为重要组成部分。从残疾人群众体育参与、残疾儿童青少年体育教育等方面入手，建立健全残疾人体育运动保障体系，积极开展残疾人体育运动，根据残疾人的特点和特殊需求，为其提供适当的体育运动参与机会。② 这两部计划的颁布和实施，从国家层面呼吁社会关注残疾人体育事业，为残疾人群众体育、学校体育的发展提供了保障。2011 年，国务院批转了《中国残疾人事业“十二五”发展纲要》（以下简称《纲要》），其中对于残疾人体育事业作出了明确指示。《纲要》指出残疾人体育事业的主要任务是加强残疾人群众体育工作，促进残疾人康复健身，提高社会参与能力；提高残疾人竞技体育水平，在重大国际赛事中争取优异成绩。一系列的政策对于我国残疾人体育事业的发展方向作出了引导，残疾人群众体育广泛开展的同时竞技体育继续保持较高水平。

2016 年，中共中央、国务院发布了《“健康中国 2030”规划纲要》，将健康推到了国家战略地位。③ 在健康中国背景下，残疾人康复体育和健身体育受到了高度的重视，并且在未来会得到广泛开展。全民化、大众化、健康化是现阶段残疾人体育事业发展的重要特征，也是未来残疾人事业发展的趋势。

---

① 国务院：《全民健身条例》，中国政府网，2009 年 9 月 6 日，http：//www. gov. cn/flfg/2009－09/06/content_ 1410716. htm。

② 国务院：《全民健身计划（2011～2015 年）》，中国政府网，2011 年 2 月 24 日，http：//www. gov. cn/zwgk/2011－02/24/content_ 1809557. htm；国务院：《全民健身计划（2016～2020 年）》，中国政府网，2016 年 6 月 23 日，http：//www. gov. cn/zhengce/content/2016－06/23/content_ 5084564. htm。

③ 中共中央、国务院：《“健康中国 2030”规划纲要》，中国政府网，2016 年 10 月 25 日，http：//www. gov. cn/zhengce/2016－10/25/content_ 5124174. htm。

二　2017年残疾人体育发展

（一）相关政策法规相继出台

2016 年，《“健康中国 2030” 规划纲要》将促进全民健康提升到了国家战略地位。对我国体育事业的发展意义重大。残疾人体育作为体育事业中的重要部分，也获得了极佳的发展机遇。在此背景下，2017 年我国残疾人体育事业在各方面都取得了不同程度的推进。

2017 年 2 月 23 日，国务院总理李克强签署第 674 号国务院令，公布修订后的《残疾人教育条例》，自 2017 年 5 月 1 日起施行。2017 年 8 月 10 日，国家体育总局召开新闻发布会，正式对外公布《全民健身指南》。我国基本形成了以《中华人民共和国宪法》为依据的残疾人法律体系，其以刑事、民事、行政等法律为基础，以《中华人民共和国残疾人保障法》为核心，搭配《残疾人教育条例》《残疾人就业条例》《无障碍环境建设条例》等具体行政法规，同时以优惠和辅助残疾人的地方法规为补充的发展框架，为残疾人事业发展保驾护航。但是对于残疾人体育事业来说，相关的法律条文只能从一些国家层面和地方的综合性法规中寻找，对于残疾人体育事业发展的专门性政策体系来说还未健全。相信随着社会的进步和残疾人体育事业的不断突破，相关的法律会逐渐完善，为残疾人体育事业的发展提供更加有力的保障。

（二）残疾人竞技体育取得重大成就

2017 年，我国残疾人竞技体育的不断突破是残疾人体育事业蓬勃发展的重要因素。在这一年里，我国残疾人竞技体育在运动成绩的突破、优秀运动员教育、残疾人竞技体育科技服务和运动员选才革新等方面取得了重大成就。

一是竞技体育成绩斐然。在这一年中，我国残疾人通过不断努力，竞技体育成绩斐然。在继续保持传统项目优势的基础上，积极开展冰雪项目。巩固我国残疾人竞技体育水平的同时全力备战2018年平昌冬残奥会。由中国残联、中国残奥委员会、中国聋人协会主办，黑龙江省残联、黑龙江省体育局承办的2017年全国残疾人越野滑雪锦标赛于2017年12月22日至28日在哈尔滨亚布力滑雪场举办。来自北京、河北、辽宁、吉林、黑龙江、江苏、浙江、湖北、广东、四川等18个地方98名运动员参加20公里站式（传统技术）、15公里坐式、5公里站式（自由技术）等28个小项的比赛。2017年亚太区轮椅篮球锦标赛在北京市中国残疾人体育运动管理中心举行，我国女子轮椅篮球队获得冠军，队员陈雪静、林穗玲入选女子最佳阵容。2017残疾人射箭世锦赛在中国残疾人体育运动管理中心举行，中国代表队以4枚金牌、1枚银牌、2枚铜牌的总成绩荣列奖牌榜首位。2017年新西兰残奥单板滑雪世界杯比赛于9月2日在三锥山雪场举办，共有来自9个国家40名残奥单板滑雪运动员参加了比赛。我国运动员陈琢参加男子UL级别比赛获得季军，实现了我国残疾人单板滑雪自2016/17赛季以来奖牌零的突破。2017年轮椅冰壶世锦赛于3月2日至12日在韩国江陵举行，中国、加拿大、芬兰、德国、韩国、挪威、俄罗斯、苏格兰、瑞士、美国的代表队伍参加本次比赛。经过单循环赛和佩寄制决赛两轮比赛后，中国队跻身四强。回顾2017年，我国残疾人竞技体育在国内外赛事中取得了不同程度的突破，其中冰雪项目的表现突出，体现出了我国残疾人竞技体育进入了冬残奥会备战时期。包括上述赛事在内，2017年我国共举办了23项全国残疾人体育赛事，共有3500多名运动员参赛，涉及17项夏季残奥和3项群体项目比赛、3项特奥比赛；完成了选拔年轻选手、检验训练成果、激发地方积极性的任务；承办了IPC田径大奖赛北京站等7项国际赛事；派出了游泳等39个团组参加国际赛事；共取得了186枚金牌、88枚银牌、75枚铜牌，创7项世界纪录。

二是优秀残疾人运动员入学有保障。残疾人竞技体育不断取得突破，使残疾人运动员得到了更加广泛的社会关注。优秀残疾人运动员的再培养问题也取得了切实进展，在往年试行优秀残疾人运动员免试入学的基础上，2017

年中国残疾人联合会发布了《关于做好2017年优秀残疾人运动员免试进入北京体育大学学习相关工作的通知》，要求做好残疾人运动员推免工作，保障优秀残疾人运动员能够顺利入学。[①] 最终在各个部门协调合作下，来自我国5个地区的7名优秀运动员获得了免试进入北京体育大学学习的机会。这对于残疾人竞技体育发展具有重要意义。残疾人运动员文化教育水平的提升，可以使其在竞技场上实现人生价值的同时，为残疾人竞技体育乃至整个社会的发展做出更多的贡献，而随着教育体系的不断成熟，相信会有越来越多的优秀残疾人运动员能够走进高校深造学习。

三是科技助力残疾人竞技体育。随着竞技体育不断发展，人类的竞技运动成绩不断提升，增长速度逐渐放缓，竞争也越发激烈。在此背景下，科技助力竞技体育成了世界性的话题。残疾人竞技体育的发展也顺应世界潮流，在世界残疾人竞技体育格局日益严峻的当下，科技力量的运用是各国争相比拼和争夺的至高阵地。我国残疾人竞技体育的科技服务也不甘落后。依据《中国残联课题管理办法》《中国残疾人体育运动管理中心科研项目管理办法》的相关规定，经过相关专家评审，中国残疾人联合会确立了8项2017～2018年度残疾人体育科研服务与攻关项目。[②] 其中有5项是关于高山滑雪、越野滑雪、单板滑雪、冰壶等残疾人冰雪项目的研究，这不仅表明了我国对于残疾人冰雪运动开展的重视，同时也体现出科技助力奥运的战略计划。

四是跨项选材助力冬残奥会。跨项选材运用到残疾人冰雪项目，是残疾人竞技体育取得重大进步和发展的标志之一。2017年，根据中国残联工作要求，中国残疾人体育运动管理中心开展了全国雪上项目运动员跨项选材训练营。该项目于2017年6月10日、18日、24日分别在杭州、兰州和沈阳

① 中国残疾人联合会办公厅：《关于做好2017年优秀残疾人运动员免试进入北京体育大学学习相关工作的通知》，中国残疾人联合会网站，2016年11月28日，http：//www. cdpf. org. cn/zcwj/zxwj/201611/t20161128_ 575520. shtml。

② 中国残疾人联合会研究室、中国残疾人体育运动管理中心：《2017～2018年度残疾人体育科研服务与攻关项目立项公告》，中国盲人协会网站，2017年12月12日，http：//www. zgmx. org. cn/html/default/6/NewsDefault－66876. html。

举行。本次训练营邀请了与我国雪上项目相关的具有丰富管理和训练经验的专家、部分国家集训队教练员以及残疾人体育相关专家组成专家团队，针对残奥会雪上项目的特点、运动员选材需求，结合不同残疾类型的共同特性，把握国际雪上项目的发展态势，对来自29个省、自治区、直辖市的466人进行了选拔。通过严格分级和科学测试，共有111人被选中，其中有71名男性运动员和40名女性运动员。肢残组和视障组分别有102人和9人，运动员平均年龄为23岁。本次训练营为选拔的第一个阶段，通过选拔的111名运动员要经过进一步的筛选确定试训方向，最终确定一、二线国家队队员。本次雪上运动跨项选材训练营，是我国残疾人竞技体育发展过程中的一种新的尝试，为丰富残疾人竞技体育后备人才培养模式，合理利用资源，提供了有效途径。同时也表现出我国对于残疾人雪上项目发展的高度重视和巨大热情。①

2017年我国残疾人竞技体育在运动成绩、服务保障、科技渗透、后备选材等方面的突破性进展，是我国竞技体育综合实力稳步提升的重要标志。同时残疾人竞技体育的持续兴盛，也带动残疾人群众体育、残疾人体育研究等领域的进一步发展。

（三）残疾人群众体育全面发展

长期以来，我国残疾人体育事业发展的重点在于残疾人竞技体育，经过多年努力，残疾人竞技体育已取得重大成就。然而，我国每一位残疾人都有通过体育运动来康复健身、融入社会并实现自身价值的需求。2016年10月，国务院发布的《"健康中国2030"规划纲要》强调保障特殊群体的体育参与。2017年10月，习近平同志在党的十九大报告中指出："从现在到二〇二〇年，是全面建成小康社会决胜期。""全面建成"意味着每个人都不能落下，全面建成小康社会，残疾人一个也不能少。因此，近年来，在中

① 中国残疾人体育运动管理中心：《2017年全国残疾人雪上项目运动员跨项选拔训练营圆满结束》，中国残疾人体育运动管理中心网站，2017年6月20日，http://www.caspd.org.cn/saishidt/2994.jhtml。

国残疾人联合会的大力推动下，我国残疾人群众体育事业得到全面发展，具体体现在以下几个方面。

第一，残疾人群众体育工程的全面建设。为贯彻《国务院关于加快推进残疾人小康进程的意见》，2016 年 3 月，中国残疾人联合会在原有的“残疾人自强健身工程”基础上，结合当前残疾人群众体育的现实状况，出台了《残疾人自强健身示范点建设办法（暂行）》。该办法对残疾人群众体育工程的建设作了进一步规范，旨在通过示范点的建立，促进残疾人群众体育的发展，保障残疾人群体平等享有体育基本公共服务均等化成果。截止到 2016 年底，全国共建成示范点 1136 所，在示范点参加体育健身活动的残疾人为 871587 人次。示范点工程的全面建设为基层残疾人提供体育健身康复服务，促进了残疾人群众体育的发展。

第二，残疾人群众体育指导水平的全面提高。我国残疾人群众体育需要健身工程的全面建设，以得到“量”的提高，同时也需要专业化的指导，以取得“质”的飞跃。实现残疾人群众体育服务专业化是我国残疾人体育事业发展的必经之路。为此，2011 年中国残疾人联合会举办了首期残疾人体育健身指导员培训，当时只有 131 名学员参加培训并顺利结业。随着我国残疾人群众体育事业的发展，各级残联机构非常重视残疾人体育指导培训工作，2016 年，全国共培训残疾人体育社会指导员 18963 人。残疾人体育指导员数量的快速增长，全面提高了残疾人群众体育指导水平，无论是从质上还是从量上都逐渐满足了新时代残疾人群众日益增长的体育健身康复的需要。

第三，残疾人群众体育实现全面参与。近年来，我国残疾人群众体育的质量虽取得了显著提高，但残疾人群众体育事业仍有难以攻破的壁垒——如何满足重度残疾人体育参与的迫切需求。中国残疾人联合会在《残疾人文化体育工作“十三五”实施方案》中明确指出：推进居家重度残疾人康复体育服务，为 10 万户重度残疾人提供康复体育器材、方法和指导进家庭服务。2017 年 4 月，由中国残疾人联合会主办、中国残疾人体育运动管理中心承办的首届残疾人康复、健身体育项目交流展示活动在北京召开。为重度残疾人设计的“轮椅健身徒手组合操”获得了一类优秀奖。之后，该组合操被制作成视频，在全国各地推广，切实地帮助了重度残疾人全面参与到体育康复健身之中。

第四，残疾人群众体育得到全面助力。残疾人体育事业的发展不能仅仅依靠残联系统，而且需要全社会的共同参与，同样，残疾人群众体育事业也需要社会各界的共同助力。在这方面，高校起到了积极的引领作用。2004年，上海体育学院成立的“上海体育学院特殊奥林匹克志愿者团”是全国第一个致力于专业服务残障人士、宣传特奥知识的高校志愿者团队。特奥团注册志愿者300余人，长期进行社区助残志愿服务，曾获“中国百个优秀志愿服务团体”“上海市优秀青年志愿服务集体”“上海高校明星社团”等荣誉称号。2011年，福建师范大学成立“Bridge志愿服务队”，旨在发挥学科特长、专业优势，帮助残疾人开展各种体育康复运动，曾入选团中央、中国残联联合评选的中国青年志愿者助残“阳光行动”首批示范项目，获团中央志愿服务银奖。在高校的引领下，越来越多的社会组织、个人关注残疾人群众体育运动，并提供场地、资金、技术等服务，共同助力残疾人群众体育事业的发展。

（四）残疾人运动康复跨进新时代

残疾人体育参与的重要目标之一便是通过合理运动达到康复的目的。随着社会不断发展，人们对于运动康复的理解已悄然发生变化。在此背景下，我国学者不断创新残疾人运动康复的理念和实践，残疾人运动康复跨进了新时代。

一是残疾人运动康复理念的创新。运动康复缘起于医学，其最初目的是补偿残疾人的运动缺陷。随着社会的不断发展，运动康复的理念已悄然改变，一些运动康复的理念被创新性地提出来。首先是体医融合理念。其实质是体育学科提供手段，医学学科提供思路，用医学的思维方法和知识体系将常见的体育运动方法进行归纳和总结，使之处方化，变得更加具有针对性、实用性和科学性。体医融合这一理念将成为提高残疾人健康水平，促进残疾人社会交往的重要措施和依托。其次是赋权增能理念。在该理念下，残疾人通过控制个人及利用环境，改善因自身残疾而被削弱的能力。在残疾人运动康复的过程中，赋权与增能息息相关，只有建立“有权有能型”康复模式，才能使残疾人运动康复得到有力保障，才能真正走向“重补偿，更重发展”的常态化之路。最后是全人发展理念。全人发展充分尊重人在发展过程中的主体地位，尊重、关心、理解与信任每一个人，发现他的价值，发挥他的潜能，发展他的个性。全人发展理念下的运动康复具备以下特点：康复目标的终身性、康复内容的全面性、康复实施的主动性和康复评价的发展性。

二是残疾人运动康复实践的创新。在新的运动康复理念的指导下，医院开始积极寻找体育领域的合作伙伴，不断创新和丰富运动康复的实践内容。北京大学第三医院心脏中心、301 医院神经内科、协和医院内分泌科、湘雅医院康复科等众多三甲医院的科室与体医融合促进与创新研究中心合作。体医融合促进与创新研究中心、地方残联、各类慢性病专科三甲医院及社区残疾康复中心四方合作共同构成完整的残疾人体医融合健康服务体系。不仅医院在创新运动康复实践，一些学校等机构也对运动康复进行了大胆的创新实践。厦门市心欣幼儿园与福建师范大学合作，基于全人发展理念，设计了一套学龄前残疾儿童运动康复课程，该课程已经在心欣幼儿园施行了 2 年，100 多名学龄前残疾儿童不仅在基础动作能力方面得到改善，他们的体适能、感知觉以及社会适应能力均有不同程度的提高。

（五）残疾人体育研究崭露头角

残疾人体育事业的发展离不开科学研究的助力。残疾人体育在国外已有百年的发展史，其对应的适应体育已被广泛认可为一门成熟的学科。相较而言，我国残疾人体育科学研究起步较晚。随着国家对残疾人的保障力度逐年加大，越来越多的学者参与到残疾人体育研究之中，残疾人体育研究崭露头角。

一是残疾人体育研究成果丰硕。为满足残疾人群体日益增长的体育康复健身的需要，近年来，我国学者在残疾人体育的各个领域进行了大量的探索，并取得了一定成果。2015 年至今，研究者们共获得 8 项与残疾人体育相关的国家级课题，60 余项相关的省部级课题；在核心刊物上共发表残疾人体育相关文章 30 余篇，其中，有 4 篇文章在体育学权威刊物——《体育科学》上发表。2017 年，我国残疾人体育研究成果尤为丰硕：“残疾人体医融合”“残疾青少年体育纠纷”“智障青少年体医融合干预”“残疾青少年体力活动模式”“体医融合机制”5 个研究领域成功立项为国家社科基金项目。《政府购买残疾人公共体育服务》《残疾人康复体育发展思路》《国外残疾人体育发展现状》等 11 篇学术论文在核心期刊发表。不仅如此，我国残疾人体育的研究者呈现出年轻化趋势，大批“80 后”甚至“90 后”学者凭借他们广阔的视野和创新的意识，不断开拓出我国残疾人体育研究的新平台。

二是残疾人体育研究获得行业的认可。近年来，残疾人体育丰硕的研究成果得到了行业的认可。首先，在体育学研究领域，人们越来越关注残疾人体育研究，在各种全国性体育学术论坛上都能看到残疾人体育领域的研究报告。其次，残疾人体育在中国残疾人事业发展研究会中扮演着越来越重要的角色。2014 年，在武汉举办的第九届中国残疾人事业发展论坛上，残疾人体育专委会首次被研究会认可。2017 年的第十一届中国残疾人事业发展论坛上，第一次设立残疾人体育分论坛，研究的宽度和深度都达到较高的水平。

三是高校积极推动残疾人体育研究。残疾人体育研究的不断进步离不开研究者的辛勤劳动，更离不开高校的大力支持。高校从以下两个方面积极推动残疾人体育研究的发展。（1）积极成立各类特色残疾人体育研究中心。北京体育大学、上海体育学院、福建师范大学、南京特殊教育师范学院等一批高校相继成立了残疾人体育研究机构，成功举办过全国乃至东亚地区的各类特奥融合活动、特奥运动员健康计划、全国残运会的特奥足球赛等，承接过国家社科、中国残疾人联合会残奥科技服务等多个研究课题，在国内享有较高的声誉。依托高校优势，共同推动残疾人体育研究事业的不断进步。（2）积极培养残疾人体育专业人才。学科的发展与其专业的发展相辅相成，不可分割。从人才培养的角度出发，残疾人体育研究发展的重点在于如何借助高校的资源优势，大力推进残疾人体育专业建设，培养合格的专业人才。北京体育大学、上海体育学院、福建师范大学、华东师范大学、广州体育学院等7所高校在硕士研究生教学中相继开设了残疾人体育专业课程；上海体育学院在体育教育专业本科开设“适应体育”必修课，福建师大在体育教育专业本科开设“特殊需要人群体育服务与管理”平台课，越来越多的研究者投入残疾人体育研究之中，不断夯实残疾人体育事业的理论基础。

三　中国残疾人体育展望

纵观我国残疾人事业发展的历史进程，不同阶段中的残疾人体育都有着鲜明的时代特色，为社会的发展做出了一定的贡献。如今我国已经步入中国特色社会主义新时代，各项事业都面临着前所未有的发展机遇。在《“健康中国2030”规划纲要》所构建的大健康背景下，残疾人体育事业被寄予了新的期望，也肩负着更重要的责任。长期以来，我国残疾人体育从不同方面取得了突破和发展，但是面对日益迫切的社会发展需求，仍然存在诸多不足之处，需要改进和完善，残疾人体育事业发展依然任重道远。

（一）有待改进的方面

一是残疾人竞技体育科学化程度有待进一步提升。近年来，我国残疾人竞技体育发展不断取得突破，屡次在世界大赛中取得优异成绩，充分展现了我国残疾人竞技体育实力和前景。尽管如此，我国残疾人竞技体育发展的科学化程度较世界高水平国家仍然处于落后状态。从残疾人运动员的科学化选材、后备人才的系统培养到残疾人竞技体育训练的科学化，我国均处于起步阶段。科技助力、跨项选材等项目的实施在一定程度上促进了我国残疾人竞技体育发展科学化程度的提升，但是对于其长期发展来说是远远不够的，仍然有待于进一步加强。此外，残疾人竞技体育运动员的保障体系应进一步完善，在深入推进优秀残疾人运动员入学机制的基础上，残疾人运动员的再培养及就业安置工作仍需要继续深入和拓宽，为残疾人运动员提供良好的社会保障。

二是残疾人群众体育发展保障体系亟待健全。我国全民健身运动开展有声有色，但是残疾人所处的边缘化状态拖了全民健身运动的后腿。这与残疾人体育支持与服务体系的不完善有很大关系。但是当前残疾人事业的工作体制不健全、经费不足，残疾人体育事业发展不均衡等问题仍然显著。残疾人群体的体育需求与供给存在较大的落差，基本体育服务信息化平台建设滞后。我国体育设施建设水平在不断提高，各体育场所对外开放力度加大，但是针对残疾人的健身场所、健身器材、指导人员依旧缺乏，区域之间、城乡之间的无障碍基础设施建设、健身场所建设存在极大的不均衡问题。

三是残疾人体育教育质量需切实提升。2017 年教育部等七部门联合印发的《第二期特殊教育提升计划（2017～2020 年）》强调，下一阶段特殊教育发展的重点任务在于完善特殊教育体系，增强特殊教育保障能力，提高特殊教育质量。残疾人体育教育作为特殊教育体系中的重要组成部分，关乎残疾学生的身体状况和社会适应能力，应当在保证残疾学生入学的前提下切实关注教育质量的提升。在我国以随班就读和特教班为主体，以特殊教育学校为骨干的残疾儿童义务教育格局下，应当根据残疾学生的特点妥善安置，有针对性地实施体育教育。但是残疾学生体育教育仍然存在一系列问题。资源配置不合理，场地、器材、师资不足，针对性弱，对于残疾学生接受体育教育、参与体育活动造成了障碍。教学大纲陈旧、教学目标模糊、课程设置不合理等对残疾学生体育教育质量的提升造成了一定阻碍。同时，融合体育教育推广需继续深入，在扩大随班就读规模的同时着重提升教学质量。

四是相关法律法规体系需要不断完善。党的十八届四中全会通过的《中共中央关于全面推进依法治国若干重大问题的决定》提出："依法加强和规范公共服务，完善……残疾人合法权益保护等方面的法律法规。"残疾人体育事业的发展需要国家政策法规的正确引导和着力维护。虽然我国长期以来对于残疾人群体给予足够的重视，不断出台相关法律法规来规范和引导残疾人事业的健康发展，但是残疾人体育相关法律法规架构不明确，具有针对性的政策相对较少，几乎只能从体育法规中寻找相关表述。同时，残疾人体育各个方面的配套政策也鲜有出台，这对于残疾人体育政策法规的落地实施造成了很大障碍。相关法律法规的表述模糊，也造成了残疾人体育相关法律体系刚性不足、可操作性较弱的现状。

（二）残疾人体育展望

残疾人体育是我国体育事业发展过程中的重要内容，更是健康中国建设过程中的重要环节。在当前重要的社会发展机遇期中，残疾人体育事业必将面临广阔的发展前景。随着未来国家法律法规的不断完善，残疾人体育事业的发展脉络也将逐步清晰。残疾人竞技体育科学化程度将不断提升，借鉴国际先进国家的发展经验，逐步建立起选材—培养—训练—保障一体化的科学化发展体系是我国残疾人竞技体育发展趋势；在残疾人群众体育参与程度不断提升的基础上，残疾人群众体育公共服务体系不断完善，设施、无障碍化程度、科学指导服务等方面都将取得进一步发展。残疾人体育教育以保障入学为基础，进一步推进融合体育教育，发挥随班就读安置形式的主体作用，同时以特殊教育学校为骨干，优化资源配置，全面提升残疾学生体育教育质量。相信随着人们对于残疾人体育认识的不断深入，通过国家、社会和个体层面的共同努力，我国残疾人体育事业定会得到长足发展，取得更加辉煌的成就。

B.7

残疾人健康保障政策发展报告（2017）*

高圆圆**

摘　要： 随着我国逐步构建起“人人享有基本公共服务”的体系框架，健康保障领域的“全民医保”和“基本卫生医疗服务”初具雏形，残疾人健康保障体系也正在建立。近年来，政府成倍增加在残疾人健康保障方面对预防保障、康复保障和医疗保障等的财政投入和政策支持，但是残疾预防效果不佳，残疾人康复服务的供给与需求之间存在巨大差距，残疾医疗保障制度缺位。为了推进残疾人健康保障政策的发展，要完善残疾儿童抢救性治疗，加强残疾预防工作的开展，尽快建立和健全康复保障制度，整合碎片化的健康保障政策和建立残疾人特殊医疗保障。

关键词： 残疾人　健康保障　医疗政策

---

* 国家社科基金青年项目“开发性福利对残疾人就业能力的作用机制研究”（14CSH053）；贵州省教育厅人文社会科学研究项目“积极福利视角下残疾人居家就业的困境及对策研究”（2017ssd05）。

** 高圆圆，毕业于中国人民大学，管理学博士，德国柏林洪堡大学访问学者，贵州大学公共管理学院副教授，硕士生导师。社会兼职：中国社会保障学会教学委员会委员、青年委员会委员、残疾人事业发展研究会理事、贵州省公共管理学会常务理事、学术部副部长。主要研究领域为残疾人社会保障、社会保障理论与政策。主持国家级、教育部、民政部课题多项，出版专著《中国残疾儿童福利研究》，公开发表论文30余篇。

“健康权是现代社会最基本的人权，是政府作为的必要领域。”[①] 健康保障面向社会，保障人民享受基本医疗服务，保障人人享有健康。健康保障涵盖了医疗保障方面的内容，更加关注预防、保健、护理和康复，是保障人人享有健康的一个完整体系。[②] 近年来，我国将健康保障改革看作重要的民生领域予以推进，我国已基本完成制度性全民覆盖的目标，残疾人的健康保障也日益完善，《中华人民共和国残疾人保障法》《残疾预防和残疾人康复条例》等法律法规的出台，为实现残疾人“人人享有康复服务”提供依据。

一　残疾人健康保障体系

残疾人健康保障体系主要包括残疾预防保障政策、残疾人康复保障政策和残疾人医疗保障政策。

（一）残疾预防保障政策

残疾预防保障政策主要包括以下几个方面。

一是家庭医生政策。近年来，群众饱受“看病难、看病贵”问题的困扰，残疾人由于生理上的缺陷，需要进行长期的治疗和康复。将家庭医生签约服务与残疾人精准康复服务进行有效对接，有利于解决基层残疾人康复工作中存在的问题，可以有效地推动残疾人精准康复服务向基层延伸和落实。家庭医生签约服务以家庭医生为主体、全科团队为依托、社区为范围、家庭为单位、全民健康服务和管理为目标，在充分告知、自愿签约、自由选择、规范服务的原则下，建立契约关系，通过责任制服务的形式，为家庭成员提供安全、有效、连续、可及的公共卫生服务和基本医疗卫生服务。[③] 家庭医

① 曹琦：《健康保障政策的价值理性和工具理性》，《中国行政管理》2013 年第 4 期，第 40 ~ 43 页。

② 王延中：《从“人人享有健康保障”看中国社会保障制度建设》，《第一资源》2009 年第 2 期，第 88 ~ 104 页。

③ 应红忠：《推进家庭医生签约服务工作的思考》，《前进论坛》2017 年第 9 期，第 36 ~ 37 页。

生政策的发展经历了从建立全科医生到建立分级诊疗模式，再到签约家庭医生的制度的过程。2011 年，国务院发布《国务院关于建立全科医生制度的指导意见》（国发〔2011〕23 号），明确提出“建立分级诊疗模式，实行全科医生签约服务，将医疗卫生服务责任落实到医生个人……建立适合我国国情的全科医生制度，有利于优化医疗卫生资源配置、形成基层医疗卫生机构与城市医院合理分工的诊疗模式，有利于为群众提供连续协调、方便可及的基本医疗卫生服务”，自此分级诊疗模式正式在全国逐步建立，各地建立家庭医生签约服务政策的序幕拉开。为了进一步推进和指导分级诊疗模式，2015 年，国务院发布《国务院办公厅关于推进分级诊疗制度建设的指导意见》（国办发〔2015〕70 号），建立基层首诊、双向转诊、急慢分治、上下联动的分级诊疗模式，明确基层签约服务制度为建立健全分级诊疗的保障机制，[①] 为家庭医生签约服务提供基础和依托。2016 年，国务院医改办等 7 个部门联合发布的《关于推进家庭医生签约服务的指导意见》要求进一步加快推进家庭医生签约服务，强化基层医疗卫生服务网络功能，优先覆盖包括残疾人在内的重点人群，更好维护人民群众健康。家庭医生制度能够通过签约服务、社区首诊和分级诊疗，为居民提供全方位的社区卫生服务，在合理利用卫生资源、降低医疗费用、改善全民健康，满足社区居民追求健康生活方面具有重要的作用。[②] 家庭签约医生政策从重点人群和重点疾病入手，确定服务内容。根据服务半径和服务人口，合理划分签约服务责任区域，残疾人或残疾家庭可以根据自愿原则选择 1 个家庭医生团队签订服务协议，在签约时，根据残疾人的实际需要明确签约服务内容、方式、期限和双方的责任、权利、义务及其他有关事项。签约周期原则上为一年，期满后居民可续约或选择其他家庭医生团队签约。家庭医生团队为残疾人根据其需要提供基本医疗、公共卫生和约定的健康管理服务，制定不同类型的个性化签约服务

---

① 沈鹏悦、刘晓珊、李瑞锋：《我国家庭医生签约服务发展现状分析》，《中国医药导报》2017 年第 26 期，第 169 ~ 172 页。

② 梁鸿、贺小林：《中国家庭医生制度探索与改革的长宁模式》，《中国卫生政策研究》2017 年第 10 期，第 1 ~ 2 页。

内容，包括健康评估、康复指导、家庭病床服务、家庭护理、中医药“治未病”服务、远程健康监测等。

二是婚前、孕前健康保障政策。我国是出生缺陷和残疾高发的国家，每年新增出生缺陷儿约 90 万人。截至 2017 年，我国已办理残疾证的人口达 3219 万人，其中 0～14 岁的残疾儿童达 955300 人，占已办理残疾证的人口的 2.97%。婚前、孕前健康保障政策可以帮助备孕夫妻提前检测出潜在的风险，使备孕夫妻避免将遗传致畸因素传给下一代。婚前、孕前健康保障政策主要包括免费婚前检查制度和免费孕前优生健康检查。（1）免费婚前检查制度。我国为结婚前男女双方提供免费的婚前检查，在登记前 3 个月或登记后 1 个月之内，婚前进行婚检的男女双方携带有关的证件到一方户籍所在地或街道的婚姻登记机构领取免费的婚检单，然后到指定的医院进行婚检。婚后去检查，需要在领证时表示自愿放弃婚检，然后向婚姻登记机构索要一张免费婚检单，在登记后的一个月内到指定的医院进行婚检即可。婚前检查指的是结婚前对男女双方进行常规体格检查和生殖器检查，有利于男女双方和下一代的健康。其检查内容主要包括询问病史和体格检查两大部分。婚前检查项目的内容包括法定传染病、较重的精神病、生殖系统畸形、先天性遗传疾病、血常规及尿常规等。通过全面检查，被检查人可以发现一些明显的遗传病和传染病，及早发现异常，及早诊断治疗，保证婚后的婚姻幸福。通过婚检及时发现男女双方家族患遗传病的情况，并推算出实际遗传风险，进而给出优生指导或禁止生育通知。（2）免费孕前优生健康检查，包括提供健康教育、咨询指导、病史询问、临床实验室影像检查、早孕及妊娠结局随访和风险评估等服务。《残疾预防和残疾人康复条例》指出：“卫生和计划生育主管部门在开展孕前和孕产期保健、产前筛查、产前诊断以及新生儿疾病筛查，传染病、地方病、慢性病、精神疾病等防控，心理保健指导等工作时，应当做好残疾预防工作，针对遗传、疾病、药物等致残因素，采取相应措施消除或者降低致残风险，加强临床早期康复介入，减少残疾的发生。”若要享有孕前孕产期保健等政策，备孕期的女方须携带户口簿、结婚证、身份证等当地规定的相关证件到居住地的社区中心进行登记申请，再到定点服务机构接受指定的免费服务项目检查，接受优生咨询指导。其中，残疾人这类高风险人群由区、县级市服务机构进行分享规避指导，怀孕后还可以接受服务机构提供的孕早期和妊娠结局随访等服务。

三是生育福利政策。生育福利是指扶助家庭生育和抚养子女等相关的社会福利，包括生育和母婴所需的生育医疗补助和健康服务及带薪假期，间接福利包括母婴设施建设和社会托育服务等。（1）在生育医疗费用方面，为了减轻生育负担，补偿劳动妇女因生育子女而暂时中断劳动的损失，设立生育保险，由国家和社会对生育的职工妇女及其家庭给予必要的物质帮助和生活保障。生育医疗费用包括生育的医疗费用、计划生育的医疗费用和法律、法规规定的应当由生育保险基金支付的其他项目费用。生育保险费用由用人单位按照国家规定缴纳生育保险费，职工不缴纳生育保险费。我国要求为生育保险保障的项目一般有生育津贴、生育医疗费用以及职工因实施计划生育手术发生的费用等，不同地区按其当地经济条件和实际情况，可以在此基础上增加生育保险保障的项目。（2）在医疗服务方面，为保障母婴安全，降低孕产妇死亡率和婴儿死亡率，从 2009 年起，在全国范围内实施包括孕产妇健康管理在内的基本公共卫生项目，为全国所有孕妇提供 5 次产前检查和 2 次产后访视。生育期间的医疗服务主要以保健、咨询、检查为主，包括产期检查、围生期保健指导等，对残疾人这类较普通孕妇存在更多潜在风险的孕妇进行实时监测，为胎儿的正常生长保驾护航，提高人口质量。（3）在带薪休假方面，《中华人民共和国劳动法》规定女职工生育享受不少于 90 天的产假，不得安排女职工在怀孕期间或哺乳未满 1 周岁的婴儿期间从事国家规定的第三级体力劳动强度的劳动和孕期或者哺乳期禁忌从事的劳动，不得安排怀孕 7 个月以上以及哺乳期未满 1 年的女职工延长工作时间和夜班劳动。国家法律、法规规定对职业妇女因生育而离开工作岗位期间，给予生育津贴或生育现金补助来保障母婴的生活。我国生育津贴的支付方式和支付标准分两种情况：第一种情况是对于在实行生育保险社会统筹的地区的职业妇女因生育而离开工作岗位期间，企业按本企业上年度职工月平均工资的支付标准，提供期限不少于 98 天的生育津贴；第二种情况是对没有开展生育保险社会统筹地区的职业妇女因生育而离开工作岗位期间，按女职工生育之前的基本工资和物价补贴，期限一般为98天，生育津贴由本企业或单位支付。为积极营造生育友好的社会环境，还提供母婴保健设施和社会托育服务等。2016年印发的《关于加快推进母婴设施建设的指导意见》，提出发挥政府部门、社会组织和相关单位积极性，加快推进母婴设施建设。“经常有母婴逗留且建筑面积超过1万平方米或日客流量超过1万人的交通枢纽、商业中心、医院、旅游景区及游览娱乐等公共场所，应当建立使用面积一般不少于10平方米的独立母婴室，并配备基本设施。对已建成的母婴室要做好改造完善工作。用人单位参照该标准建设女职工休息哺乳室等设施……统一母婴设施标识，设置醒目的导向标志。”[①] 社会托育服务是指由社会组织、企业、事业单位或个人举办，为3岁以下幼儿及其家长提供幼儿保育和科学育儿指导，保育为主、教养融合的幼儿照护的全日制、半日制或小时制的服务。随着“二孩”政策的出台，当前婴幼儿家长对托育服务的需求较为强烈，婴幼儿托育服务供需矛盾的问题也被提上日程。

（二）残疾人康复保障政策

残疾人康复保障政策主要有以下几个方面。

一是基本康复服务。残疾人基本康复服务是由康复服务机构向残疾人提供基本的康复医疗、康复训练、心理辅导、康复知识宣传、残疾人用品用具、转介等服务，[②] 帮助残疾人恢复或者补偿功能，减轻功能障碍，增强生活自理和社会参与能力。基本康复服务的内容既包括医学康复、教育康复、职业康复和社会康复，又包括体现残疾人特点的医疗服务，如白内障复明手术、小儿麻痹症矫治手术、人工耳蜗植入手术等，还包括运动疗法、语言疗

---

① 中华人民共和国国家发展和改革委员会等：《关于加快推进母婴设施建设的指导意见》，中华人民共和国国家卫生健康委员会网站，2016年11月25日，http://www.nhfpc.gov.cn/jczds/s3577/201611/7de90996a6ec4ffa83dd538591c8e7bd.shtml。

② 钱耐思、谢静宜、郑钢、于培雁、罗灿、刘蕊、贾宏亮、陈刚：《上海市闸北区残疾人基本康复服务需求现况分析》，《中国康复理论与实践》2009年第2期，第188～190页。

法、作业疗法、理疗、日常生活能力评定等康复服务以及辅助器具适配工疗、农疗、生活自理能力训练、社会适应能力训练等多方面、多层次的康复服务。[①] 2016年6月，中国残联、国家卫生计生委、国务院扶贫办共同制定并发布《残疾人精准康复服务行动实施方案》，以便普遍满足残疾人基本康复服务需求。方案要求为每个社区（村）配备一名社区康复协调员，与社区（村）医生共同组成残疾人精准康复服务小组。精准康复服务小组对有康复需求的残疾儿童和持证残疾人入户开展康复需求评估，根据初步评估结果，针对不同残疾类型和程度的残疾人的康复服务需求，将符合其需求的医疗卫生机构、残疾人康复机构、残疾人专门协会、助残社会组织等相关机构或组织作为康复服务机构对其进行专业康复评估。经过康复服务机构的专业评估后，根据结果为其制定个性化康复服务方案，实施服务并建立档案。对于行动不便的残疾人，可由社区康复协调员联系康复服务机构提供上门评估和服务。此外，为了保障贫困地区的残疾人能得到基本康复服务，《关于实施健康扶贫工程的指导意见》指出："对贫困地区基层医疗卫生机构医务人员开展康复知识培训，加强县级残疾人康复服务中心建设，提升基层康复服务能力，建立医疗机构与残疾人专业康复机构有效衔接、协调配合的工作机制，为农村贫困残疾人提供精准康复服务。"[②] 实施光明工程，鼓励社会力量参与，为农村贫困白内障患者提供救治。对于需要长期治疗和康复的残疾人，由基层医疗卫生机构在上级医疗机构指导下实施治疗和康复管理。

二是康复救助制度。残疾人康复救助主要由国家和省项目提供康复经费和救助指标，项目指标由政府分配。项目在实践中局限于白内障复明、小儿麻痹后遗症矫治、聋儿听力语言训练、聋儿验配助听器、精神残疾人康复服务、盲人定向行走导向训练、生活技能训练和脑瘫、肢残、智力障碍儿童康

① 曹跃进、孟晓：《残疾人基本康复服务均等化研究》，《残疾人研究》2011年第2期，第33~38页。

② 中华人民共和国国家发展和改革委员会等：《关于实施健康扶贫工程的指导意见》，中华人民共和国国家卫生健康委员会网站，2016年6月21日，http://www.nhfpc.gov.cn/caiwusi/s7785/201606/d16de85e756 44074843142dbc207f65d.shtml.

复训练与服务等。(1)在抢救性康复方面，为0~6岁残疾儿童提供基本康复医疗、训练、辅助器具适配服务，有条件的地方对基本型辅助器具适配给予补贴，探索建立基本康复服务补贴制度。对于贫困家庭残疾儿童，提供听障、脑瘫、智障、孤独症康复训练，为肢体残疾儿童装配假肢矫形器和适配辅具，并根据当地实际情况给予相应的补助。此外，从2011年开始每年中央财政均安排专项补助资金支持各地实施"残疾儿童康复救助项目"。资助城乡有康复需求的贫困残疾儿童进行康复治疗和训练。城乡有康复需求的贫困残疾儿童监护人可以向项目执行地区的残联提出申请，通过审核确定为资助对象后，残联协调有关部门将已确定的资助对象，安排至有资质的康复机构进行康复训练，确保康复训练质量和效果。(2)在成年残疾人的康复救助方面，主要集中于精神残疾人康复服务、盲人定向行走导向训练、生活技能训练和脑瘫、肢体残疾人辅助器具装配。救助对象在所在县(市、区)残联报名，审核通过后，由市残联按程序统一安排到各康复机构进行康复训练，各地根据当地经济情况对实施的康复训练、假肢装配、辅助器具配发给予补贴救助，每年为一定数量的贫困白内障患者实施复明手术救助，为贫困精神病患者住院实施救助，帮助贫困残疾人获得及时的必要的康复救助，提高其生活质量。

三是康复保险制度。康复保障不仅需要救助，还需要有康复保险制度。我国还没有康复保险制度，康复保险主要是通过和医疗保险相结合的方式，将康复项目纳入基本医疗保险当中。残疾人康复项目一直是残疾人的需求，但高额的训练费用以及供给的不足使得许多残疾人未能得到良好的康复训练。虽然全国残疾人康复训练获得率较低，但2011年以治疗性康复为目的的运动疗法等9项医疗康复项目、2016年康复综合评定等20项医疗康复项目被纳入基本医疗保障范围，城镇职工基本医疗保险、城镇居民基本医疗保险、新型农村合作医疗基金按规定比例给予报销支付，扩大了医疗保险项目覆盖范围，提高了参保残疾人的医疗康复水平。

(三)残疾人医疗保障政策

残疾人医疗保障政策主要包括以下几个方面。

一是医疗救助。残疾人医疗救助，是综合性地为残疾人在医疗支出方面给予一定的经济支持，保障其享受医疗服务，有利于增强残疾人抵御各种社会风险的能力，缓解因患大病、重病对残疾人及其家庭所造成的生活困难，帮助残疾人摆脱因病致贫的困境。医疗救助主要以住院救助为主，同时兼顾门诊救助，为无法承担在住院、门诊医疗服务中产生的费用的残疾人提供经济上的资助。需要医疗救助的残疾人应向乡镇人民政府、街道办事处提出，经审核、公示后领取补助，抵扣由个人负担的这部分医疗费用。重度残疾的重点医疗救助对象、符合条件的残疾人及精神障碍患者经基本医疗保险、大病保险和其他补充医疗保险报销费用后，个人及其家庭仍旧难以承担的符合规定的基本医疗自负费用，可通过城乡医疗救助给予适当补助。重度残疾的重点医疗救助对象可按在年度救助限额内不低于70%的比例给予医疗救助，对救助后仍有困难的，要充分发动社会慈善力量予以帮扶。

二是医疗保险。在医疗保险费用缴纳方面，对生活确有困难的残疾人参加社会保险给予补贴，属特困人员的给予全额资助。农村残疾人参加新型农村合作医疗的个人缴费部分，由县级人民政府补助。符合城乡大病医疗救助条件的残疾人，按照规定享受城乡大病医疗救助。残疾人医疗需求比健全人高的同时，也显示出支付能力较弱的现实情况。为了减轻残疾人的医疗费用负担，与普通医疗保险相比，各地根据自身情况给予残疾人医疗保险在某些项目上的政策倾斜：天津、江西、陕西等出台了减免残疾人就医费用的政策，北京、浙江、湖北等提高残疾人的报销比例或保障标准，也有部分省份取消残疾人报销的起付线或降低残疾人自费给付标准。

三是免费用药。我国全国层面的免费用药主要针对传染性疾病用药和儿童疫苗，除国家层面免费用药政策外，各地区也进行了不同的尝试。① 例如，北京、上海、浙江、江苏等地针对重症或者贫困精神病人出台了免费用药政策。由于精神残疾人需要长期服药来控制病情，精神患者家庭大多存在

① 管晓东、王宝敏、信枭雄、郭志刚、韩晟、史录文：《免费用药政策对促进中国药品公平可及的启示》，《中国卫生政策研究》2015年第2期，第54～59页。

"因病致贫"或"因病返贫"问题，患者及其家属面临较为沉重的经济压力。通过申请人申请或者是基层排查，审核后确定免费基本用药对象，贫困精神残疾人需要去指定的医院进行登记建档、就诊、定期复诊，定点医院在基本用药范围内综合病情及疗效，制定合理的治疗方案，之后患者监护人便可以定期到基层卫生医疗机构免费领取药品。

二　2017年残疾人健康保障进展

2017 年 2 月 7 日发布的《残疾预防和残疾人康复条例》是为预防残疾的发生、减轻残疾程度，帮助残疾人恢复或者补偿功能，促进残疾人平等、充分参与社会生活，发展残疾预防和残疾人康复事业，根据《中华人民共和国残疾人保障法》制定的首个以法规的形式明确了国家、社会、公民在残疾预防和残疾人康复工作中的责任的条例，必将为实现残疾人"人人享有康复服务"的目标提供有力保障。

（一）残疾预防保障进展

一是设立"残疾预防日"，推进残疾预防行动计划。为了进一步推进残疾预防工作的开展，提高全社会对残疾预防的重视程度，增加残疾预防知识，2017 年 6 月，国务院同意将每年 8 月 25 日设立为"残疾预防日"。通过全国"残疾预防日"的设立以及与之相关的一系列残疾预防"进社区、进校园、进家庭"宣传教育活动的开展，积极向全社会普及残疾预防知识，减少致残因素和完善残疾高风险人群的防控措施。为响应 2016 年发布的《国家残疾预防行动计划（2016～2020 年）》，各地制作了具体的残疾预防行动计划。

二是推进残疾人家庭医生签约工作。为了不断满足广大残疾人的基本医疗及康复需求，国务院医改办等 7 个部门联合发布的《关于推进家庭医生签约服务的指导意见》明确要求将老年人、儿童、残疾人等作为重点人群优先覆盖。意见强调，推进家庭医生签约服务是深化医药卫生体制改革的重大部署和重要工作任务，各地要充分认识做好残疾人家庭医生签约服务的重要意义，采取有力措施，做好残疾人家庭医生签约服务工作。意见要求，各地要利用好残疾人基本服务状况和需求专项调查及动态更新等有关数据，根据残疾人签约服务需求，结合地方实际，有针对性地为残疾人提供基本医疗、公共卫生和健康管理等服务，有条件的地方可以将残疾人基本康复服务纳入签约服务范围，为残疾人提供个性化的签约服务。为探索借助家庭医生签约工作推进残疾人精准康复服务的有效经验，中国残联下发了《关于在残疾人精准康复服务行动试点培育地区推进残疾人家庭医生签约工作的通知》（残联康复函〔2017〕27 号）。部分地区优先将残疾人纳入“家庭医生”签约服务重点对象范围，逐步将残疾人特需的康复服务项目纳入签约服务内容，并给予服务补贴。努力提高社区卫生服务中心（站）、有条件的乡镇卫生院和村卫生室开展基本医疗康复服务、残疾预防及相关健康教育的能力和水平，为残疾人提供签约服务。

三是加强婚前、孕前健康检查，做好产前筛查、诊断。2016 年发布的《国家残疾预防行动计划（2016 ~ 2020 年）》指出，积极推进婚前医学检查，实施孕前优生健康检查，为计划怀孕夫妇提供健康教育、医学检查、风险评估、咨询指导等孕前优生服务，推进补服叶酸预防神经管缺陷。资助开展唐氏综合征、严重体表畸形重大出生缺陷产前筛查和诊断，逐步实现怀孕妇女孕 28 周前在自愿情况下至少接受 1 次出生缺陷产前筛查。到 2020 年，实现孕前健康检查率达 80% 以上，产前筛查率达 60% 以上。此外，逐步扩大疾病筛查病种和范围；做好儿童保健工作，提高筛查覆盖率及转诊率、随访率、干预率；新生儿及儿童残疾筛查率达 85% 以上，干预率达 80% 以上。2017 年，全国残疾人康复工作办公室在北京举办全国残疾预防综合试验区重点干预项目孕产妇产前筛查技术人员培训班，旨在提升试验区相关技术人员产前筛查技术水平，进一步增强各试验区开展重点干预项目产前筛查诊断能力，有效地控制出生缺陷致残情况的发生。

四是加快推进母婴设施建设，社会托育问题受到重视。自 2016 年 12 月印发《关于加快推进母婴设施建设的指导意见》以来，各地纷纷制定具体的实施方案，加快推进公共场所和用人单位的母婴设施建设。在社会托育问题上，随着“二孩”政策的实施，婴幼儿特别是0～3岁婴幼儿的养育问题日益突出，0～3岁婴幼儿托育引发了强烈的讨论。在2017年的全国“两会”上，多位人大代表和政协委员以及全国妇联提交了有关0～3岁婴幼儿托育服务、构建托育公共服务体系等方面的建议。2017年底召开的中央经济工作会议也明确提出了“解决好婴幼儿照护和儿童早期教育服务问题”。

（二）残疾人康复保障进展

一是康复事业取得快速进展。在国家和社会的支持下，2017年，854.7万残疾儿童及持证残疾人得到基本康复服务。在得到康复服务的持证残疾人中，有视力残疾人88.3万人、听力残疾人40.7万人、言语残疾人4.3万人、肢体残疾人484.6万人、智力残疾人71.3万人、精神残疾人125.9万人、多重残疾人35.5万人。全年共为244.4万残疾人提供各类辅助器具适配服务。康复机构和康复人才分别作为康复服务提供的供给机构和执行人员，其数量和质量对残疾康复保障的进展有重要的影响。截至2017年底，全国已有残疾人康复机构8334个（有些康复机构提供多种康复服务），其中，提供视力残疾康复服务的机构有1194个，提供听力言语残疾康复服务的机构有1417个，提供肢体残疾康复服务的机构有3088个，提供智力残疾康复服务的机构有2659个，提供精神残疾康复服务的机构有1695个，提供孤独症儿童康复服务的机构有1611个，提供辅助器具服务的机构有1866个。全国开展社区康复服务的市辖区为965个，县（市）为2023个，有社区康复协调员46.3万人，其中41.6万人接受过培训。康复机构在岗人员达24.6万人，其中，管理人员3.1万人，专业技术人员16.5万人，其他人员5.0万人。

二是培养中国残疾人康复人才。经过近2年的建设，中国残疾人康复人才教育基地主体完工，为教育培训基地的顺利开办运营、全面开展全国康复人才培养工作奠定了坚实的基础。与此同时，在中国残联的主导下，我国正在积极筹备和推进中国康复大学建设，进一步构建康复高端人才培养的体系，助力全国康复教育发展，为我国提供更多更专业的高端康复人才。2017年持续开展全国残联系统康复人才实名制培训，共举办国家级培训52期，培训专业人员3000余人次。此外，2017年组织开展孤独症康复骨干培训，开展前沿课题研究，提升孤独症康复技术水平。

三是建立残疾人基本公共服务标准体系。《“十三五”加快残疾人小康进程规划纲要》指出加快制定残疾人基本公共服务国家标准体系。制定实施残疾人康复、辅助器具、教育、就业服务、托养、盲人医疗按摩等服务机构设施建设、设备配置、人员配备、服务规范、服务质量评价等标准，加强绩效考评，提高服务制度化、均等化、专业化水平。

四是残疾人基本康复服务的提供更为精准、完善。2017年将残疾人精准康复服务行动纳入经济社会发展总体规划、脱贫攻坚计划，与精准扶贫、健康扶贫等协调实施，优先对农村建档立卡贫困残疾人提供基本康复服务。全国已有85%的地市、80%的区县完成精准康复行动工作方案编制及部署、培训。残疾人精准康复服务行动有效推进，全国残疾人康复服务状况进一步改善。以辅助器具服务为例，2017年全国残疾人基本服务状况和需求信息数据动态更新情况显示，全国244.4万残疾人得到辅具服务，残疾人辅具适配率为49.4%，较2016年残疾人辅具服务状况有所改善。重度残疾人护理补贴制度进一步完善，《残疾预防和残疾人康复条例》强调“完善重度残疾人护理补贴制度；通过实施重点康复项目为城乡贫困残疾人、重度残疾人提供基本康复服务，按照国家有关规定对基本型辅助器具配置给予补贴”，进而满足重度残疾人对康复护理和辅具配置的迫切需求。

五是重点推进康复救助政策。在《“十三五”加快残疾人小康进程规划纲要》中，将残疾儿童康复救助制度和残疾人基本型辅助器具补贴作为残疾人民生兜底保障重点政策推进。部分地区率先建立残疾儿童康复救助制度，如江苏、广东、福建、云南等9省（区、市），积极采取行动参与并支持全国残疾儿童康复救助制度的建设，青海、宁夏等7省（区、市）建立起了残疾人基本型辅助器具补贴制度。2017年，141239名0～6岁残疾儿童进行抢救性康复治疗，逐步实现0～6岁视力、听力、言语、智力、肢体残疾儿童和孤独症儿童免费得到手术、辅助器具适配和康复训练等服务。在残疾人基本型辅助器具补贴制度上，2017 年以来，福建、辽宁、宁夏、青海、广东出台了省级辅具补贴制度。河北、山东、浙江从市、县层面突破，试点开展补贴制度建设。截至 2017 年底，已有 40% 的省份在残疾人辅具服务补贴制度建设上取得不同程度的突破。

（三）残疾人医疗保障进展

在医疗救助方面，纳入城乡医疗救助范围的残疾人的医疗救助水平稳步提高，不断加强对精神障碍患者的医疗救助。《“十三五”加快残疾人小康进程规划纲要》指出：“对纳入城乡医疗救助范围的残疾人，稳步提高救助水平。加强严重精神障碍患者救治救助工作，建立严重精神障碍患者防治管理和康复服务机制。对精神障碍患者通过基本医疗保险支付医疗费用后仍有困难，或者不能通过基本医疗保险支付医疗费用的，应当优先给予医疗救助。”此外，《残疾预防和残疾人康复条例》规定：“按照医疗救助的有关规定，对家庭经济困难的残疾人参加基本医疗保险给予补贴，并对经基本医疗保险、大病保险和其他补充医疗保险支付医疗费用后仍有困难的给予医疗救助。”

在医疗保险方面，将残疾人纳入基本医疗保险范围，扩展残疾人基本医疗保险报销项目。《残疾预防和残疾人康复条例》明确指出，各级人民政府应当按照社会保险的有关规定将残疾人纳入基本医疗保险范围，对纳入基本医疗保险支付范围的医疗康复费用予以支付。《“十三五”加快残疾人小康进程规划纲要》指出，各地要落实符合条件的贫困和重度残疾人参加城乡居民社会保险个人缴费资助政策，根据当地经济发展和实际状况制定相应的资助标准，帮助残疾人按规定参加各项社会保险。

完善重度残疾人医疗报销制度，逐步扩大基本医疗保险支付的医疗康复项目范围。重度残疾人的医疗和康复比普通残疾人的医疗和康复的支出大，治疗和康复周期长，对残疾家庭的经济压力大，应强化基本医疗保险、大病保险、医疗救助等制度衔接。进一步降低贫困残疾人医疗费用个人自付比例，在此基础上，充分发挥大病保险和医疗救助的二次报销功能，尽可能帮助重度残疾人家庭减轻经济负担。

在免费用药方面，提供精神残疾人免费用药的地区增加，药品发放模式不断创新。北京、上海、江苏、浙江、湖南、河北、宁夏等省份虽然早已出台了省一级的精神残疾人免费用药的政策，但下辖的市县地区政策由于不同的经济状况实施时间有先后之别，2017 年更多的地区开始开展免费用药政策，提高免费用药补贴。此外，为了便于医生及时了解服药人员用药的情况，也为药品领取人更快更便捷领取药品，各地开始尝试和定制免费药领取软件。

三　残疾人健康政策未来展望

（一）有待改进的方面

一是残疾预防效果不佳。婚前检查、孕前检查是检查不孕和新生儿缺陷的一个重要方式，有利于提高人口素质，从源头减少残疾儿童数量。但是我国的婚前检查、孕前检查政策是建立在自愿原则的基础上，提供的检查也十分基础，检查效果较依赖检查机构和医生。对于医疗资源较为落后的地区来说，一方面婚前检查、孕前检查的宣传不到位，接受检查率较低；另一方面许多婚前检查、孕前检查流于形式，无法达到筛查潜在风险和及早发现新生儿缺陷的目的。我国新生儿残疾筛查依旧交挂号费、筛查费，在一些小的医院还无法提供整套体系的筛查，对一些地处偏远地区、贫困的家庭来讲，因出不起费用放弃检查的现象并不少见，这不利于早发现新生儿的残疾缺陷，会严重延误治疗和康复的时机。

二是康复服务供需失衡，残疾人康复支持少。经过各方努力协作，2017 年，我国有 1300 多万残疾人获得不同程度的康复。但我国为残疾人提供的康复服务与需求之间还存在巨大差距，2017 年全国残疾人基本服务状况和需求信息数据动态更新情况显示，2016 年全国残疾人基本康复服务覆盖率为 65%，虽然较 2015 年提高了 5 个百分点，但与到 2020 年残疾人基本康复服务率达80%的目标差距显著，并且存在较为严重的城乡差异，农村残疾人接受康复服务、需要康复救助的比例都低于城市残疾人。[①] 康复服务的价格、残疾人经济状况以及康复服务的知晓情况是影响残疾人享有康复服务的主要因素。国家对康复服务的财政支出较少，大部分康复服务未能纳入基本医疗保险，康复服务的价格较高且训练周期较长，高额的残疾人康复费用仍然主要依靠家庭支付。每年都有大量的残疾人因不能负担治疗和康复费用，而无法得到应有的康复服务，甚至有残疾儿童被家庭遗弃的情况发生。残疾人康复项目少，费用补助标准较低。虽然国家针对贫困残疾家庭开展了一些资助项目，但由于项目开展的资金和名额分配都来自财政支持，每年资助的贫困残疾家庭数量有限，许多需要康复的残疾人无法享受到资助项目，甚至也会出现将不应该纳入资助项目的纳入其中，挤占资源。此外，不同的残疾程度需要的康复费用不等，但我国的康复费用补助只按残疾类型分类，未考虑到残疾程度对康复费用的影响，对于一些困难的残疾家庭来说，现有补助就高额的康复机构的费用来讲非常少，只能做几次康复训练，持续进行康复训练的话，每月的费用开销大，普通家庭难以支撑，特别是孤独症（自闭症）康复。"我国现有的自闭症患者人数已超过1000万，在6~17岁的孩子中，每50个孩子中就有1个患有自闭症。"[②] 由于专门从事自闭症干预、训练的康复机构多以民间机构为主，所有的成本费用基本全由患者家庭自行支付，负担较重。

三是重视一般医疗保障政策，轻视残疾人医疗保障制度。我国残疾人医疗保障制度主要是基本医疗保障制度，少有专门基于残疾人的特殊的医疗需要而建立的特殊医疗保障制度。近年来，随着残疾人事业的发展，我国才逐步开始将一些残疾人康复项目纳入基本医疗保险。残疾人与普通人相比，由于身体上的缺陷往往需要更多的、长期的医疗支持，在医疗方面所需的服务

① 李宁、陈功、崔斌、郑晓瑛：《我国残疾人康复需求及康复服务利用情况分析》，《残疾人研究》2011年第4期，第31~34页。

② 长宁区、闵行区、普陀区政协：《关于加强自闭症患者康复救助和就业支持的建议》，上海政协网站，2017年4月27日，http：//www. shszx. gov. cn/node2/node5368/node5376/node5389/u1ai99124. html。

项目涉及面更广，医疗费用支出更高，需要的保障更多，特别是残疾儿童需要康复治疗和训练的时间更长、周期更久。虽然在《“十三五”加快残疾人小康进程规划纲要》中提出要建立重度残疾人医疗报销制度，逐步扩大基本医疗保险支付的医疗康复项目范围，但我国残疾人的医疗保障制度与普通人的医疗保障制度是相同的，未充分考虑到残疾人的特殊需求。以自闭症残疾人为例，根据《关于新增部分医疗康复项目纳入基本医疗保障支付范围的通知》（人社部发〔2016〕23号）的规定，仅将6岁以下疑似自闭症患者的诊断访谈量表（ADI）测评纳入基本医疗保障支付范围，其他治疗和诊疗项目费用并未明确纳入医疗保障范畴，医疗保障的范围十分有限。即便政府对残疾人参加基本保险给予补贴，但由于较低的报销额度以及有限的基本医疗保险支付的医疗康复项目范围无法满足残疾人的医疗需求，残疾家庭需要自己支付的医疗费用数额仍然较大，对家庭经济造成较大压力，不利于“人人享有康复服务”的实现。

（二）残疾人健康政策改革动向

一是完善抢救性治疗，加强残疾预防。完善残疾儿童抢救性治疗，建立残疾儿童的早发现、早治疗、早康复服务体系。残疾预防就是要从源头抓起，减少残疾儿童数量，做好婚前检查、产前检查、新生儿筛查，早发现儿童的缺陷障碍，及早接受相应的治疗和康复训练，建立早发现、早治疗、早康复服务体系。进一步推动出生筛查工作开展，在各个医院建立完善的新生儿残疾筛查体系，对于一些偏远地区，更要对筛查有困难的家庭实施救助，或者纳入基本诊疗项目之中，对于筛查出的新生残疾儿童应尽早治疗干预。残疾儿童康复的及时性和有效性，还关系着残疾人的健康状况、自身发展潜力和回归社会的可能性，并将影响未来我国残疾人整体生活发展状况。因此要加强残疾预防。除了残疾儿童的预防外，对于由于后天原因造成的残疾也要做好预防工作，主要分为工伤预防和一般性意外伤害的预防，开展残疾预防的宣传和普及工作，提高对意外伤害的警觉性，降低因意外伤害产生的残疾人数量。工伤预防作为最容易也是最有效的残疾预防之一，能很大程度上降低残疾率，是残疾预防的重中之重。因此，对工伤潜在风险较大的企业职工，应为其提供定期免费体检，建立健康档案，协助企业及时做好预防工作，降低用工风险，从而提高企业防范职业病风险的意识，改善工作环境，保障劳动者健康权益。

二是尽快建立和健全康复保障制度。全国尚未形成统一的康复保障制度，残疾人康复保障的具体政策还处于碎片化的状态，既没有统一的法律规定，又没有统一的制度规定，地区间、城乡间不尽相同。在康复基本服务供给方面，探索康复服务市场化、社会化的供给方式，建立多层次、多样化的服务体系，在政府承担主要责任的前提下，积极鼓励和引导企业、社会组织参与到康复服务供给中去，增加和提高康复服务供给数量和质量。在康复救助方面，应提高救助补贴标准，根据不同残疾类型和残疾程度给予补助，为0~6岁残疾儿童和因工、因意外受伤的残疾人提供免费手术治疗的机会，减轻残疾家庭的经济压力。

三是完善医疗保障制度，建立残疾人特殊医疗保障。随着城镇居民基本医疗保险制度及新型农村合作医疗制度的不断完善，政府为残疾人参加医疗保险提供补贴，并且不断扩大基本医疗保险康复项目。但仍有不少经济困难的残疾人在康复手术后，因家庭无法承担费用而放弃了后续的康复训练和康复治疗，许多高额的康复项目未被纳入基本医疗保险中去。应不断深化城乡医疗救助制度，在建立城乡医疗救助制度的基础上，进一步做好与城镇职工基本医疗保险、城镇居民基本医疗保险和新型农村合作医疗的衔接工作。加大资金投入力度，扩大救助范围，将更多的残疾人康复项目纳入基本医疗保险项目中，提高报销的比例，为困难群众提供方便、快捷的医疗救助服务。同时，应进一步推进重度残疾人医疗报销制度的建设，真正确保残疾人能够得到应有的康复治疗和训练。

结　语

随着我国逐步构建起“人人享有基本公共服务”的体系框架，健康保障领域的“全民医保”和“基本卫生医疗服务”初具雏形，我国残疾人健康保障得到了迅速发展。大量残疾人健康保障的政策出台，特别是《中华人民共和国残疾人保障法》的出台，从法律层面为我国残疾人健康保障提供了坚实的支持，残疾人健康保障体系逐步构建。近年来，政府成倍增加在残疾人健康保障方面对预防保障、康复保障和医疗保障等的财政投入和政策支持，但与真正实现保障承诺还有一定差距，相关政策还应该在很长一段时间内予以推动。有待改进的方面表现为以下三点。一是残疾预防效果不佳。婚前检查、孕前检查流于形式，接受检查率较低，新生儿残疾筛查不及时，残疾预防达不到预期效果。二是残疾人康复服务的供给与需求之间还存在较大差距，并且存在较为严重的城乡差异。三是残疾人医疗保障制度的缺位。康复服务的价格、残疾人经济状况以及康复服务的知晓情况是影响残疾人享有康复服务的主要因素。医疗保障制度无法满足残疾人的医疗需求，对家庭经济造成较大压力，不利于“人人享有康复服务”的实现。为了进一步推进残疾人健康保障政策的发展，提出了三个政策发展方向：一是完善残疾儿童抢救性治疗，推动残疾预防工作的开展；二是尽快建立和健全康复保障制度，整合碎片化的健康保障政策，形成统一的康复保障制度；三是逐步建立残疾人特殊医疗保障，加大医疗救助资金投入，扩大救助范围，真正确保残疾人能够得到应有的康复治疗和训练。

参考文献

曹琦：《健康保障政策的价值理性和工具理性》，《中国行政管理》2013 年第 4 期。

曹跃进、孟晓：《残疾人基本康复服务均等化研究》，《残疾人研究》2011 年第 2 期。

管晓东、王宝敏、信枭雄、郭志刚、韩晟、史录文：《免费用药政策对促进中国药品公平可及的启示》，《中国卫生政策研究》2015 年第 2 期。

李宁、陈功、崔斌、郑晓瑛：《我国残疾人康复需求及康复服务利用情况分析》，《残疾人研究》2011 年第 4 期。

梁鸿、贺小林：《中国家庭医生制度探索与改革的长宁模式》，《中国卫生政策研究》

2017 年第 10 期。
钱耐思、谢静宜、郑钢、于培雁、罗灿、刘蕊、贾宏亮、陈刚：《上海市闸北区残疾人基本康复服务需求现况分析》，《中国康复理论与实践》2009 年第 2 期。
沈鹏悦、刘晓珊、李瑞锋：《我国家庭医生签约服务发展现状分析》，《中国医药导报》2017 年第 26 期。
王延中：《从“人人享有健康保障”看中国社会保障制度建设》，《第一资源》2009 年第 2 期。
应红忠：《推进家庭医生签约服务工作的思考》，《前进论坛》2017 年第 9 期。

教　育　篇

Education Reports

B.8

残疾人学前教育发展报告（2017）

李 里　陈 晓*

摘　要： 本报告分析了残疾儿童概况、残疾儿童学前教育发展、残疾儿童学前教育管理的基本情况并提出建议；本报告分析了我国残疾儿童学前教育政策进展情况，介绍了现阶段的残疾儿童学前教育方式和教育内容，讨论了残疾儿童学前教育师资现状并提出相关建议；本报告讨论了残疾儿童学前教育取得

* 李里，昆明学院学前教育与特殊教育学院教授、副院长，云南省资源中心副主任，北京师范大学教育学学士、教育基本理论硕士。长期从事教学工作，承担“教育学”“社会心理学”“心理学”“特殊教育学”“资源教室方案”等课程教学，近年来主持或参与各级科研项目10多项，公开发表论文40余篇，主持6项云南省本科质量工程建设项目，获得省级优秀教学成果一等奖，主编教材《班主任工作技能》获2014年云南省精品教材奖。2015年7月至2016年1月到西苏格兰大学教育学院进修。陈晓，昆明学院学前教育与特殊教育学院讲师，河北师范大学学前教育学士，重庆师范大学特殊教育硕士，从事特殊教育教学工作。研究方向为特殊教育课程与教学论。参与各级课题8项，获得国家专利1项，参编著作3部，指导大学生科研项目2项、大学生创新创业项目2项。

的成就以及未来展望。

关键词：　残疾儿童　学前教育　特殊教育

残疾人学前教育和早期教育具有重要意义，0～3 岁早期教育可以促进儿童的智力发育，预防不良因素导致的智力低下，还可以促进围产高危儿的智力发育。早期干预愈早愈好，因为早期大脑的可塑性最强，功能代偿效果最好，能使原已损伤的大脑结构和功能产生代偿性改变。特殊儿童的早期干预主要从感觉运动、语言交流、认知、社会交往、生活自理等能力培养入手。早期教育、早期干预和早期训练投入少产出大，对残疾儿童会产生不可估量的作用。

一　残疾人学前教育概况

（一）残疾儿童概况

《2017 年中国残疾人事业发展统计公报》显示，2017 年有 854.7 万残疾儿童及持证残疾人得到基本康复服务，其中包括 0～6 岁残疾儿童 14.1239 万人。2016 年，279.9 万残疾儿童及持证残疾人得到基本康复服务，2017 年比 2016 年增加了 574.8 万，充分说明国家对残疾人的康复重视程度越来越高，经费投入也越来越高。

首先，全国 0～6 岁残疾儿童接受康复训练的人数不断上升，从 2013 年的 10.8 万人（见表 1）上升到 2017 年的 14.1239 万人，增加了 3.3239 万人。从 2017 年起，接受康复训练的障碍类型从最早的四类障碍即听障、智力障碍、孤独症、脑瘫发展到言语残疾、多重残疾等七类障碍类型，考虑到学龄前儿童的特殊性，特殊儿童也纳入康复训练的范畴。《残疾人事业发展快报资料（2017 年度）》显示，全国未持证残疾儿童 1.9661 万人也接受了康复训练，说明我国开始关注那些尚不能得到医疗确证或由于各种原因未能持证的儿童，并给予这些特殊儿童以康复训练的机会。

表 1　2013～2016 年 0～6 岁障碍儿童受训人数

单位：万人

年份	听障儿童在训	智力障碍儿童在训	孤独症儿童在训	精神残疾儿童在训	脑瘫儿童在训	肢体残疾儿童在训	四类儿童在训合计	言语残疾儿童在训	多重残疾儿童在训	未持证残疾儿童在训	合计
2013	3.2	2.4	1.7	—	3.5	—	10.8	—	—	—	10.8
2014	3.2	3.1	2.0	—	4.0	—	12.3	—	—	—	12.3
2015	3.1	7.3	2.3	—	4.5	—	17.2	—	—	—	17.2
2016	2.0	5.6	1.8			5.0	14.4				14.4

注：“—”代表《中国残疾人事业发展统计公报》未公布此项数据。

资料来源：2013～2016 年《中国残疾人事业发展统计公报》。

其次，我国特殊儿童筛查工作不断加强。我国开展特殊儿童筛查的县不断增加，从 2013 年的 1091 个县，到 2016 年的 1739 个县，增加了 648 个县；开展残疾儿童筛查的医疗卫生机构 2013 年有 1563 个，发展到 2016 年有 1912 个，增加了 349 个机构；每年度新诊断 0～6 岁残疾儿童人数稳定在 4.8 万～5.1 万人，说明我国的医疗诊断水平基本稳定（见表 2）。以上数据表明，我国 0～6 岁残疾儿童筛查以及鉴定已经形成体系，从县级到省级都有相关服务机构为残疾儿童开展鉴定服务。但每年度新诊断的 0～6 岁残疾儿童人数四年来持续保持在 4.8 万～5.1 万人，与我国庞大的人口基数相比，诊断和康复干预的0～6 岁残疾儿童太少，说明我国的早期诊断、干预服务还需要加强。

表 2　0～6 岁残疾儿童筛查情况

类别	2013 年	2014 年	2015 年	2016 年
开展残疾儿童筛查的县（个）	1091	1458	1662	1739
开展残疾儿童筛查的医疗卫生机构（个）	1563	1844	1958	1912
省级机构（个）	2	12	16	16

续表

类别	2013 年	2014 年	2015 年	2016 年
地市级(个)	116	146	144	136
县级机构(个)	1441	1686	1798	1760
本年度新诊断 0 ~6 岁残疾儿童(人)	48263	50037	48397	48471
视力残疾(人)	5617	4912	4982	4585
听力残疾(人)	6781	7538	6797	6484
言语残疾(人)	3623	3636	3225	2715
肢体残疾(人)	15777	15518	14601	13962
智力残疾(人)	8824	9776	9738	11056
精神残疾(人)	2525	3470	3893	4117
多重残疾(人)	5116	5187	5161	5552

资料来源：2013 ~2016 年《中国残疾人事业统计年鉴》。

（二）残疾儿童学前教育发展

《2006 年第二次全国残疾人抽样调查主要数据公报（第二号）》显示，我国 0 ~14 岁残疾儿童共 387 万人，占残疾人口的 4.66%，其中 0 ~6 岁学前残疾儿童为 141 万人，占残疾人口总数的 1.7%。2006 年数据还显示，每年全国新增 0 ~6 岁残疾儿童 19.9 万人。儿童残疾康复工作是抢救性工程，残疾儿童学前教育也是一项关乎人口素质的重要工程。

国家出台了加快发展特殊教育的相关政策法规，加大经费投入，尤其是两期特殊教育提升计划大大促进了特殊教育的发展。《特殊教育提升计划（2014 ~2016 年）》提出：“各地要将残疾儿童学前教育纳入当地学前教育发展规划，列入国家学前教育重大项目。支持普通幼儿园创造条件接收残疾儿童。支持特殊教育学校和有条件的儿童福利机构增设附属幼儿园（学前教育部）。”截至 2016 年，盲、聋、培智三类残疾儿童少年义务教育入学率已达到 90% 以上，全国特教学校达 2080 所，在校生达 49.2 万人，特教学校生均公用经费从 2012 年 2000 元提高至 6000 元，部分地区超过 1 万元，残疾儿童的教育权益得到更多的保障。在提高残疾儿童义务教育入学率的同时，国家要求各地特殊教育学校往两头延伸，办高中阶段特殊教育和学前教育。因此各地特殊教育学校纷纷开办学前班，招收学前残疾儿童。还有一批特殊教育学校与附近的幼儿园合作开展融合教育，对幼儿园中的特殊儿童进行业务支持，开展巡回指导和个别训练。

为保障残疾儿童学前教育权益，“十二五”期间，中央财政在残疾人福利彩票公益金中设专项资金，提高对残疾人学前教育的支持力度，对贫困家庭残疾儿童实施“残疾人事业专项彩票公益金助学项目（学前教育）”，资助其享受普惠性学前教育。《2017 年中国残疾人事业发展统计公报》显示，2017 年度残疾人事业专项彩票公益金助学项目，对全国 1.9 万家庭困难的残疾儿童提供普惠性学前教育资助，比 2016 年多资助 0.5 万人。地方多种渠道资助 2971 名学前残疾儿童，比 2016 年高出 364 人（见表 3）。从 2013 年资助 1 万残疾儿童，到 2017 年度资助 1.9 万残疾儿童，增长率达 90%，每年受到资助的人数持续上升。通过这些资助措施残疾儿童学前教育毛入园率、巩固率不断提高，促进学前特殊教育的迅速发展。

表 3　残疾儿童学前教育资助发展

单位：万人

年份	残疾人事业专项彩票公益金资助	地方渠道筹措资助
2013	1.0	0.3489
2014	1.1	0.2908
2015	1.2	0.1767
2016	1.4	0.2607
2017	1.9	0.2971

资料来源：2013 ~2017 年《中国残疾人事业发展统计公报》。

学前教育是基础教育之基础，是我国国民教育体系的重要组成部分。《国家中长期教育改革和发展规划纲要（2010 ~2020 年）》提出：“积极发展学前教育，到 2020 年，普及学前一年教育，基本普及学前两年教育，有条件的地区普及学前三年教育。重视 0 至 3 岁婴幼儿教育……全面提高残疾儿童少年义务教育普及水平……因地制宜发展残疾儿童学前教育。”①《国务院关于当前发展学前教育的若干意见》也明确要求各省（区、市）以县为单位编制实施学前教育三年行动计划，至今已经完成前两期正在实施第三期行动计划，学前教育发展取得很大的成效。学前儿童入学率从 2013 年的 67.5%，上升到 2016 年的 77.4%，四年间递增了 9.9 个百分点，其中从 2015 年到 2016 年，增加了 2.4 个百分点（见表 4）。

表 4　全国学前教育概况

年份	学前儿童毛入园率(%)	幼儿教育机构（万个）	机构增加（万个）	在园儿童（包括附设班）（万人）	增加儿童（万人）
2013	67.5	19.86	1.73	3894.69	208.93
2014	70.5	20.99	1.13	4050.72	156.03
2015	75.0	22.37	1.38	4264.83	214.11
2016	77.4	23.98	1.61	4413.86	149.03

资料来源：2013～2016 年《全国教育事业发展统计公报》。

从表 4 中还可以看到，在园儿童从 2013 年的 3894.69 万人发展到 2016 年的 4413.86 万人，四年间增加了 519.17 万人，增幅达 13.3%，其中 2016 年比 2015 年增加了 149.03 万人。另外，幼儿教育机构每年大幅增加，2016 年为 23.98 万个，比 2015 年增加了 1.61 万个，每年增加 1 万多个，四年间增加了 20.7%。这些数据表明这些年学前教育得到较大发展，作为学前儿童中的一员——学前残疾儿童，在学前教育机构和学前儿童毛入园率不断增加的情形下，到幼儿教育机构接受学前教育的机会也会不断增加。

（三）残疾儿童学前教育管理

残疾儿童学前教育管理的主体是多头管理：各级人民政府承担残疾儿童

① 国家中长期教育改革和发展规划纲要工作小组办公室：《国家中长期教育改革和发展规划纲要（2010～2020 年）》，中华人民共和国教育部网站，2017 年 7 月 29 日，http：//www.moe.edu.cn/srcsite/A01/s7048/201007/t20100729_171904.html。

学前教育管理职责，具体单位有教育局、民政局以及残联，基本形成政府主导、部门协同、各方参与的残疾儿童学前特殊教育工作格局。县级教育局办学前教育阶段的幼儿园或者小学的学前班，县级民政局办儿童福利机构，县级残联建残疾儿童康复中心，这些机构都招收0～6岁的残疾儿童，开展康复、教育等工作。其中教育部门主管的特殊教育学校和部分幼儿园招收3～6岁残疾儿童，0～6岁残疾人康复训练经费由各级残联管理，重度残疾人的生活补贴和护理补贴由民政局发放，残联配合核查信息。新生儿早期筛查、高危儿童早期预防与干预治疗由卫生部门负责，残疾儿童医疗保障由医保部门管理。各部门都在管理，多头负责，各从各的角度，相互之间信息沟通不畅、协调不力，导致资源不集中、数据信息缺失。全国尚无残疾儿童接受学前教育的完整数据，是缺乏信息通报的数据网络、数据不能共享的结果。

二　2017年残疾儿童学前教育进展

（一）残疾儿童学前教育政策进展

特殊教育政策法规建设工作分为三个阶段，即初建阶段、缓慢发展阶段和快速发展阶段。初建阶段仅有宪法，没有谈及特殊教育。缓慢发展阶段，国家颁布了一系列政策法规，诸如《中华人民共和国义务教育法》（1986年）、《关于发展特殊教育若干意见》（1989年），《中华人民共和国残疾人保障法》（1990年颁布，2008年修订），《残疾人教育条例》（1994年颁布，2017年修订）等政策法规，内容涉及义务教育阶段特殊教育的培养目标、特殊教育体系和管理，但是涉及残疾儿童学前特殊教育的内容很少。快速发展阶段，2006年以后，国家先后颁布了一系列与特殊教育相关的法律法规，如《中国残疾人事业“十二五”发展纲要》（2008年）、《关于进一步加快特殊教育事业发展的意见》（2009年）、《国家中长期教育改革和发展规划纲要（2010～2020年）》（2010年）等，尤其是2014年以来的两期特殊教育提升计划，全面推动了特殊教育发展，保障了特教经费的投入，规定了特殊儿童义务教育入学率目标以及特殊教育要向学前教育延伸等内容。从政策法规层面指出了残疾儿童学前教育问题。《残疾人教育条例》关注残疾儿童学前教育，强调各级人民政府应当积极采取措施，逐步提高残疾幼儿接受学前教育的比例。

我国出台的政策法规关注残疾儿童康复，如《中华人民共和国残疾人保障法》《中华人民共和国母婴保障法》《中共中央　国务院关于促进残疾人事业发展的意见》等政策法规以及条例均涉及学前残疾儿童康复问题，关心残疾儿童的康复训练。《中共中央　国务院关于促进残疾人事业发展的意见》提出，在全国优先开展残疾儿童抢救性康复和治疗工作，让贫困残疾儿童得到康复救助，2011 年中央财政安排专项补助资金开始实施中国残联贫困残疾儿童抢救性康复项目，受益儿童覆盖全国。中国残联、民政部、国家卫健委等部门联合印发的《关于建立残疾儿童康复救助制度的意见》指出，2018 年 10 月 1 日开始全面实施残疾儿童康复救助制度，对符合救助条件的 0～6 岁视力、听力、言语、肢体、智力等残疾儿童和孤独症儿童，国家提供手术、辅助器具配置和康复训练等救助。

学前残疾儿童教育问题在我国特殊教育相关法律、政策中所占比重逐年增加，内容越来越详细。从“安排残疾公民教育”到“积极发展学前教育”再到“将残疾儿童学前教育列入国家学前教育重大项目”以及“为残疾儿童提供半日制、小时制等多种形式的早期康复教育服务。为符合条件的残疾儿童提供功能评估、训练、康复辅助器具等基本康复服务”，充分表明国家对学前残疾儿童的关心和政策支持。

在国家政策法规的引领下，各地方政府越来越重视残疾儿童学前教育，部分城市已经开始设立残疾儿童学前教育补贴。比如《青岛市残疾人教育救助和奖励办法》推出新规定，自 2018 年起将学前教育阶段纳入救助范围，低保家庭残疾学生和低保残疾人家庭子女每年救助金额为 1200～2000 元。[①] 这

① 于顺、毕然：《青岛：新出台“办法”残疾人学前教育纳入救助范围》，《青岛全搜索电子报》2018 年 5 月 22 日，http：//www. cjrjob. cn/？ action - viewnews - itemid - 61622。

个政策在全国为首创，将对全国其他城市产生示范引领作用。

总之，从国家政策、法规中可以看出，国家在维护学前残疾儿童的权益、促进学前残疾儿童的健康发展等方面正在发挥积极作用，成为推动残疾儿童学前教育发展的重要力量，对残疾儿童学前特殊教育体系建构产生重要影响。

（二）残疾儿童学前教育基本情况

残疾儿童学前教育在国内的发展是缓慢的。部分幼儿园出于爱心，接受少量的残疾儿童入园有近 10 年的历史。随着义务教育、融合教育发展的影响，学前融合教育的意义被更多的人所理解，越来越多的幼儿园开始招收特殊儿童。但学前融合教育的发展情况仍存在地域差异：香港、澳门和台湾地区发展较完善，北京、上海、江浙等发达地区发展迅速，中西部地区尤其是西部落后地区发展相对缓慢。[①]

首先，学龄前残疾儿童接受学前教育形式多样。在普通幼儿园接受学前融合教育；在特殊教育机构或民政福利机构接受康复和教育；在特殊教育学校幼儿班接受免费学前特殊教育，但这部分人数有限。据云南省教育厅的数据，2017 年云南省在特殊学校接受学前教育的学生有 1436 人。

其次，学前儿童毛入园率的提高带动残疾儿童毛入园率的提高。教育部《2016 年全国教育事业发展统计公报》显示，全国幼儿园有 23. 98 万个，比 2015 年增加 1. 61 万个，在园儿童（包括附设班）有 4413. 86 万人，比 2015 年增加 149. 03 万人。学前教育毛入园率达到 77. 4%，比 2015 年提高 2. 4 个百分点。普通儿童机构和毛入园率的增加，使得特殊儿童接受学前教育的机会和条件越来越成熟，更多的残疾儿童可以进到普通幼儿园接受学前教育。

最后，学前融合教育发展存在地区差异，通常发达地区发展迅速。例如，北京市政府重视学前特殊教育，已于 2013 年启动实施“中小学融合教

① 蔡卓倪：《有关学前融合教育现状的调查与思考——以四川省成都市为例》，《幼儿教育》2012 年第 1 期。

育行动计划”，实施学前特殊教育服务等六大工程，筹建 60 个特殊儿童随园就读康复资源中心，建设完备的现代特殊教育体系。同样，上海市政府出台多项政策保障学前儿童特殊教育权益，如《关于在本市普通幼儿园中开展随班就读工作的实施意见（试行）》等，这些政策有力促进了上海学前特殊教育的发展。上海学前融合教育比例为 43.27%，但专家认为与上海国际文化大都市建设水平不够匹配。[①] 中部地区学前融合教育发展较好，如河南省，《河南省教育厅办公室关于遴选第二批学前融合教育试点幼儿园的通知》要求，从 2015 年起每年安排专项经费，在河南省实施学前融合教育试点项目，到 2016 年 12 月已安排 800 万元专项资金，在 73 所试点幼儿园进行推广。[②] 河南省教育厅要求各试点幼儿园做好招生宣传工作，确保秋季学期招收残疾儿童入园，对两年内未招收特殊幼儿开展融合教育的试点幼儿园，省教育厅将取消其试点资格。[③] 在政府及相关部门强有力的推动之下，河南省的学前融合教育得到了迅速发展，多项政策的出台保障了残疾幼儿平等接受学前教育的权利。西南地区学前融合教育也开始起步，如昆明市，2017 年所有特殊教育学校均开设附属幼儿园。昆明市盘龙区培智学校、昆明市五华区新萌学校开设了学前融合教育班，昆明学院附属经开幼儿园已经招收 15 名特殊儿童，积极开展融合教育，而在尚未开展学前融合教育的地区，残疾儿童的学前教育多在康复机构进行。[④]

（三）残疾儿童学前教育方式和教育内容

残疾儿童接受学前教育方式有公立和私立两类机构。公立机构有残联系

---

① 台盟上海市委：《关于推进特殊儿童融合教育发展的建议》，上海政协网站，2017 年 4 月 26 日，http：//shszx.eastday.com/node2/node5368/node5376/node5388/u1ai98789.html。

② 杨万东：《河南积极推进学前融合教育 为身心障碍儿童提供正常化教育环境》，河南日报网，2016 年 12 月 2 日，https：//www.henandaily.cn/content/fzhan/hntsuo/2016/1202/24795.html。

③ 河南省教育厅：《河南省教育厅关于公布第二批学前融合教育试点幼儿园的通知》，河南省教育厅网站，2016 年 7 月 19 日，http：//www.haedu.gov.cn/2016/07/19/1468910102983.html。

④ 徐斌、吴康敏：《特殊需要儿童早期干预的医教合作探讨》，四川圣爱特殊教育培训中心网站，2016 年 11 月 18 日，http：//www.holylove.cn/holylove/WebAppNew/ShowDetails.aspx?newsid=101。

统或民政部门的早期康复中心或福利机构，特殊教育学校的幼教部，普通幼儿园的特殊班或融合教育班；私立机构有私立特殊儿童康复机构，如自闭症机构、脑瘫训练机构、聋儿康复机构等。因为学前教育尚未列入义务教育范畴，公立幼儿园拒绝招收特殊儿童入园现象时有发生，在学龄前特殊儿童“无学可上”的情况下，民办特殊教育机构如私立幼儿园和私立康复机构，满足了相当一部分残疾幼儿的学前教育需求，是我国残疾人学前教育发展的生力军。

残疾儿童接受教育的方式有六种。（1）进入普通幼儿园的普通班级。（2）普通幼儿园附设特教班，特殊儿童集中在一个班级接受教育。（3）特殊教育学校的学前班。（4）儿童福利院，国家民政部门举办，招收孤儿、弃婴和残疾儿童。对残疾儿童实行养与教相结合，开展生活护理、康复训练以及文化教育等内容，促进特殊儿童健康发展。（5）民办特殊教育机构，包括民办康复机构。（6）家庭养育，在家庭中接受父母和祖辈的教养和照顾。家庭的教育方式属于自发进行，急需社会各界的支持和帮助，尤其需要教育、训练方面的帮助。

残疾儿童学前教育内容包括两个方面。（1）残疾儿童学前教育内容与普通儿童学前教育内容基本一致。普通幼儿的学前教育内容由《幼儿园教育指导纲要（试行）》进行规定，即“幼儿园的教育内容是全面的、启蒙性的，可以相对划分为健康、语言、社会、科学、艺术等五个领域”。残疾儿童学前教育的内容以普通儿童教育内容为基准，内容选择参照普通幼儿教育健康、语言、社会、科学、艺术五大领域课程。鉴于特殊儿童的特殊性以及与普通儿童的差异性，为达到较好的教学效果，专家提出“单一课程概念”，即采用普通幼儿园课程标准及目标体系，在面对全班学生的同时，教师需要对普通幼儿课程进行分析、归纳与组织，选择更适合残疾幼儿的水平、起点和学习方式。[1] 在选择残疾儿童学前教育课程内容时需要坚持的原则有：以普通幼儿园课程为参照；关注特殊儿童身心发展特点；明确特殊儿

---

① 张文京：《特殊儿童早期干预理论与实践》，重庆出版社，2010。

童课程培养目标——适应生活、适应社会；课程内容难度适中，类型多样；教学组织模式多样化，注意培养学生自我引导和调控力；坚持全面发展原则，关注残疾儿童的全人教育。（2）残疾儿童康复机构的教育内容以康复训练为主。鉴于特殊儿童身心特点的特殊性，在“医教结合”“教康整合”理念的引导下，特教机构、福利院以及幼儿康复机构等，都加入康复课程，以帮助学龄前残疾儿童补偿、矫正缺陷，预防继发性缺陷，消除或减少高危儿童的风险因素，促使其发展。[①] 残疾儿童康复机构的教育训练内容主要有：粗大动作、精细动作、感知觉、语言交往、认知能力、社会适应以及生活自理能力训练等内容。[②]

（四）残疾儿童学前教育师资

残疾儿童学前教育领域的师资现状不容乐观。

一是残疾儿童学前教育领域的师资缺乏而且调查数据不足。和普通儿童的学前教育相比，残疾儿童学前教育的师资仅有少数的高校在培养，如南京特殊教育师范学院和北京联合大学有学前教育（特殊教育方向），其他高校很少专门培养。近年来，各地纷纷成立私立或公立的特殊儿童康复机构，但主要集中在发达地区，偏远地区几乎没有康复人员；康复机构学前阶段特殊教育专业师资很少，教育的有效性、针对性是不足的。不但现有残疾人学前教育从业人员多为相近专业背景出身，教学质量参差不齐，流动性很强，而且残疾儿童学前教育师资零星分散在普通幼儿园以及特殊教育康复机构中，因此专业的残疾儿童学前教育师资并没有明确的调查数据。

二是大学学前教育专业开设残疾儿童特殊教育课程的高校很少，虽然国家相关政策、文件都在积极鼓励高校培养融合教育师资，如《残疾人教育条例》规定“普通师范院校和综合性院校的师范专业应当设置特殊教育课程”。但是我国只有几所高校设置学前教育（特殊教育方向）和特殊教育

① 张福娟、杨福义：《特殊儿童早期干预》，华东师范大学出版社，2011。

② 张文京、陈建军主编《特殊儿童早期干预》，西南师范大学出版社，2016。

（学前教育方向）专业，每年培养的融合教育幼儿师资有限。[①] 而且，现有学前教育专业中融合教育课程所占比例较低，已有的学前融合教育课程设置也比较单一，学前融合教育教师的专业技能尚有很大提升空间。

三是幼儿教师数量这些年虽然有所增加但特殊教育的知识水平不足。根据《2016 年全国教育事业发展统计公报》，全国共有幼儿园 23.98 万个，比 2015 年增加 1.61 万个；在园儿童（包括附设班）有 4413.86 万人，比 2015 年增加 149.03 万人；幼儿园园长和教师共 249.88 万人，比 2015 年增加 19.57 万人（见表 5）。全国绝大部分幼儿园教师毕业于学前教育专业，张燕对北京市幼儿教育机构的调查显示，幼儿园园长和教师很少了解残疾儿童随班就读的政策，有的甚至从未听说过。[②] 杨福义、张福娟、刘玉林对上海市学前特殊教育教师专业化发展调查显示，在幼儿园从事特殊教育的教师中，学前教育专业背景教师居多，特殊教育专业背景教师只占 25%，[③] 说明学前特殊教育师资严重不足。

表 5　幼儿园个数、入园儿童人数、在园儿童人数、园长和教师人数与毛入园率对比

类别	2015 年	2016 年	增减情况
幼儿园（万个）	22.37	23.98	1.61
入园儿童（万人）	2008.85	1922.09	-86.76
在园儿童（包括附设班）（万人）	4264.83	4413.86	149.03
园长和教师（万人）	230.31	249.88	19.57
毛入园率（%）	75.00	77.40	2.40

资料来源：2015 年和 2016 年《全国教育事业发展统计公报》。

四是教师理念上接纳特殊儿童但现实困难重重。据调查，民族地区教师对特殊教育理念开始认同，高达 91.2% 的少数民族教师认为特殊教育能够

① 《“衣恋集善融合教育青岛试验点”　落户青岛幸福之家融合幼儿园》，青岛新闻网，2017 年 11 月 16 日，http：//www.qingdaonews.com/content/2017 - 11/16/content_ 20049609.htm。

② 张燕：《北京市学前特殊教育的调查与思考》，《中国特殊教育》2003 年第 4 期。

③ 杨福义、张福娟、刘琳：《上海市学前特殊教育教师专业化发展调查研究》，《中国特殊教育》2009 年第 6 期。

改善特殊儿童的生活状态。[①] 相关研究显示，幼儿园教师在理念上愿意接纳特殊儿童，愿意关心、帮助特殊儿童，但实施起来很困难。（1）对学前特殊儿童身心特点不了解、特殊教育专业知识技能不足，幼儿教师的专业能力无法满足特殊儿童的需求。（2）幼儿园的普通班级教师教学压力大。因为特殊儿童现有能力、发展目标不明确，幼儿教师所采用的教学策略，无法同时满足普通幼儿和特殊幼儿的教育需求，出现特殊儿童“随园混读”“随园就座”现象。

五是融合教育的幼儿园教师以及早期干预康复机构教师在残疾儿童的教育中压力重重，问题也较为突出。（1）由于缺乏对特殊儿童接纳的社会氛围，家长对特殊幼儿入园持有反对态度。（2）班级管理困难。我国幼儿园尤其是公办幼儿园班级人数较多，幼儿保育、安全、行为问题处理等工作已经让幼儿教师应接不暇，而特殊儿童的生活自理能力不足，经常会出现的突发状况以及各种行为问题会让幼儿教师倍感压力。（3）支持体系欠完善。幼儿教师对待特殊儿童是关怀的、接纳的，但缺乏专业知识与技能。学前特殊儿童教育急需专业支持与协助，但我国设立学前教育资源中心的地区很少，为幼儿园提供巡回辅导的相关服务也较少，这些成为阻碍学前融合教育发展的重要因素。（4）在融合教育的思潮下，部分幼儿园接纳特殊儿童，同时设置资源教室，但由于普通幼儿教师与特殊教育教师在教育观念上存在差异，对学前特殊儿童的教学理念不同，使得两类教师在沟通、合作中遇到阻碍。[②]

六是残疾儿童学前教育师资培养任重道远。在国家重视残疾儿童特殊教育的形势下，师范院校需要加强残疾儿童学前教育师资的培养，增加教师数量和提高教学质量。国内高校开办学前教育（融合教育）的专业非常少，如果要加快残疾人学前教育师资培养进度，可以从学前教育专业的289所高校入手，鼓励高校学前教育专业开设学前融合教育课程，从特殊教育专业理

---

① 《“衣恋集善融合教育青岛试验点” 落户青岛幸福之家融合幼儿园》，青岛新闻网，2017年11月16日，http：//www. qingdaonews. com/content/2017－11/16/content_ 20049609. htm。

② 石茂林：《学前融合教育的内涵、困境和策略》，《教育与教学研究》2012年第12期。

念、学前融合教育知识、特殊教育专业技能几方面开设课程，以最大限度地满足社会对学前特殊教育师资的需求。此外，教育部还需要出台措施敦促师范院校为师范生开设 1 ~2 门融合教育公共必修课程，如“特殊教育概论”“特殊儿童心理与教育”等，在师范类学生中普及特殊儿童心理与教育相关知识，使准教师进入工作岗位时面对特殊儿童不再陌生，学前教育师范生的特殊教育素养将极大地推动我国学前融合教育的发展。

三　残疾人学前教育成就与展望

（一）残疾人学前教育取得的成就

残疾儿童学前教育在近几年越来越受到重视，随着第一期和第二期特殊教育提升计划的提出，特殊教育往两头延伸成为大趋势，各地特殊教育学校纷纷举办学前教育。学前教育取得如下成就。

一是学前教育快速发展。2016 年，幼儿园大幅度增加，有 23.98 万个，比 2015 年增加 1.61 万个。学前教育专任教师 223.2 万人，比 2015 年增加 18.1 万人，增幅 8.8%。在园儿童 4413.86 万人，比 2015 年增加 149.03 万人，增幅 3.5%。全国学前三年毛入园率为 77.4%，比 2015 年提高 2.4 个百分点。部分城市学前教育基本普及，石家庄市学前三年毛入园率达到 90% 以上，主城区学前三年毛入园率达到 95%。[①] 学前教育阶段财政投入大幅度提高，2016 年我国财政性教育经费中，学前教育经费占 4.2%，是 2010 年的 2.5 倍。

二是残疾儿童康复服务能力增强。2016 年，全国开展残疾儿童康复服务机构有 7858 个，比 2015 年增加 747 个。

三是政策保障体系不断完善。《“十三五”加快残疾人小康进程规划纲

① 石家庄市教育局：《石家庄教育概况》，石家庄市教育局网站，2016 年 5 月，http://sjzjyj.sjz.gov.cn/a/zwgk/jjgk/index.html。

要》和《残疾人康复服务“十三五”实施方案》的相继出台，建立健全了残疾人康复服务体系和康复保障制度，为学前残疾儿童康复提供了强有力的制度保障。

四是贫困家庭残疾儿童接受残疾人事业专项彩票公益金和地方渠道经费资助学前教育的儿童人数不断上升。2016年共资助1.6607万人，2017年共资助2.1971万人。《2016年中国残疾人事业发展统计公报》显示，学龄前残疾儿童接受教育情况各地统计上报数据合计为12509人。

五是残疾儿童学前融合教育理论不断探索。北京师范大学特殊教育专家邓孟教授主持的“融合教育先行计划试点幼儿园推广和支持活动”项目，正在针对0~6岁患有听损或自闭症儿童进行融合教育。[①] 学前融合教育实验点已经初步总结了行之有效的经验并进行推广，如青岛幸福之家融合幼儿园采取普特深度结合的“同伴同学”的理念，幼儿园普通孩子与特殊儿童1∶1，将“同班同学”的概念深化至“同伴同学”，实施反向融合。90名老师中40%为融合教育专业老师，学校课程也是根据融合教育专门定制的课程。校园内共有学生300名，特殊儿童约占一半，其中还有不少外地学生和家长，每年有70%以上特殊儿童顺利过渡至小学。[②] 郑州七色花经过20多年的实践探索了一套系统化服务流程的管理，还开展特殊儿童家园共育的到宅服务（CES）+个别化家庭支持计划（IFSP），以帮助家长成为更好的父母。项目的实施可以帮助更多的残障儿童跨越障碍，融入主流教育，进一步推动中国残障儿童融合教育本土化的发展。

（二）残疾儿童学前教育发展对策建议

我国残疾儿童学前教育状况很不乐观，并且残疾儿童的受教育质量普遍不高。在我国，倡导残疾儿童家庭支持的融合教育（全纳教育）即便在发

① 陈曦：《一场关于学前融合教育的本土化实验》，中国残疾人网站，2017年12月26日，http://www.chinadp.net.cn/culture_/acadamic/2017-12/26-16688.html。

② 《“衣恋集善融合教育青岛试验点” 落户青岛幸福之家融合幼儿园》，青岛新闻网，2017年11月16日，http://www.qingdaonews.com/content/2017-11/16/content_20049609.htm。

达城市也是刚刚起步，在中等发达城市乃至农村以下地区几乎完全缺失。未来残疾儿童学前教育应在以下几个方面做出改进。

一是各级政府需要承担起学前融合教育发展的责任。国务院出台的《特殊教育提升计划（2014～2016年）》提出："各地要将残疾儿童学前教育纳入当地学前教育发展规划，列入国家学前教育重大项目。"国家的政策倡导已经多年，只是实施学前融合教育的道路还很长，还需要各级政府加强认识，认真贯彻《残疾人教育条例》和《第二期特殊教育提升计划（2017～2020年）》，使残疾儿童受教育权利进一步得到保障。

二是理顺学前融合教育管理机制，实行多部门合作，避免多头管理的弊端。受历史因素的影响，0～3岁的新生儿筛查、高危儿童管理由卫生部门负责，0～6岁的残疾儿童的康复工作经费由残联管理，3～6岁的学前教育由教育行政部门管理，儿童福利机构由民政部门管理，虽然各个部门在执行垂直上级政策以及开展工作时是全力完成的，但4个部门之间的合作与沟通以及信息的共享不通畅，互相并不了解对方的具体职责，各自为政，因此在没有足够信息交流的基础上，多头管理，资源浪费，以及数据不吻合的情况常常存在。

三是扩大普惠性幼儿园的规模，将残疾儿童入幼儿园纳入学前教育发展体系。政府要采取各种措施，扩大普惠性幼儿园规模，并进行无障碍设施改造，让所有适龄儿童包括残疾儿童能够有机会入园。由于接收残疾儿童入园对资源（教师、环境）要求高，对于民办园，政府以购买服务的方式支持幼儿园接收残疾幼儿，并给以补贴。各级政府及教育部门要鼓励条件好的公办幼儿园接纳残疾儿童，开展融合教育，保障适龄残疾儿童都能接受公平而有质量的学前教育。

四是加强学前融合教育师资培养，鼓励高校学前教育专业开设融合教育课程。许多普通幼儿园不肯接受残疾儿童入园的主要原因是缺乏特殊教育专业的教师和特殊教育的专业指导。学前残疾儿童教育以融合教育为主要形式，因此国家要出台相应政策，鼓励高校学前教育专业开设学前特殊教育课程和融合教育课程，在经费、项目方面予以倾斜，有条件的高校鼓励开设学前融合教育方向课程，以培养熟悉特殊儿童心理与教育规律的幼儿教师。

五是成立学前融合教育资源中心，加强支持保障体系建设。近年来，随着融合教育的发展，各地特殊教育学校纷纷转型为当地的特殊教育资源中心，帮助义务教育阶段的随班就读特殊儿童并进行巡回指导。但仅有少数的地区成立了特殊儿童学前教育资源中心，严重阻碍了残疾幼儿接受学前教育。因此，呼吁全国各地政府以及相关部门积极开设特殊儿童学前教育资源中心，并纳入各级资源中心教育体系中，开展学前残疾儿童巡回指导工作，切实保障残疾儿童接受学前教育的权益。另外，要在招收了残疾幼儿的普通幼儿园建设特殊教育资源教室，资助其进行无障碍设施改造，并配备特殊教育教师，为残疾幼儿服务。

六是继续通过各种渠道资助贫困家庭残疾儿童接受学前教育。除国家残疾人公益专项资金支持贫困残疾儿童接受学前教育之外，关爱和解决残疾儿童学前教育问题还需要国家政策的推动以及社会爱心企业和爱心人士的特别关注。因此，要呼吁社会各界人士关心残疾儿童学前教育，多方筹措资金资助贫困残疾儿童接受学前教育。

七是加强大数据建设，建立特殊儿童信息通报系统。在信息技术日益发展的今天，特殊儿童信息化建设需要提到议事日程上来，特殊儿童网络信息通报系统亟待建设。收集特殊儿童的基本情况、残疾程度以及安置现状等信息，落实“一人一案”，通过特殊儿童唯一身份认证，实现各部门之间数据、资源共享，全面了解本区域特殊儿童的现状与类型。这个大数据系统可在教育、卫生、残联、民政等部门间共享，并提供教育、康复、医疗和救助等相关服务，开展精准扶贫工作。同时，系统的数据还将为各级政府和教育部门制定特殊教育决策和实施管理提供重要依据。

总之，残疾人学前教育事业发展的前景是乐观的。在《第二期特殊教育提升计划（2017～2020年）》中，我国提出到2020年残疾儿童少年义务教育入学率达到95%以上的目标，力争实现残疾儿童学前教育普及与普通儿童同步。因此在国家各级政策的指引下，残疾人学前教育发展将以学前融合教育为主要方式，实现医疗与教育、普教与特教、教育与康复、家庭与幼儿园相结合，我国残疾儿童学前教育将迎来快速发展的时期。

B.9

残疾人义务教育发展报告（2017）

刘全礼*

摘　要： 本报告回顾了我国特殊教育的发展历程。我国特殊教育始于1874年，但特殊教育的大发展却是改革开放以后，到2016年，有特殊教育学校2080所，在校的残疾学生有491740人。本报告分析了我国义务教育阶段特殊教育发展现状。2017年修订了《残疾人教育条例》，颁布了《第二期特殊教育提升计划（2017～2020年）》，义务教育阶段的盲、聋和培智学校的教材开始出版，医教结合和送教上门依然是热点；残疾人的义务教育取得了重大成就，但不足依然存在，未来我国残疾人的义务教育一定会随着社会、政治、经济的发展而有更大的发展。

关键词： 残疾人　义务教育　特殊教育

---

* 刘全礼，课程与教学论博士，北京联合大学二级教授，校学术委员会副主任，致力于特殊教育研究30余年，发表文章50余篇，出版著作40余部，合计800余万字，包括2000年、2006年获得北京市哲学社会科学优秀成果二等奖的个人专著《个别教育计划的理论与实践》《特殊教育导论》，合著《中国特殊教育发展报告（2013年）》《中国特殊教育发展报告（2014年）》《中国特殊教育发展报告（2015年）》《中国特殊教育发展报告（2016年）》；拍摄、主持了我国第一部大型特殊教育专题片《特教档案之特教概论》。社会兼职：教育部教育学本科教学指导委员会委员、中国音乐治疗学会副会长、中国心理卫生协会残疾人心理卫生分会副理事长、中国残疾人康复协会心理康复专业委员会第二届专业委员会副主任。2006年获得“北京市高等学校拔尖创新人才”称号。目前主要研究智力落后、学习障碍与学业不良儿童的教育及教育咨询等，并提倡把特殊教育的原理方法用于普通教育、家庭教育，研制完成了学习障碍与学业不良儿童的诊断及干预系统（Sdd2.0）。

义务教育是国家规定的每个儿童必须接受的教育，是我国最重要的教育形式之一。残疾人的义务教育是国家残疾人事业的重要组成部分。从法理上说，每个适龄残疾儿童，接受完整的义务教育是《中华人民共和国义务教育法》赋予每个残疾儿童的权利，也是每个残疾儿童家长应尽的义务。应该说，在不同阶段的残疾人教育事业中，残疾人的义务教育成绩最为突出。

一　残疾人教育发展概述

（一）改革开放前的中国特殊教育

1874 年，英国传教士威廉・穆瑞（William Hill Murray）在北京建立了我国第一所盲人学校，尽管当时只有 2 名学生，但它却是中国西方模式特殊教育的发端。1887 年，美国人梅里斯夫妇（C. R. Mills 和 A. T. Mills）在蓬莱（当时称登州）建立了第一所聋人学校，从此中国残疾人的现代教育走向了历史的舞台。[①] 进入 19 世纪末，尤其是 20 世纪初，中国人一直努力倡导残疾人的学校教育。[②] 然而，中国当时多数时间处于战乱或者动乱中，在动荡或者流离失所状态下，残疾人的教育无法获得大的发展。所以，到中华人民共和国成立时，除去公立和私立的一些盲、聋学校外，仅在重庆等地有过短期的智力落后儿童的教育实践，其他类别的障碍儿童的特殊教育基本上没有发展起来。

中华人民共和国成立后，百废待兴，加之当时尚未普及义务教育，中华人民共和国刚成立的最初 10 年，特殊教育的发展也较缓慢。尽管从增长来看，中华人民共和国成立后的 10 年全国特殊教育学校比中华人民共和国成

① 刘全礼：《特殊教育导论》，教育科学出版社，2003，第 83 页。

② 比如 1909 年的河北沧县训盲学校、1911 年的福建心光学校、1916 年的湖南导盲学校。其中较为著名的是清末状元郎张謇 1916 年举办的南通盲哑学校，这个学校不仅招收盲聋学生，还开设师范部，培养特殊教育师资。参见刘全礼《特殊教育导论》，教育科学出版社，2003，第 83 页。

立前增加了1倍多，但到1958年也仅仅有91所特殊教育学校，仅有10101人在读。[①] 1959年，特殊教育的学校数量开始大幅度增加，学生人数也同时剧增。例如，1959年有特殊教育学校297所，比1958年的学校数增加了2倍多；学生人数达到了17764人，比1958年也增加了7000余人。但是，在三年困难时期和“文化大革命”时期，特殊教育的发展受到了影响，直到改革开放前的1977年，尽管接受特殊教育的学生数增加到近3万，但特殊教育学校数一直在200余所，没有突破300所。例如，学校、人数最多的1977年，全国有特殊教育学校286所，学生29000人，且这些学校主要是招收盲、聋学生，几乎没有其他类别。

（二）改革开放后中国特殊教育的发展

1978年以后，我国特殊教育开始获得长足发展。1982年《中华人民共和国宪法》第四十五条第三款首次提出“国家和社会帮助安排盲、聋、哑和其他有残疾的公民的劳动、生活和教育”，在宪法层面规定了国家发展特殊教育的责任。之后出台一系列有关特殊教育的法律、规定和文件，包括1990年颁布的《中华人民共和国残疾人保障法》、1994年颁布的《残疾人教育条例》、2014年颁布的《特殊教育提升计划（2014～2016年）》、2017年颁布的《第二期特殊教育提升计划（2017～2020年）》等。在这些法规文件中，中国共产党的第十七次、第十八次和第十九次全国代表大会分别提出要关心特殊教育、支持特殊教育和办好特殊教育，对特殊教育的发展有巨大推动作用。

改革开放后，不仅接受特殊教育的人数获得了空前的发展，特殊教育对象的类别也大为增加。在视力残疾、听力残疾类别的基础上，在法律层面还增加了智力残疾、肢体残疾、言语残疾、精神残疾和多重残疾；近年来，在实践层面还开始了孤独症、学习障碍和情绪行为异常等类儿童的教育。值得重视的是，自1978年开始，中国对轻微违法犯罪儿童和智力超常儿童特开

① 顾定倩：《特殊教育导论》，辽宁师范大学出版社，2001，第65页。

展专门的教育，开始与世界接轨。

改革开放后，特殊教育学校（仅指招收残疾人的学校，下同）的数量成倍增加。1978 年特殊教育学校有 292 所，1988 年就增加到 577 所，1998 年达到 1335 所，2015 年达到 2053 所，2016 年达到了 2080 所，我国已经成为世界上特殊教育学校数量最多的国家。接受特殊教育的人数也在快速增加。1977 年，全国在校残疾学生（含随班就读学生，下同）有 2.9 万人，1987 年增加到 5.3 万人，10 年增加了近 1 倍；1997 年在校残疾学生为 34.0 万人，比 1977 年增加了 10 余倍；2007 年在校残疾学生数为 41.9316 万人，2016 年则增加到 49.1740 万人，是 1977 年的 16 倍还多。

二　2016年残疾人教育的基本情况①

2016 年全国有特殊教育学校 2080 所（有关统计未含港澳台，下同），是 2007 ~ 2016 年特殊教育学校数量最多的一年。2007 ~ 2016 年全国特殊教育学校数增加了 400 余所，且每年都比前一年有所增加，从数量角度显示出特殊教育的发展（见表 1）。

表 1　2007 ~ 2016 年我国特殊教育学校数量

单位：所

年份	2016	2015	2014	2013	2012	2011	2010	2009	2008	2007
学校数	2080	2053	2000	1933	1853	1767	1706	1672	1640	1618

2016 年全国在册残疾学生（包括在特殊教育学校、普通学校的特殊班和普通学校随班就读的学生）为 491740 人，是 2007 ~ 2016 年人数最多的一年。但是，2007 ~ 2016 年全国残疾学生的在校生数量曾经出现过数次波

① 本部分内容主要取自刘全礼等人所著南京师范大学 2017 年 7 月出版的《中国特殊教育发展报告（2016 年）》的第一章，数据来自教育部；文中数据不是义务教育阶段的数据，而是整个基础教育阶段的数据。此外，本数据不包含工读学校、超常儿童教育的数据。

动，2013 年的在校生数量更是下降至 368103 人，为 10 年来最低；2014 年在校生人数又开始上升，但未超过 2010 年的数量，直到 2015 年才超过 2010 年的水平（见表 2）。其中可能有残疾儿童数量下降的原因，但确切原因需要进一步研究。

表 2　2007～2016 年我国基础学校残疾学生的在校生数量

单位：人

年份	2016	2015	2014	2013	2012	2011	2010	2009	2008	2007
学生数	491740	442223	394870	368103	378751	398736	425613	428125	417440	419316

2016 年全国基础教育阶段有残疾人毕业生 59164 人，是 10 年来毕业人数最多的一年（见表 3）。

表 3　2007～2016 年我国基础学校残疾学生的毕业生数量

单位：人

年份	2016	2015	2014	2013	2012	2011	2010	2009	2008	2007
学生数	59164	52899	49032	50739	48590	44194	58941	57423	52035	50283

2016 年，我国基础教育阶段共招收残疾学生 91521 人，是 10 年来招收人数最多的一年。2007 年，全国新招收的残疾学生为 63424 人，到《特殊教育提升计划（2014～2016 年）》实施的前一年，即 2013 年招生数一直未超过 7 万人。但是，《特殊教育提升计划（2014～2016 年）》实施以来，招生人数发生很大变化，2014 年达到 70713 人，然后逐年递增（见表 4）。这说明《特殊教育提升计划（2014～2016 年）》可能大大促进了特殊教育的发展。

表 4　2007～2016 年我国基础学校残疾学生的招生数量

单位：人

年份	2016	2015	2014	2013	2012	2011	2010	2009	2008	2007
学生数	91521	83314	70713	65977	65699	64086	64869	64018	62409	63424

三　2017年残疾人义务教育进展

（一）教育法规和政策进展

2017 年是特殊教育政策发展的重要一年，不仅党的十九大报告明确提出要“办好特殊教育”，而且相关部门在法规、政策层面对“办好特殊教育”作出了具体的规定。其中最重要的进展就是修订了《残疾人教育条例》，颁布了《第二期特殊教育提升计划（2017～2020 年）》。

一是修订《残疾人教育条例》。1994 年颁布的《残疾人教育条例》尽管仅仅过去了 20 余年，但中国各方面的发展太过迅速，当年的一些规定已经明显不能适应新形势。从 2012 年起，教育部开始向国务院报送《残疾人教育条例（修订草案）（送审稿）》，对 1994 版条例中出现的问题（如残疾人教育理念相对滞后、融合教育不足；特殊教育资源不足、分布不均，残疾人入学难；残疾人教育教学规范性不足，教育质量不高；残疾人教育师资不足和质量不高；残疾人经费保障欠缺；等等）进行修订。经过两次征集意见，于 2017 年颁布修订的《残疾人教育条例》。修订的重点主要有三个方面：将多年来有关促进残疾人教育事业发展的文件中行之有效的政策和措施提升为法律制度；完善残疾人入学制度安排，规范教育教学活动，使残疾学生接受与其身心状况相适应的教育；明确政府责任，加强对残疾人教育的保障和支持。

与 1994 年颁布的《残疾人教育条例》相比，2017 年修订的条例在以下几个方面发生了显著变化。（1）调整了残疾人教育的发展目标和理念，包括：保障义务教育，着重发展职业教育，积极开展学前教育，逐步发展高级中等以上教育；提高教育质量，积极推进融合教育，优先采取普通教育方式。（2）采取措施方便残疾人入学，包括：根据需要，选择部分普通学校建立特殊教育资源教室或者设置特殊教育学校，招收残疾儿童、少年接受义务教育；残疾儿童、少年按照其接受教育能力，进入普通学校或者特殊教育学校接受义务教育，不能到学校就读的，采取送教上门或者远程教育等方式；扩大职业教育、学前教育招生规模，为残疾人接受非义务教育提供更多机会。（3）规范残疾人教育教学，包括：招收残疾学生的普通学校应当将残疾学生合理编入班级，安排专门从事残疾人教育的教师或者经验丰富的教师承担教育教学工作；教育行政部门支持特殊教育学校建立特殊教育资源中心，在一定区域内提供特殊教育指导和支持服务；加强对接受职业教育的残疾学生的就业指导；教育行政部门以及其他有关部门、学校充分利用现代信息技术，以远程教育等方式为残疾人接受成人高等教育、高等教育自学考试等提供便利和帮助。（4）对加强残疾人教育教师队伍建设进行了新的规定，包括：明确任职特殊要求、合理配置教师和提高待遇。（5）加强了对残疾人教育的保障和支持措施，包括：保障经费投入、加强特殊教育学校建设和减免费用。①

就残疾人的义务教育而言，新版《残疾人教育条例》的变化明显。（1）强化了各级地方政府对残疾人义务教育的责任，把1994版《残疾人教育条例》的“政府应当”变为“政府保障”。（2）强化了各级政府或者组织的具体的合作责任，把残疾人的义务教育纳入国民公共事业。（3）增加了在普通学校设置资源教室和如何运行资源教室的规定。（4）增加了在特殊教育学校添置有关残疾人的教育教学、康复评估和训练的器材的规定，对特殊教育的办学硬件进行规定。（5）增加了送教上门的规定，这是2017版《残疾人教育条例》关于义务教育阶段的残疾人接受教育的形式的一个亮点。（6）对残疾人接受教育的双流向方式进行了规定，这是本版条例的巨大进步（第十八条、第二十一条）。当残疾人需要在特殊学校接受教育时，就在特殊学校接受教育；当残疾人需要、有能力在普通学校接受教育时，可以到普通学校接受教育。（7）增加了有关残疾人的鉴别、安置和残疾人信息保密的规定，使得残疾人的鉴别、评估、教育，包括专家委员会的建立、

① 丁小溪：《保障残疾人受教育权利　推动残疾人教育事业发展——国务院法制办、教育部就〈残疾人教育条例〉修订答记者问》，中国政府网，2017年2月23日，http://www.gov.cn/zhengce/2017-02/23/content_5170361.htm。

工作的内容和机制有了依据（第二十条，共三款）。（8）增加了有关特殊教育资源中心的规定（第二十六条），强化了特殊教育效果的保障措施。

此外，在义务教育阶段的规定中，关于学生用书、教师任职资格等都有新变化，进步明显的是新版条例增加了法律责任，不仅明确了1994版《残疾人教育条例》中的相关奖励的细则，还增加了对政府机构的罚则，这是保证本版条例实施的最大亮点。①

二是发布《第二期特殊教育提升计划（2017～2020年）》。《特殊教育提升计划（2014～2016年）》发布后，我国特殊教育开始了新一阶段的跃升，特殊教育学校的数量增加较快，特殊教育学校的办学基本经费得到了保障。2017年颁布的《第二期特殊教育提升计划（2017～2020年）》是在总结第一期计划的基础上发布的特殊教育领域的最重要的政策之一。《第二期特殊教育提升计划（2017～2020年）》由教育部、国家发展改革委、民政部、财政部、人力资源社会保障部、国家卫生计生委、中国残联于2017年7月联合发布。二期计划具有以下新的特点。（1）坚持以问题为导向，积极应对新形势、新挑战，并据此决定了计划的基本原则、目标和任务。（2）坚持四个原则，即坚持统筹推进，普特结合；坚持尊重差异，多元发展；坚持普惠加特惠，特教特办；坚持政府主导，各方参与。（3）总体目标明确具体，即到2020年，各级各类特殊教育普及水平全面提高，保障能力全面增强，教育质量全面提升。其中一个关键指标是，残疾儿童少年义务教育入学率达到95%以上，将实现残疾儿童少年义务教育的全面普及。②

《第二期特殊教育提升计划（2017～2020年）》提出了三项重点任务：（1）在全面普及残疾儿童少年义务教育的同时，大力发展残疾人非义务阶段的教育，从而将残疾人义务教育与学前教育和高中及以上教育衔接起来，

---

① 第五十六条规定：地方各级人民政府及其有关部门违反本条例规定，未履行残疾人教育相关职责的，由上一级人民政府或者其有关部门责令限期改正；情节严重的，予以通报批评，并对直接负责的主管人员和其他直接责任人员依法给予处分。

② 中华人民共和国教育部：《〈第二期特殊教育提升计划（2017～2020年）〉启动实施》，中华人民共和国教育部网站，2017年7月28日，http://www.moe.edu.cn/jyb_xwfb/xw_fbh/moe_2069/xwfbh_2017n/xwfb_20170728/201707/t20170728_310281.html。

将学历教育与非学历教育结合起来，构建残疾人终身学习体系；（2）按照可持续发展的要求，加大倾斜支持特殊教育的体制机制建设，重点包括财政投入机制、办学条件改善机制、教师队伍建设机制和残疾学生资助机制；（3）提升特殊教育教师的专业化水平，建立一支数量充足、结构合理、素质优良、富有爱心的特殊教育教师队伍，同时要深化特殊教育的课程改革，加强课程教材和教育教学的资源建设，推进优质教育资源的共享。

《第二期特殊教育提升计划（2017～2020年）》提出采取六大措施保障计划的实施，包括：提升义务教育的普及水平，加快发展非义务教育阶段的特殊教育，健全特殊教育的经费投入机制，健全特殊教育专业支撑体系，加强专业化特殊教育教师队伍建设，大力推进特殊教育课程教学改革。

（二）2017年特殊教育的热点问题

就特殊教育实践而言，2017年和义务教育有关的特殊教育的热点问题主要有下述三个方面。

一是盲、聋、培智学校义务教育教材开始编写。特殊教育的新一轮课改自2001年开始，经2007年颁布课程计划，到2016年颁布课程标准，历时16年。随着《特殊教育提升计划（2014～2016年）》的实施，课程改革的步伐也大大加快。在2016年准备颁布新一轮课改的课程标准之际，人民教育出版社即着手组织有关力量编写盲、聋、培智学校的义务教育阶段的教材，并于2017年新学年开始上市。应该说，改革开放后，本轮特殊教育的课程改革是历时最长，花费人力、物力最大，各方面期望最大的一次课改。2016年新一轮课改的课标颁布成为盲、聋、培智学校教师和特殊教育研究的一个热点，2017年新版教科书的出版则是特殊教育学校教学活动的另外一个热点。

二是送教上门成为许多特殊教育学校的一个工作。送教上门是《特殊教育提升计划（2014～2016年）》实施以来才开始的一种特殊教育的新形式。《特殊教育提升计划（2014～2016年）》中有5处谈及送教上门。第三部分主要措施的第一个措施即扩大残疾儿童少年义务教育规模的第三条提出：组织开展送教上门。县（市、区）教育行政部门要统筹安排特殊教育学校和普通学校教育资源，为确实不能到校就读的重度残疾儿童少年提供送教上门或远程教育等服务，并将其纳入学籍管理。《第二期特殊教育提升计划（2017～2020年）》有9处谈及送教上门，但是并未如《特殊教育提升计划（2014～2016年）》那样对送教上门再行规定，而是在主要措施的第一点的第四部分作了规定。① 值得关注的是，2017年颁布的《残疾人教育条例》增加了送教上门的条款，并有两处即第十七条、第二十六条谈及送教上门。尽管送教上门在2014年即被提出，但到2016年才开始成为特殊教育学校逐渐实施的一个活动。但因为送什么、如何送等问题一时难以解决，各地送教上门的目的、内容并不一致。就送教时间来看，有所谓的“1+2”模式，也有所谓的“1+1”模式，不一而足。所谓的“1+2”模式是指一个周送教两次，而“1+1”则是一个月送教一次或者一个周送教一次。就每次送教的团队人数来看，有所谓的“2+1”模式、“1+1”模式等。所谓的“2+1”模式是指送教上门团队是由两个教师和一个司机组成，“1+1”模式则是指送教上门团队由一个教师和一个司机组成。也有两个或两个以上教师自己组成送教上门团队而不用司机的情况，个别情况下是一个教师送教上门。

三是医教结合是特殊教育政策的另外一个热点。《特殊教育提升计划（2014～2016年）》的总体目标是：“全面推进全纳教育，使每一个残疾孩子都能接受合适的教育。经过三年努力，初步建立布局合理、学段衔接、普职融通、医教结合的特殊教育体系……”医学和特殊教育如何结合、谁来结合、如何实施等问题没有解决，尽管第一期计划推出后也在全国各地设置了若干医教结合的实验区，但各地还是不知道如何有效地开展这个工作。从2017年开始的《第二期特殊教育提升计划（2017～2020年）》又有2处谈及医教结合，在重点任务的第三点“提高特殊教育质量”中写道：“提高特殊教育质量。促进医教结合，建立多部门合作机制，加强专业人员的配备与

① 第四部分规定：对不能到校就读、需要专人护理的适龄残疾儿童少年，采取送教进社区、进儿童福利机构、进家庭的方式实施教育。以区县为单位完善送教上门制度，为残疾学生提供规范、有效的送教服务。

合作，提高残疾学生评估鉴定、入学安置、教育教学、康复训练的有效性。加强特殊教育教师培养培训，提高专业化水平。”在主要措施的第五点中规定要为送教上门教师、承担“医教结合”实验相关人员提供必要的工作和交通补助。值得注意的是，无论是1994版的《残疾人教育条例》，还是2017版的《残疾人教育条例》均未见有关“医教结合”的条文。

四 残疾人义务教育展望

（一）残疾人义务教育的变化和成就

近年来，残疾人义务教育的变化和成就主要体现在下列三个方面。

一是义务教育的办学责任主体发生了重大的变化。中华人民共和国成立后，残疾人的义务教育一直是由政府举办的，尽管改革开放后尤其是近年来一些群众团体也进入特殊教育领域举办了一些机构，但总体而言，政府仍旧是义务教育的办学主体。但是，从1982年《中华人民共和国宪法》到后来的一些法规，均未明确残疾人教育的主体。例如，1982年《中华人民共和国宪法》第四十五条第三款使用的“国家和社会帮助”这样的说法；1994版的《残疾人教育条例》也仅仅是在第一条使用了“为了保障”这样的字眼。然而，到2017年，情况发生了巨大的变化。首先是修订后的《残疾人教育条例》第一条在使用了“为了保障”这样的字眼后，接着第二条规定：“国家保障残疾人享有平等接受教育的权利，禁止任何基于残疾的教育歧视。”残疾人教育应当贯彻国家的教育方针，并根据残疾人的身心特性和需要，全面提高其素质，为残疾人平等地参与社会生活创造条件。这里明确提出“国家保障”，已从责任角度明确了义务教育的主体。2017年召开的中国共产党第十九次全国代表大会明确提出要“办好特殊教育”，从关心特殊教育、支持特殊教育到办好特殊教育，视角发生了根本的变化。

二是残疾人义务教育的法规取得了巨大的进步。从《中华人民共和国宪法》《中华人民共和国义务教育法》《中华人民共和国残疾人保障法》到

《残疾人教育条例》，残疾人教育的相关法律法规建设取得了重大成就。尽管在特殊教育实践中一些地方存在重红头文件轻法律法规的现象，但近年来的实践已经透出了地方行政人员开始注重法律法规的迹象，这无疑是特殊教育法规建设的重大进步。

三是义务教育的办学经费有了基本的保障。实施特殊教育提升计划以来，各地特殊教育的办学经费有了根本的改变，各地基本上贯彻执行了特殊教育学校的生均公共事业费不低于每人每年6000元的标准，基本保障了特殊教育学校的运行。

（二）残疾人义务教育的不足

残疾人义务教育的不足仍旧存在，主要表现在以下几个方面。

一是残疾儿童的入学人数急需扩大。从教育部的统计数据看，在册接受特殊教育的残疾儿童的数量不足50万，这对十几亿人口的国家来说不算成绩。

二是残疾儿童的类别急需扩大。国家有关法规规定的残疾人的类别主要集中在视力残疾、听力残疾、智力残疾、肢体残疾、言语残疾、精神残疾和多重残疾七类，未能区分孤独症、情绪行为异常、学习障碍等类别。这一方面让一些在接受特殊教育的学生未能作为特殊儿童的类别进入统计序列，另一方面也使义务教育不能因材施教，取得更好的教育效益。因此，继续扩大特殊儿童的类别，把所有有特殊教育需要的儿童作为特殊教育的对象。这既是教育发展之必需，也是义务教育实施之必然。

三是一些地方政府未能尽到开展残疾人义务教育的责任。应该说，改革开放40年以来，中央政府是重视特殊教育的，尤其是近年来更是把包括特殊教育在内的弱势人群的公共事业放在了很高的位置。然而，地方政府尤其是某些县（区）级政府并未把开展残疾人的义务教育放在应有的地位，导致特殊教育学校的设置、残疾儿童的在校生人数都受到影响。

四是包括特殊教育执法在内的特殊教育的法规建设急需增强。尽管我国还没有专门的特殊教育法，但是按照现有法规，如果执法严格，特殊教育也会有极大的发展。因此，关于特殊教育执法在内的特殊教育的法规建设急需增强。例如，应该制定更为切合实际的相关法规，且法规之间要能很好地协调和统一；要对特殊教育的经费等进行具体的规定，以便执行有据。

（三）残疾人义务教育的未来发展

无疑，未来的残疾人教育一定会随着社会、政治、经济的发展而有大的发展。例如，在特殊教育的法规建设、政策制定、残疾人接受教育的形式、特殊儿童的类别等诸方面会有很大的发展。就特殊教育的形式而言，除去增加特殊教育学校外，未来会在普通学校设置更多的特殊班，或者说，改变这种融合教育的执行模式，或者把随班就读分为三种基本的组织方式，即完全可能在普通班级学习的随班就读的模式、带有辅导教师或辅导教室的资源教师或资源教室模式、在普通学校附设特殊班和普通班级结合的模式等。

此外，下述五个问题将是急需关注的问题。①

一是医教结合问题。自《特殊教育提升计划（2014～2016年）》实施以来，医教结合成为各种文件倡导的特殊教育的重要举措。然而，由于它的内涵模糊、外延不确定且混淆了特殊教育行业与医疗行业的区别，特殊教育理论界思想混乱，实践界无所适从。因此，急需从事物的本原出发，对医教结合作出可行与否的规定。如果可行，给出操作规程；如果不可行，则从特殊教育界消失，免得阻碍特殊教育的健康发展。

二是送教上门问题。送教上门作为过渡时期解决残疾儿童接受特殊教育的一种辅助方式具有特定的含义。从对象而言，需要送教上门的残疾儿童是重度的无法到校读书的儿童，并且这些重度残疾儿童主要是以身体运行能力为参照系的，重度的视障、听障等能够自由位移的儿童应该不在之列，但是现实中被送教上门的儿童却往往不是这样的儿童。从送教上门的本质看，送教上门重在教，且只有连续不断的教育活动才可能对这些残障儿童产生教育

① 参见刘全礼等《中国特殊教育发展报告（2016年）》，南京师范大学出版社，2018，第6～7页。

效果，但实践中的送教上门往往是不连续的且演变为送温暖的活动，背离了教育的基本原理。从公平与效率来看，各特殊教育学校的编制均紧张，在这种情况下抽调那么多力量对本该到校上学的学生开展送教上门，不仅仅是鼓励了家长、学校不收学生的违法行为，而且是浪费了纳税人的钱财。因此，应该力促残障学生入学，而非过多宣传送教上门。

三是特殊教育的课程问题。尽管到2017年特殊教育的新一轮课程改革取得了重大进展，不仅颁布了盲、聋、培智学校总共42门课程的课程标准，而且某些学科已经进入出版学生用书的阶段，但是总体而言特殊教育的课程依然存在许多问题，这些问题不解决，就难以在最后的教学层面办好特殊教育。例如，盲、聋学校是否需要离开义务教育的课程计划和标准单独搞一套义务教育阶段的盲校、聋校课程；课程与标准如何体现盲、聋教育的特点并在完成义务教育目标的同时满足盲、聋儿童的特殊教育需要。再如，培智学校的课程是否应该庸俗地都以生活为题；智障儿童应该如何在义务教育的基本框架下体现特殊教育的特点。

四是特殊教育的课堂教学效益问题。毫无疑问，实施特殊教育提升计划以来，全国各特殊教育学校的经费得到了基本的保障。但是，特殊教育的课堂教学效益不见得有大的进步。在未建立特殊教育学校之前，办不办特殊教育是县级政府的事儿。但是，当建立了特殊教育学校或者开展了特殊教育工作且经费得到基本保障的情况下，课堂教学效益如何，就是校长的责任了。一些校长因为种种原因未能把主要精力放在学校的教学上，这是中国特殊教育的一个重要问题，也是学校特殊教育效益不高的原因之一。

五是特殊教育的师资培养存在急需解决的问题。职前教育的问题主要在于各相关开办特殊教育专业的大学严重缺乏特殊教育专业、特殊教育专业和科学教学结合的师资，进而导致职前培养的质量堪忧；特殊教育学校教师的继续教育问题则主要体现在未能把培训的主要精力放在如何钻研教材、如何教育各类儿童、如何提高课堂教学效益上，而把精力放在追求那些内容支离破碎、观点不一定正确、方法往往是言过其实的所谓的国培、省培、市培和各种民办培训班上；无论是职前培养还是职后的继续教育，教师们迫切需要提高学科素养和特殊教育的素养。

毋庸置疑，我国残疾儿童的义务教育取得了举世瞩目的成就。但是，我国残疾儿童的义务教育仍有很大的发展空间，未来我国残疾儿童的义务教育必将获得更大的发展。

参考文献

刘全礼：《特殊教育导论》，教育科学出版社，2003。

顾定倩：《特殊教育导论》，辽宁师范大学出版社，2001。

中华人民共和国教育部：《2016 年教育统计数据》，中华人民共和国教育部网站，2017 年 8 月 24 日，http：//www. moe. edu. cn/jyb_ sjzl/。

《残疾人教育条例》，中国残疾人联合会网站，2017 年 2 月 24 日，http：//www. cdpf. org. cn/zcwj1/flfg/201702/t20170224_ 583143. shtml。

《第二期特殊教育提升计划（2017 ~2020 年）》，中国残疾人联合会网站，2017 年 7 月 28 日，http：//www. cdpf. org. cn/zcwj/zxwj/201707/t20170728_ 601529. shtml。

刘全礼等：《中国特殊教育发展报告（2016 年）》，南京师范大学出版社，2018。

B.10

残疾人高等教育发展报告（2017）

贾兆娜　兰继军*

摘　要： 本报告总结了2017年中国残疾人高等教育发展情况，包括：从有关残疾人的法律法规中，分析了残疾人接受高等教育的立法保障；从残疾大学生接受高等教育的方式，分析了我国残疾人高等教育的形式结构；从残疾大学生的录取形式，残疾人高等院校的数量、招生规模、区域结构、专业结构以及残疾人高等教育的学历层次方面，分析了我国残疾人高等教育的现状；对残疾人高等教育存在的问题进行分析并提出改进建议。

关键词： 残疾人　高等教育　高考便利　单考单招

---

* 贾兆娜，陕西师范大学教育学硕士，淮北师范大学教育学院讲师。2015年赴美国佛蒙特州卡斯尔顿大学访学，研究方向为特殊教育。2016年主持“全国教育科学规划”教育部青年专项课题。兰继军，陕西师范大学心理学院教授，博士生导师，陕西省行为与认知神经科学重点实验室副主任。兼任中国心理卫生协会残疾人心理分会副秘书长、中国残疾人康复协会应用行为分析专业委员会副主任委员。研究方向为特殊儿童心理，研学旅行与体验式学习心理，教育行为矫正，全纳教育，残疾人社会心理，心理科普与健康促进。先后主持和完成国家社会科学基金教育学一般项目、全国教育科学“十五”“十一五”规划课题、国家体育总局体育哲学社会科学研究项目、教育部人文社会科学研究规划基金项目、教育部哲学社会科学研究重大招标项目子课题、陕西省社会科学基金、西安市社会科学规划基金等10多项政府部门科研项目，承接多地组织部门、西安市残疾人联合会、中国东方航空股份有限公司、西安地下铁道有限责任公司等部门、企事业单位委托项目10多项。出版《教育行为矫正》《发展性障碍儿童心理理论研究》《应用心理基础教程》《心理学概论》《青年学子论特殊教育》等教材专著多部。先后获得陕西省教学团队，陕西省基础教育教学成果一、二等奖，陕西高等学校人文社会科学研究优秀成果三等奖等。

近年来，随着终身教育理念的贯彻执行以及高等教育的大众化，残疾人高等教育获得了快速发展。残疾人高等教育的发展水平在一定程度上标志着一个国家或地区残疾人事业的发展水平，也是社会文明进步程度的重要标志，是残疾人实现教育平等权利的重要体现。

一　我国残疾人高等教育法律与政策保障

我国未出台专门的特殊教育法，但在宪法、教育法及相关的专门针对残疾人的法律中，提出了有关残疾人高等教育的法律法规，并出台了为残疾人高考提供合理便利的相关规定与实施细则，确保残疾人与普通学生享有平等的接受高等教育的权利。

（一）残疾人高等教育相关法律法规

首先，宪法及相关教育法对残疾人高等教育作了规定。1982 年《中华人民共和国宪法》第四十六条规定“中华人民共和国公民有受教育的权利和义务”，该法第四十五条也规定“国家和社会帮助安排盲、聋、哑和其他有残疾的公民的劳动、生活和教育”。因此，残疾人有平等接受教育的权利。1995 年《中华人民共和国教育法》第三十六条规定“受教育者在入学、升学、就业等方面依法享有平等权利”；2015 年《中华人民共和国高等教育法》第九条规定“公民依法享有接受高等教育的权利……高等学校必须招收符合国家规定的录取标准的残疾学生入学，不得因其残疾而拒绝招收”。

其次，专门的残疾人法规、政策中也有有关残疾人高等教育的规定。2008 年修订的《中华人民共和国残疾人保障法》提出“普通教育机构对具有接受普通教育能力的残疾人实施教育，并为其学习提供便利和帮助”及“逐步发展高级中等以上教育”。2014 年，教育部等七部门联合发布的《特殊教育提升计划（2014～2016 年）》在重点任务和主要措施中提出了“加快发展残疾人高等教育”及“各地要根据需要，有计划地在高等学校设置特殊教育学院或相关专业，满足残疾人接受高等教育的需求”。2017 年修订的

《残疾人教育条例》提出："设区的市级以上地方人民政府可以根据实际情况举办实施高级中等以上教育的特殊教育学校，支持高等学校设置特殊教育学院或者相关专业，提高残疾人的受教育水平。"2017 年，教育部等七部门关于印发《第二期特殊教育提升计划（2017～2020 年）》提出"完善特殊教育体系……稳步发展残疾人高等教育"等重点任务。此外《第二期特殊教育提升计划（2017～2020 年）》还提出："普通高等学校积极招收符合录取标准的残疾考生，进行必要的无障碍环境改造，给予残疾学生学业、生活上的支持和帮助。修订普通高等学校招生体检指导意见。统筹残疾人高等教育资源的布局，支持高校增设适合残疾人学习的相关专业，增加招生总量。支持普通高校、开放大学、成人高校等面向残疾学生开展继续教育，支持各种职业教育培训机构加强残疾人职业技能培训，拓宽和完善残疾人终身学习通道。加强就业指导，做好残疾人教育与就业衔接工作。"① 可见党和政府对残疾人高等教育的发展给予高度重视，在大幅度提高残疾儿童义务教育普及率的基础上，在高等教育大众化的趋势下，为了满足越来越多的残疾人接受高等教育的需求，残疾人高等教育作为我国高等教育的组成部分越发重要。

（二）残疾人高考便利的相关法律法规

据统计，在参加 2017 年高考的残疾人考生中，共有 5626 名残疾考生申请了高考合理便利，他们除了享有考场提供的各种辅助工具之外，还可以享有优先进入考点、考场，并适当延长考试时间等合理便利政策，顺利完成高考。② 由此可见，高考合理便利制度为保障残疾人平等接受高等教育提供了支持。

首先，教育法及残疾人专门法律对考试便利作了相关规定。1995 年《中华人民共和国教育法》第三十八条规定："国家、社会、学校及其他教

① 参见《七部门关于印发〈第二期特殊教育提升计划（2017～2020 年）〉的通知》，中国政府网，2017 年 7 月 28 日，http：//www.gov.cn/xinwen/2017－07/28/content_5214071.htm。

② 参见《2017 高考：5626 名残疾考生申请高考合理便利》，央视网，2017 年 6 月 8 日，http：//news.cctv.com/2017/06/08/ARTI8q2Dp3D6WYbdH5uGHkzV170608.shtml。

育机构应当根据残疾人身心特性和需要实施教育，并为其提供帮助和便利。”2008 年修订的《中华人民共和国残疾人保障法》第五十四条规定：“国家举办的各类升学考试、职业资格考试和任职考试，有盲人参加的，应当为盲人提供盲文试卷、电子试卷或者由专门的工作人员予以协助。”2017 年修订的《残疾人教育条例》第三十六条规定：“县级以上人民政府教育行政部门以及其他有关部门、学校应当充分利用现代信息技术，以远程教育等方式为残疾人接受成人高等教育、高等教育自学考试等提供便利和帮助，根据实际情况开设适合残疾人学习的专业、课程，采取灵活开放的教学和管理模式，支持残疾人顺利完成学业。”

其次，残疾人参加普通高等学校招生全国统一考试有了专门规定。2015 年 4 月，教育部、中国残疾人联合会发布《残疾人参加普通高等学校招生全国统一考试管理规定（暂行）》。这是专门针对残疾人参加普通高考出台的行政规章，为残疾人融入普通高校接受高等教育提供了入口管理的规范性保障，体现了高考的公平性和真正选拔人才的功能。

新修订的《残疾人教育条例》颁布后，为了让残疾人平等参加普通高等学校招生全国统一考试，2017 年 4 月，教育部、中国残疾人联合会对《残疾人参加普通高等学校招生全国统一考试管理规定（暂行）》进行了修订，提出“各级教育考试机构应遵循《残疾人教育条例》和高考组织规则，为残疾人参加高考提供必要支持条件和合理便利”。规定中明确了残疾考生申请合理便利的一般程序以及可向残疾考生提供的十二类合理便利，内容更为细致全面，考生可以申请其中的一种或多种。

从以上有关残疾人高等教育的法律法规的内容可以看出，我国宪法及以往教育法强调残疾人具有接受高等教育的机会，而近年来修订的法律特别是专门的残疾人法规、政策提出了更多保障残疾人平等参与到受教育过程中的法律条文。

（三）残疾人参加普通高考合理便利存在的问题

一是考试申请合理便利服务的项目有待完善。2017 年的《残疾人参加普通高等学校招生全国统一考试管理规定》尽管提供了合理便利申请表，但提供给残疾考生可供参考选择的合理便利项目较少，不能满足残疾考生的需求，只能在补充栏里进行其他便利服务的补充，直接影响到了残疾考生申请合理便利的规范性及申请效率。对此可借鉴美国通过制定合理便利指导手册的方式，针对每种残障考生的类型单独编制合理便利指导手册，以此来充实、完善合理便利内容，更好地为残障考生提供服务。

二是考试内容、形式的公平性有待提高。残疾人通过高考进入高等学校接受教育，也就意味着残疾考生与普通考生一样，都需要通过高考的竞争获得进入高等院校学习的机会，因此要求考试的内容、形式必须是公平公正的。而残疾考生受其自身的生理或心理特征的影响，在作答的内容与形式上会产生一定的障碍，且测验的内容未必真正对残疾考生的基本能力具有甄别的作用。①

三是残疾人高考的规则公平与机会公平难以把握。残疾人参与普通高考，意味着与所有普通考生共同竞争，通过高考的筛选，进入普通高等院校。残疾人高考的合理便利的目的是保证考试公平，使残疾学生的知识与能力能够得到有效的测量。但应保障合理便利不会对非残疾学生造成不公平的竞争，需要对合理便利的设计、有效性等方面不断进行理论与实证研究。

二　我国残疾人高等教育的形式结构

我国残疾人高等教育主要有三种形式：一是同普通学生一样参与普通高考进入普通高等院校学习，即接受高等融合教育；二是普通高等院校建立的特殊教育学院或普通高等学校开设的专门招收残疾人的系和专业，以及独立设置的残疾人职业院校；三是通过函授、自学考试、远程教育等方式取得高等学历。

① 参见田霖、韦小满《我国残疾人参加普通高考的问题与对策》，《中国特殊教育》2015 年第 11 期。

（一）残疾人在普通高等院校就读为主体

随着我国残疾人招生政策的调整、无障碍环境的建设，肢体残疾考生只要成绩合格，且身体条件符合所报专业的要求，高校则不能拒绝其入学。

1985 年 2 月，教育部、国家计委、劳动人事部、民政部联合发布的《关于做好高等学校招收残疾青年和毕业分配工作的通知》要求各地教委、高招办在招生中对生活能够自理、不影响所报专业的学习及毕业后所从事的工作的肢体残疾（不继续恶化）考生，在德、智条件相同的情况下，不应仅因残疾而不予录取。1985 年 4 月，教育部与卫生部在《普通高等学校招生体检标准》中放宽了对残疾考生的限制。随着我国经济社会的快速发展，社会文明程度的进一步提高，我国高等教育开始进入大众化阶段，大学生就业已实行双向选择，原在普通高等学校招生中实行的《普通高等学校招生体检标准》已不能适应新形势的要求。为此，在充分征求高等学校、教育行政部门和卫生部门意见的基础上，教育部、卫生部、中国残疾人联合会制定了《普通高等学校招生体检工作指导意见》，并在 2003 年普通高等学校招生中实行。

融合教育理念的发展，以及一系列促进残疾学生进入普通高等院校就读政策法规的颁布与实施，为残疾人高考扫清了障碍。1977 年恢复高考后，残疾学生要求进入普通高校学习的呼声很高，在实践层面，1987 年北京大学率先招收 21 名肢体残疾学生，这是普通高等院校以普通教育的形式招收残疾学生的先例。①

此外，部分主要靠残余视力或听力进行学习的轻度聋、盲学生也进入了普通高等学校接受教育。1995 年，辽宁师范大学经教育部批准，招收了视力残疾和听力残疾大学生各一名，进入特殊教育专业学习，其中一位聋人周婷婷还是中国首位聋人少年大学生。

残疾人教育不等同于特殊教育，由于肢体残疾学生在教学方式、教材、

① 参见麻一青、孙颖《残疾人高等教育现状及发展对策》，《中国特殊教育》2012 年第 7 期。

教学设备等方面的需求与普通健全学生是相同的，只要无障碍环境建设能够满足残疾学生需求，残疾学生就可以进入普通高等院校学习，因此大部分可以适应校园环境的肢体残疾学生以融合教育为主。此外，部分主要靠残余视力或听力进行学习的轻度聋、盲学生也进入了普通高等学校接受教育。

进入21世纪，越来越多的高校如华东师范大学、辽宁师范大学等高校积极倡导视力残疾、听力残疾学生在普通高等院校随班就读。例如，2015年，20岁的山东考生郑荣权——一位视觉障碍人士，通过普通高考，以优异的成绩被温州大学思想政治教育（师范）专业录取。[①] 2017年我国普通高校录取残疾学生约10818人，分别比2015年、2016年录取残疾学生的人数增加了2310人和1226人。[②]

同时为了贯彻《“十三五”加快残疾人小康进程规划纲要》，实现逐步建立和完善残疾人高等融合教育政策措施的目标，依据中国残联教育就业部《关于开展残疾人高等融合教育试点工作的函》，2017年8月，北京联合大学、长春大学、南京特殊教育师范学院、郑州工程技术学院、武汉理工大学、四川大学六所普通高等学校开展残疾人高等融合教育试点工作。这是国家主管部门层面首次明确将高等融合教育作为残疾人高等教育的主要形式，以往的残疾人到普通高校就读在理念上缺乏融合教育思想指导，只是初级阶段的融入。可见，残疾人高等融合教育日益受到政府及社会的关注，在开展高等融合教育的探索中，融合教育的政策将逐步完善。

（二）残疾人特殊教育学院、系、专业为骨干

残疾人特殊教育意味着为满足特殊学生的特殊需要而特别设计的教学，需要有特殊教学材料、教学技术、教学仪器或设施。[③] 除了部分经过早期听

---

① 参见赵玉勋《盲生学霸迎曙光被温州大学录取　毕业想当老师》，青岛新闻网，2015年12月18日，http://news.qingdaonews.com/qingdao/2015-12/18/content_11406917.htm。

② 参见中国残疾人联合会《2017年中国残疾人事业发展统计公报》，中国残疾人联合会网站，2018年5月18日，http://www.cdpf.org.cn/ztzl/2018zt/28zcr/zcwj/201805/t20180518_627292.html。

③ 参见刘春玲、江琴娣《特殊教育概论》，华东师范大学出版社，2016。

力语言康复及视觉康复后能够适应普通课堂的学生之外，对于大部分听力障碍及视力障碍等需要特殊教育的学生而言，普通高校在师资力量及设施方面难以满足其教育需求，因此这些学生只能在普通高校单独设立的招收残疾人专业的系或者单独设立招收残疾人的特殊教育学院以及专门的残疾人职业学院里接受高等教育。

我国残疾人高等教育的发展开始于20世纪80年代。1985年，滨州医学院特殊教育学院是最早开设专门招收残疾大学生本科专业的高等院校。1987年，长春大学率先开办了招收视觉障碍与听觉障碍大学生的高等特殊教育学院，随后天津理工学院（现为天津理工大学）也开办了聋人工学院，开展听觉障碍大学生的本科教育。21世纪初，北京联合大学、南京中医药大学、郑州工程技术学院（原中州大学）等高校相继开设特殊教育学院、系、专业招收残疾大学生，我国高等教育逐渐向正规化与规模化发展。

（三）残疾人远程教育与成人教育为辅助

为了更好地适应时代的变化及残疾人高等教育的需求，越来越多的残疾人通过远程教育以及成人教育获得了接受高等教育的机会。2004年，中央广播电视大学成立残疾人教育学院，此后为了进一步发展残疾人远程教育，国家开放大学、上海开放大学等30多个大学先后成立了残疾人远程教育学院或教育点，不断优化信息化、数字化学习环境，面向残疾人开展高等教育。

此外还有部分残疾人通过函授、自学考试等形式进入成人教育院校接受高等教育，如上海戏剧学院继续教育学院自2012年起与徐汇区业余大学共同开办“聋人艺术设计专升本”（现已更名为“视觉传达专升本”），学生完成所规定的学分，成绩合格者可取得上海戏剧学院成人高等教育本科文凭，符合学士学位学习成绩要求的同学还可获得学士学位证书。①

① 参见上海戏剧学院徐汇区业余大学教学点《2018上海戏剧学院成人高等教育聋人专升本招生简章》，中国聋人网，2018年4月8日，http：//www.cndcm.cn/html/hot/xy/16739_1.html。

三　我国残疾人高等教育的现状分析

（一）我国残疾学生的录取形式

1987 年，长春大学特殊教育学院第一次实行残疾人单考单招后，开启了我国残疾人高等院校实施单考单招的先河，随后各个特殊教育高等院校都以此形式进行招生。[①] 截至 2017 年，招收残疾大学生的 28 所院校均实行残疾人入学单考单招，一方面单考制度为保障残疾人平等地接受高等教育发挥了重要作用，另一方面随着招收残疾大学生的高校逐渐增多，选择的范围增加，单独招生造成的考试大纲与地点各异，残疾考生需要对不同的内容进行复习并到全国各地区考试的问题日益突出。例如，宜昌市特殊教育学校的 22 名聋人高三学生启动“高考全国行”，对老师及学生在考试复习及经济方面都造成了很大的压力。[②]

此外，单考单招造成专业选择范围狭窄，部分学生为了选择自己喜欢的专业不得不放弃单考，参与全国高考，但普通高校的融合教育较少，特别是针对盲、聋生而言，除了专门招收残疾人的特殊教育学院、系或专业外，报考学校成为难题。

（二）残疾人全日制普通高等院校的数量

截至 2017 年底，在普通高校中专门设立招收残疾大学生的学院、系、专业的高等院校一共 28 所。从表 1 可以看出，从 1985 年到 2000 年，我国仅有 6 所残疾人高等院校，从 2001 年以来我国残疾人高等教育得到了飞速的发展，到 2017 年，招收残疾大学生的高校增加到 28 所。其中部分高校是

---

① 参见黄伟、邓岳敏《残疾人高等教育单独招考制度的改革目标与形式选择》，《中国特殊教育》2014 年第 7 期。

② 参见汪蕾、朱红《宜 22 名聋生下周参加“高考全国行”挑战梦想》，搜狐网，2012 年 3 月 10 日，http：//roll. sohu. com/20120310/n337293992. shtml。

由之前的中等特殊教育职业院校提高办学层次而发展为残疾人高等院校的，如山东特殊教育职业学院、辽宁特殊教育师范高等专科学校。

表1　全国高等特殊教育办学情况

序号	大学	招收时间	招生人数	办学层次	招生对象	招生专业
1	滨州医学院特殊教育学院	1985	40	本科	肢体残疾、听障、视障	口腔医学技术、针灸推拿
2	长春大学特殊教育学院	1987	206	本科	听障、视障	视觉传达设计、绘画、动画、工商管理、针灸推拿学、音乐表演、康复治疗学
3	天津理工大学聋人工学院	1991	108	本科	听障	计算机科学与技术、网络工程、服装与服饰设计、产品设计
4	金陵科技学院	1997	25	本科	听障	计算机科学与技术
5	北京联合大学特殊教育学院	2000	139	专科、本科、硕士	听障、视障	视觉传达设计、计算机科学与技术、音乐学、针灸推拿学、艺术设计
6	南京中医药大学针灸推拿系	2000	30	本科	视障	推拿
7	郑州工程技术学院特殊教育学院	2001	170	专科、本科	听障	电子信息工程、视觉传播设计与制作、摄影摄像技术、艺术设计、动漫制作技术
8	南京特殊教育师范学院	2002	94	专科、本科	听障、视障、轻度精神残障	服装与服饰设计、艺术设计
9	上海应用技术学院	2002		专科	听障	视觉传达设计专业
10	长沙职业技术学院特殊教育系	2002	80	专科	听障	广告设计与制作、视觉传播设计与制作、计算机应用技术、装潢艺术设计、汽车运用技术（汽车美容服务）
11	西安美术学院特殊教育艺术学院	2004	60	本科	听障	工艺美术
12	重庆师范大学特殊教育学院	2005	25	本科	听障	聋人教师教育、残疾人辅助技术
13	上海中医药大学	2006		专科	视障	针灸推拿、按摩

续表

序号	大学	招收时间	招生人数	办学层次	招生对象	招生专业
14	广州中医药大学职业技术学院	2006	20	专科	视障	针灸推拿
15	广州大学市政技术学院	2007	50	专科	听障	艺术设计、计算机应用技术
16	河南省中医药大学	2009		专科、本科	视障	针灸推拿
17	浙江特殊教育职业学院	2010	80	专科	听障、视障	推拿、电子商务、数字媒体艺术设计、工艺美术品设计
18	福州职业技术学院	2010	43	专科	听障	广告设计与制作、计算机应用技术
19	陕西省特殊教育职业技术学院	2010	25	专科	肢体残疾	数字媒体设计与制作
20	南宁职业技术学院	2011	15	专科	残疾人	数字媒体艺术设计
21	辽宁特殊教育师范高等专科学校	2013	110	专科	视障、听障、轻度脑瘫及肢体残疾	针灸推拿、工艺美术品设计与制作、电子商务、社区管理与服务、园艺技术、口腔医学技术、书法
22	郑州师范学院	2013	115	本科	听障	计算机科学与技术、美术学
23	河南推拿职业学院	2013	100	专科	视障	针灸推拿
24	绥化学院	2013	79	本科	听障	计算机科学与技术、环境设计、电子商务
25	南昌职业学院特殊教育学院	2013		专科		
26	山东特殊教育职业学院	2015	120	专科	视障、听障、言语障碍、多重障碍、肢体残疾	工艺美术品设计、服装设计与工艺、计算机应用技术、康复治疗技术
27	贵州盛华职业学院盲人学院	2017	22~30	专科	视障	康复治疗技术专业、现代流行音乐专业
28	乐山师范学院	2017	130	专科、本科	听障	艺术设计（专科）、服装与服饰设计（专科）、特殊教育（本科）

资料来源：根据各学校网页招生简章显示的招收残疾大学生的人数及专业信息进行汇总整理，部分学校数据缺失。

（三）我国残疾人高等教育院校的招生规模

近年来，随着我国社会经济的发展、文明的进步以及高等教育的大众化，越来越多的残疾学生以多种形式进入高校学习，残疾人高等教育的招生规模不断扩大，残疾人高等教育得到了良好的发展。从图 1 可以看出，我国残疾人普通高考残疾人录取人数呈逐年上升趋势。2011～2017 年，我国接受高等教育的残疾人总数量由 8027 人增长到 12663 人。在 2017 年被录取的残疾大学生中，1845 人进入高等特殊教育学院学习，10818 人被普通高等院校录取，且录取人数都呈逐年上升趋势，足以体现我国残疾人高等教育呈现以普通高等院校为主体，特殊教育学院、系、专业为骨干的发展格局。

图 1　我国高校录取残疾考生的人数

资料来源：根据 2011～2017 年《中国残疾人事业发展统计公报》整理。

对 28 所招收残疾大学生的高等院校从管理体制的角度进行分类：一是隶属于高校二级学院的残疾人特殊教育学院，如长春大学特殊教育学院、天津理工大学聋人工学院、郑州工程技术学院特殊教育学院等院校；二是独立设置的残疾人高等职业院校，如南京特殊教育师范学院、浙江特殊教育职业学院、山东特殊教育职业学院等院校；三是普通高校中的系或专业，如广州中医药大学职业技术学院开设的盲生针灸推拿专业大专班、上海应用技术学院开设的聋生视觉传达设计专业大专班等。根据 2017 年招生规模可以看出，

9 所高校招生人数在 100 人以上，其中特殊教育学院及特殊教育独立院校招生人数较多，而招收残疾人的系及专业的招生规模较小。

（四）我国残疾人高等教育院校分布的区域结构

根据我国经济社会加速发展的新形势，全国分为四大经济区域：东部地区、东北地区、中部地区和西部地区。对残疾人高等教育院校的区域分布进行统计分析，如图 2 所示，分布在东部地区的高校有 13 所，占总数的 46%；中部地区有 6 所，占 21%；西部地区有 6 所，占 21%；东北地区有 3 所，占 11%。中东部地区特别是经济发达的省份分布的残疾人高等院校最多，如北京、上海、广州等经济发达、文化开放包容性较强的省份。而在经济较落后的地区如甘肃等还没有高校开设专门的特教系或班招收残疾大学生。教育是经济、社会、文化发展到一定阶段的产物，残疾人高等教育的发展与普通高等教育一样，受到经济发展和社会文明程度的影响，因此经济发展落后的中西部地区的残疾人高等教育普遍落后于经济发达的东部地区的残

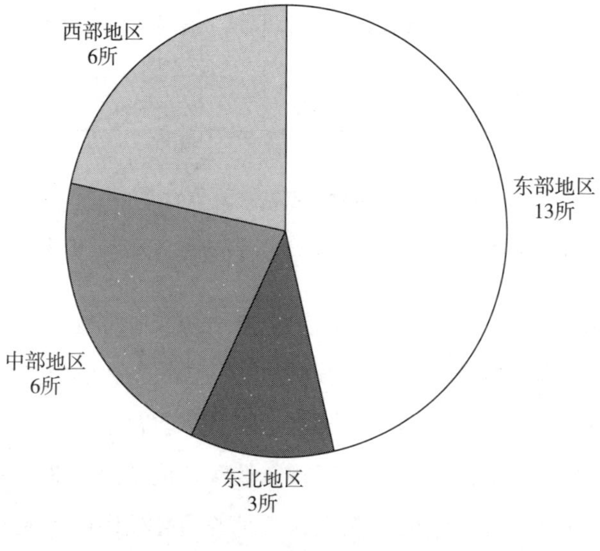

图 2　全国残疾人高等院校地域分布图

资料来源：对残疾人高等院校所在区域的划分进行统计得来。

疾人高等教育。

由表2可以看出，在招收残疾人的特殊教育高等院校分布不均的情况下，部分学校招生范围又主要针对本地区生源，偏远地区省份残疾学生接受高等教育的机会及选择范围更为狭窄，造成了残疾学生教育机会有失公平。

表2　残疾人高等院校生源情况分布

招生范围	学校
面向全国招生的高校	天津理工大学、长春大学、北京联合大学、重庆师范大学、郑州师范学院、南京特殊教育师范学院、金陵科技学院、绥化学院、西安美术学院、郑州工程技术学院、浙江特殊教育职业学院、长沙职业技术学院、河南推拿职业学院、南宁职业技术学院
以本地招生为主的高校	乐山师范学院、广州大学市政技术学院、辽宁特殊教育师范高等专科学校、山东特殊教育职业学院、福州职业技术学院、贵州盛华职业学院、南昌职业学院

2010年《国家中长期教育改革和发展规划纲要（2010～2020年）》提出“重视发展残疾人高等教育”，从首次招收残疾大学生的高等院校的时间可以看出，在国家政策的影响下，2011年以来，东北、中部、西部地区高校新增加的专门招收残疾人的专业不断涌现，残疾人高等教育发展不均衡的现状得到一定程度的缓解。随着残疾儿童义务教育的普及，虽然高中阶段特殊教育相应得到了发展，但残疾人高等教育的发展水平满足不了残疾人日益增长的接受高等教育的需求。

（五）我国残疾人高等教育的专业结构

专业设置是高等教育部门根据科学分工和产业结构的需要所设置的学业门类，关系到人才培养的规格、模式和质量。残疾人高等教育作为我国高等教育的重要组成部分，其专业设置对人才的培养，对经济、科技和社会的发展有着重大影响。① 我国大学有12个大学科，61个专业门类，506个大学

① 参见卢韫实、罗瑾琏《高等教育专业设置研究的现状及动态》，《东华大学学报》（社会科学版）2009年第4期。

专业。然而根据专科专业目录对全日制普通高等院校针对聋生开设的专业进行调查，调查结果如表3所示，大部分开设的专业集中在艺术设计类及计算机类，部分学校也开设了社区管理与服务、聋人教师教育、特殊教育等专业，但开设的学校较少。盲生的开设专业以医学类和音乐类为主，其中包括康复治疗技术中的针灸推拿、按摩和现代流行音乐专业。总体来说，聋生和盲生所选的专业科类较少，专业设置比较单一，不能满足学生个体发展的需求，也造成了与市场需求脱节以及就业压力大等问题。

表3 残疾人高等院校招收聋生的主要专业情况统计

学科	门类	专业名称
艺术设计传媒	艺术设计类	艺术设计、视觉传达设计、产品造型设计、广告设计与制作、工艺美术品设计与制作、数字媒体艺术设计、装潢艺术设计、汽车运用技术（汽车美容服务）
	广播影视类	摄影摄像技术
	表演艺术类	音乐表演
电子信息	计算机类	计算机科学与技术、电子信息工程、网络工程、动漫制作技术
公共事业	公共事业类	社区管理与服务
文化教育	教育类	特殊教育、聋人教师教育
财经	市场营销类	电子商务
轻纺食品	纺织服装类	服装与服饰设计
农林牧渔	林业技术类	园林技术

资料来源：根据专科专业目录分类整理。

（六）我国残疾人高等教育的学历层次

在招生层次方面，调查显示，表1中的28所残疾人高等院校以培养专科、本科层次的残疾大学生为主，以培养应用型人才为目标，盲、聋生研究生层次的培养较少。2015年，北京联合大学新增临床医学硕士专业学位授权点，主要招收视障学生，填补了国内盲人硕士点的空白。而同年，我国硕士研究生的在校学生数达到了1584719人，由此可见我国残疾人高等教育的学历层次整体偏低，远远落后于普通学生高等教育的培养层次。[①]

特殊教育学院与普通高等院校相比，残疾学生能获得更好的支持性服务和资源，特别是针对盲、聋生所需要的手语翻译、盲文打印机等专业师资及设备，而在专业选择方面较为受限，难以满足学生的需求。普通高等院校有着丰富的专业、师资及高层次的办学资历，但大多数普通高校并未将残疾人服务特别是需要特殊教育服务的盲、聋生纳入主要的服务范围，如很多高校设立了残疾人无障碍通道，但在图书馆、教室内部的残疾人辅助设备、服务制度等难以满足其需求，只招收不需要特殊教育支持的轻度障碍学生，如肢体障碍学生。由此可见，有关部门在残疾人平等地参与并分享各层次的公共教育资源方面仍需要进一步的努力。

四　残疾人高等教育存在的问题及改进建议

（一）残疾人高等教育仍有待进一步发展

尽管近年来残疾人高等教育取得了一定的成效，在招生录取环节做到了确保残疾考生不因身体残疾而被拒绝招录，也为有特殊需要的残疾学生提供了高考的合理便利条件。但是总体上，残疾人高等教育发展仍较为滞后，从通过普通高考进入大学的残疾人数量上看，还需要进一步加强残疾人高中阶段的教育，特别是做好残疾学生在普通中学随班就读工作，提升教育质量，使残疾考生能够在同一起跑线上与其他考生公平竞争。

（二）残疾人高等教育的对象应加以明确

统计数据和残疾人高等教育的管理往往是以是否有残疾为标准来界定残疾人高等教育的对象，这不符合学习原理。从保障残疾人受教育权利的角度

① 中华人民共和国教育部：《2015 年教育统计数据》，中华人民共和国教育部网站，2016 年 10 月 17 日，http：//www. moe. edu. cn/S78/A03/moe_ 560/jytjsj_ 2015/。

出发，各类残疾人通过法定的考试途径升入高校学习，学校不应以残疾为外在标志来限制其入学、选择专业，而应当依据学习中需要的支持类型和程度进行区分。对于学习能力、运动能力等方面没有严重问题的轻度肢体残疾大学生，应融入普通班级学习。对于存在感官缺陷而导致感知信息或运动能力受限的学生而言（如听力、视力残疾学生），根据其学习水平和接受能力，提供感知觉的补偿手段和运动能力方面的支持，应纳入高等特殊教育的对象范畴。

建议今后在残疾人高等教育工作中落实精准帮扶，分类统计、管理，避免“一刀切”，笼统统计残疾人的升学、就业等指标。应加强对程度较重的肢体残疾和视力残疾、听力残疾大学生的支持力度，除了保障招生录取时不受歧视外，还应加强入学后的生活、学习、交往等支持。

（三）两种类型残疾人高等教育的发展不平衡

残疾人高等教育主要有两个途径，即残疾人通过普通高考进入高校学习和通过单考单招进入特殊教育学院学习。这两种途径各有利弊。

通过单考单招进入专门为残疾人举办的学院接受高等教育途径，尽管为残疾人提供了一定的照顾措施，另外，部分专门面向某类残疾人设置的专业，也有助于发挥残疾人的潜在优势，从而实现有效的教育教学，但也存在一些问题。首先，残疾人可选的专业类型有限，部分残疾人只得考取自身并不擅长或感兴趣的专业。其次，残疾人缺乏与其他大学生的直接接触，不利于未来融入社会。最后，作为高等教育阶段的学习，更应该强调的是在通识教育基础上，深入学习某个特定的学科、专业领域，成长为专业人才。而单独为残疾人设置专业，并不完全符合高等教育的规律。

残疾人通过普通高考进入高校学习理应成为残疾人高等教育的主要方式。但是普通高校在接收残疾人入学后，简单地将残疾人分散在各个不同专业，缺乏专业支持，残疾学生行动不方便或接收信息方式不同导致学习受限。例如，某校录取视障学生后单独为其在校外安排住宿，对残障学生能力的认识不足，说明现有的教育支持体系不健全，因而只能作为权宜之计临时调整安排。

从高等教育的规律和未来残疾人毕业生融入社会的角度来看，应当尽可能将残疾人安置在现有的高等教育学科专业框架下，而不应大量设置单独招收残疾人的“特殊专业”。设置特殊教育学院、系和专业，只应作为过渡形式，为残疾人融入高校学习生活环境提供专业支持。建议选取部分招收残疾人较多的普通高校、设有专门招收残疾人的特殊教育学院的高校，贯彻全纳教育理念，设立残疾大学生支持资源中心或虚实结合的特殊教育学院，对于能够融入普通班级的残疾人，日常学习都安排在具体的院系专业就读，住宿等生活条件也与普通大学生保持一致。支持资源中心主要对残疾大学生提供专业支持、康复训练、学业和心理辅导等。特殊教育学院主要开展专门为视力残疾、听力残疾大学生举办的专业教学，同时对融合在其他院系的残疾大学生提供盲文转译和有声读物、手语翻译等专业支持。在高等教育阶段开创残疾人的全纳教育新形式。

（四）残疾人高等教育应引领信息无障碍领域发展

视力和听力残疾大学生在学习、生活和交往中，存在的主要障碍是沟通不畅，如绝大多数师生因不能识别盲文而无法与视力残疾大学生交流，或因不会手语而无法与听力残疾大学生进行交流。在当前信息化时代，招收残疾人的高校应进一步加强信息无障碍建设，发挥高校在吸收先进技术方面的优势，在全社会起到引领的作用。

结　语

近年来，随着我国经济的发展、社会文化水平的提高，残疾人高等教育获得了快速发展，残疾人高等教育法律与政策保障逐渐完善。法律法规从强调残疾人具有接受高等教育权利的机会平等转向支持保障残疾人接受高等教育的过程平等，有力地保障了残疾人的平等受教育权。在高等特殊教育的探索和实践中，我国残疾人高等教育形成了以普通高等院校为主体，特殊教育学院、系、专业为骨干，残疾人远程教育与成人教育为辅助的格局。招收残疾人的普通高等院校数量逐渐增加，录取人数呈逐年上升趋势。

但我国残疾人高等教育作为高等教育的重要组成部分，由于起步较晚、基础薄弱，呈现录取形式单一、专业设置范围狭窄、区域发展不平衡等问题，残疾人高等教育的发展水平满足不了残疾人日益增长的接受高等教育的需求，残疾人高等教育的发展任重道远。

扶 贫 篇

Poverty Alleviation Reports

B.11

农村贫困残疾人精准脱贫发展报告（2017）

杨立雄*

摘 要： 农村残疾人是弱势群体的主要组成部分，也在贫困人口中占有较大比重，是农村扶贫开发的重点对象。研究发现，我国农村贫困残疾人存在年龄老化、性别男性化、残疾等级重度化、人力资本开发难等特征。农村残疾人反贫困政策应当进行调整以适应这些特征和发展趋势，从开发式扶贫到保障式缓贫、从增加收入到减少支出、从支持个人到支持家庭，加快残疾人脱贫进程。

---

* 杨立雄，中国人民大学劳动人事学院教授，博士生导师，研究方向为残疾人理论与政策研究。发表论文80多篇，主持国家社科基金重大项目1项、国家社科基金项目2项，承担国家社科基金重大委托项目子课题1项，主持民政部、财政部等部门课题超过30项。出版《中国残疾人社会保障制度》《中国残疾人事业发展报告（2017）》等著作7部，编著6部。3次获得中国残疾人联合会举办的中国残疾人事业研究优秀成果一等奖、二等奖。职务还包括：中国人民大学残疾人事业发展研究院副院长、中国人民大学社会保障研究中心副主任、中国社会保障学会社会救助分会副会长。

关键词： 农村贫困残疾人　扶贫开发　反贫困政策

农村残疾人是弱势群体的主要组成部分，在贫困人口中占有较大比重，是农村扶贫开发的重点对象。自20世纪90年代以来，我国政府把残疾人纳入扶贫开发的范围，先后实施了《残疾人扶贫攻坚计划（1998～2000年）》《农村残疾人扶贫开发计划（2001～2010年）》《农村残疾人扶贫开发纲要（2011～2020年）》，农村残疾人扶贫取得了较好效果。随着精准脱贫时限的临近，各地进一步加大了农村贫困残疾人精准扶贫的力度，残疾人脱贫进度加快。但是由于残疾人具有弱势性，家境普遍困难，人力资本开发严重不足，再加上普遍存在的社会排斥，农村贫困残疾人的脱贫问题仍然是一个难啃的硬骨头。

本报告基于“全国残疾人基本服务状况和需求信息数据动态更新”数据库，对农村建档立卡贫困残疾人的总体状况进行分析，并对现行农村残疾人扶贫开发政策进行反思。

一　农村贫困残疾人特征分析

（一）农村贫困残疾人呈现老龄化趋势

2017年，农村建档立卡残疾人超过400万人。[①] 从年龄分布看，建档立卡残疾人数的分布呈现偏态分布，0～54岁，建档立卡残疾人数随着年龄段的增加而增加；55岁以后（含55岁），随着年龄段的增加，建档立卡残疾人数大多呈现大幅减少趋势。从年龄段看，农村贫困残疾人主要分布于45～65岁，占比达到41.84%。未成年人（18岁以下，为方便起见统计到19

① 因各种原因，造成动态更新中的建档立卡数据与有关部门的建档立卡数据有所出入。本报告以动态更新数据为基准进行分析。

岁）、成年人（20～59岁）和老年人（60岁及以上）三个年龄段分别占4.8%、58.39%和37.26%。从发展趋势看，随着农村老龄化发展趋势的加快，残疾老年人的贫困比例将进一步上升。

对比农村建档立卡残疾人与农村建档立卡户（2017年数据）的年龄分布，发现两者的分布存在较为明显的差异（见表1）。在35岁以下的所有年龄段内，农村建档立卡户所占比例均高于农村建档立卡残疾人比例，尤其是在30岁以下年龄段内，农村建档立卡户比例远高于农村建档立卡残疾人比例。但是自35岁开始，农村建档立卡残疾人比例逐渐超过农村建档立卡户，尤其是45～75岁年龄段，农村建档立卡残疾人比例明显超过农村建档立卡户。

表1　农村建档立卡残疾人与农村建档立卡户年龄分布比较

单位：%

年龄段	农村建档立卡残疾人	农村建档立卡户
0～5岁（不含）	0.21	2.96
5～10岁（不含）	1.10	5.91
10～15岁（不含）	1.59	6.54
15～20岁（不含）	1.90	7.19
20～25岁（不含）	2.43	6.64
25～30岁（不含）	4.14	6.25
30～35岁（不含）	4.97	5.42
35～40岁（不含）	6.27	5.69
40～45岁（不含）	8.88	7.75
45～50岁（不含）	11.67	8.20
50～55岁（不含）	12.00	7.47
55～60岁（不含）	8.03	4.90
60～65岁（不含）	10.14	7.05
65～70岁（不含）	11.01	6.19
70～75岁（不含）	7.19	4.77
75～80岁（不含）	4.90	3.55
80岁及以上	4.02	3.52

造成这种现象的原因是残疾人老龄化，而残疾人老龄化的原因有两个方面。

一是残疾儿童数量大幅度下降。随着生活水平的提高和生育观念的改变，家庭非常重视优生优育，同时政府大力改善医疗条件，重视残疾预防工作，实施强制婚检制度（此项制度取消后新生儿出生缺陷率有所上升），建立生育福利制度，我国出生缺陷率大幅度下降，儿童残疾比例相应大幅度下降。

二是老龄化导致的老年残疾人快速增加。在人口寿命增加和家庭少子化的双重作用下，我国老龄化速度加速，并对残疾人的年龄结构产生较大影响。1987 年发布的第一次全国残疾人抽样调查数据表明，0～14 岁残疾儿童人数为 817.35 万，占残疾人总数的 15.8%；60 岁及以上老年残疾人为 2051.14 万人，占残疾人总数的 39.72%。2006 年第二次全国残疾人抽样调查数据表明，0～14 岁残疾人口下降到 387 万人，占残疾人总数的比例下降到 4.66%；而 60 岁及以上的残疾人口增加一倍多，达到 4416 万人，占残疾人总数的比例达到 53.24%（其中 65 岁及以上的人口为 3755 万人，占 45.26%）。从发展趋势看，残疾人的年龄结构将进一步老化，在农村社会保障体系还未健全的背景下，老年人口尤其是老年残疾人的贫困比例将进一步上升。

（二）农村贫困残疾人呈现男性化和单身的趋势

2017 年残疾人建档立卡户中男女性别的比例为 62% 和 38%，性别失衡远高于农村建档立卡户（2017 年全国农村建档立卡人数的性别比是：男性占 54.59%，女性占 45.41%），这表明农村残疾人呈现贫困男性化的趋势。造成这种现象的原因是多方面的，包括：男性残疾人数高于女性残疾人数，[①] 农村性别失衡造成男性贫困发生率高于女性。而后一个原因是主要原因。由于性别失衡严重，越来越多的男性成为光棍，尤其是男性残疾人具有较高的单身比率。第一次和第二次全国残疾人抽样调查数据表明，残疾人婚姻问题趋于严峻。在 15 岁及以上残疾人中，未婚比例由第一次抽样调查的

① 第二次全国残疾人抽样调查数据显示：残疾男性占 51.55%，残疾女性占 48.45%，两者相差 3.1 个百分点。

18.77%下降为第二次抽样调查的12.42%（其主要原因是残疾儿童数量大幅度下降），但是已婚有配偶的比例却从66.37%下降到60.82%。对比20岁及以上农村建档立卡残疾人与农村建档立卡贫困户20岁及以上人群的婚姻状况，发现农村建档立卡残疾人的未婚比例高于农村建档立卡贫困户3.83个百分点，已婚有配偶的比例低于农村建档立卡贫困户7.82个百分点，离婚比例高出农村建档立卡贫困户1.6个百分点，丧偶比例高出农村建档立卡贫困户2.4个百分点（见表2）；而在未婚的农村贫困残疾人中，男性（88.91%）远高于女性（11.1%）。错过结婚年龄段后，许多贫困男性几乎不可能结婚，进入老年后便成为孤残老人，往往与贫困相伴一生。2017年第二季度农村特困人员供养人数为4820079人，其中男性为4127553人，占比85.63%；女性692526人，占比14.37%。[①]

表2　农村建档立卡残疾人与农村建档立卡贫困户婚姻状况（20岁及以上）

单位：%

婚姻状况	农村建档立卡残疾人	农村建档立卡贫困户
未婚	23.52	19.69
已婚有配偶	65.26	73.08
离婚	3.32	1.72
丧偶	7.91	5.51
总计	100.00	100.00

资料来源：《2016年中国统计年鉴》。

（三）农村贫困残疾人呈现重度化现象

从残疾等级分布看，残疾二级所占比例最高，约占1/3（33.88%），其次是残疾四级，约占1/4（24.23%），残疾三级和残疾一级分别占23.70%、18.19%。从表3可以看出，在农村贫困残疾人中，重度残疾人（一级和二

① 中华人民共和国民政部：《社会服务统计季报（2017年2季度）》，中华人民共和国民政部网站，http：//www.mca.gov.cn/article/sj/tjjb/qgsj/201708/20170802.html，2017年8月2日。

级）的比例超过一半（52.07%），而第二次抽样调查数据表明，重度残疾人的比例不到30%（29.49%），重度残疾人及其家庭面临极高的贫困风险。

表3 农村建档立卡残疾人的残疾等级分布

单位：%

残疾等级	动态更新数据		二抽数据	
	比例	累计百分比	比例	累计百分比
一级	18.19	18.19	17.18	17.18
二级	33.88	52.07	12.31	29.49
三级	23.70	75.77	26.88	56.37
四级	24.23	100.00	43.63	100.00

根据动态更新数据，在农村建档立卡的残疾人中，肢体残疾所占比例超过一半，达到52.93%，排在第二位和第三位的分别是视力残疾和智力残疾，分别为11.37%和10.58%，接下来是精神残疾、多重残疾、听力残疾和言语残疾，所占比例均小于10%（见表4）。造成肢体残疾贫困的主要原因有：一是肢体残疾多是后天性的，在治疗和康复上花费较大，给家庭带来较重负担；二是农村肢体残疾多发生于中老年人身上，特别是脑血管引发的脑卒中导致劳动力丧失（这些人员在农村通常被归为肢体残疾），主要劳动力的丧失导致家庭收入急剧减少，从而陷入贫困。

表4 农村建档立卡残疾人的残疾类型分布比较

单位：%

残疾类型	动态更新数据	二抽数据	残疾类型	动态更新数据	二抽数据
肢体残疾	52.93	29.75	多重残疾	7.13	16.15
视力残疾	11.37	14.76	听力残疾	5.67	23.76
智力残疾	10.58	6.72	言语残疾	2.75	1.55
精神残疾	9.58	7.30	合计	100.00	100.00

（四）农村贫困残疾人人力资本开发难

从受教育程度看，农村建档立卡残疾人（只统计15岁及以上残疾人）

受教育程度以未上过学和小学为主，分别占到39.1%和39.73%，而高中及以上的贫困人数较少，所占比例几乎可以忽略不计。残疾人受教育程度低是造成残疾人贫困的一种非常重要的原因。

从性别角度看，女性残疾人受教育程度低于男性。在农村贫困残疾人中，男性从未上过学的比例为30.43%，而女性达到52.17%；男性小学文化程度占40.38%，而女性只有33.90%；男性初中毕业的比例达到26.02%，而女性只有12.29%；男性高中毕业的比例为2.81%，女性为1.28%（见表5）。从残疾等级看，残疾程度越严重，受教育程度越低。残疾一级未上过学的比例高达59.11%，到残疾二级下降到39.65%，三级进一步下降到31.53%，四级则降至27.72%。相反，受过小学及以上教育的残疾人因残疾等级的下降而上升，即残疾等级越轻，受过这一阶段教育的比例越高。在受过小学教育的残疾人中，残疾一级的比例为26.50%，二级为36.88%，三级为41.95%，四级为44.74%；在受过初中教育的残疾人中，一级为12.68%，二级为20.84%，三级为23.72%，四级为24.66%；在受过高中及以上教育的残疾人中，一级为1.71%，二级为2.64%，三级为2.79%，四级为2.88%。

表5 农村建档立卡残疾人的受教育程度

单位：%

性别	男	女	性别	男	女
未上过学	30.43	52.17	高中(含中专)	2.81	1.28
小学	40.38	33.90	大学及以上	0.37	0.36
初中	26.02	12.29	合计	100	100

二 农村残疾人反贫困政策思考

从上面的分析可知，农村贫困残疾人存在年龄结构老化、残疾程度重、受教育程度低、以男性为主且婚姻问题较为严峻等特征。在人口老龄化快速发展、农村性别失衡进一步加剧的背景下，农村贫困残疾人的年龄结构还将进一步老化，贫困人口的性别失衡将进一步加剧，肢体残疾人的比例将进一步上升，当然，随着农村整体教育水平的提升，农村残疾人的受教育程度也将得到整体提高。农村残疾人反贫困政策应适应这些特征和发展趋势，做出适时调整，加快残疾人脱贫进程。

（一）从开发式扶贫到保障式缓贫

中国农村扶贫开发基于发展经济学的理论，以促进生产要素（包括资本、技术和人力等）的发展为目标，尤其强调资本和技术对地区发展的作用。《国家八七扶贫攻坚计划（1994~2000年）》指出：在国家的扶持下，以市场需求为导向，依靠科技进步，开发利用当地资源，发展商品生产，解决温饱进而脱贫致富。《中国农村扶贫开发纲要（2001~2010年）》进一步指出：要以经济建设为中心，以市场为导向，调整经济结构，开发当地资源，发展商品生产，改善生产条件，走出一条符合实际的、有自己特色的发展道路。在区域开发过程中，采取的主要措施是改善交通条件，促进市场的发育；同时大力发展产业（主要是发展种养殖业）、推进农业产业化经营、改善农田水利设施等。另外，为解决贫困户发展生产过程中资本短缺的问题，在扶贫过程中实施小额贷款制度。应该说，这些措施对改善贫困地区的基础设施条件、提高不发达地区市场发育程度、促进地区经济增长均起了非常重要的作用。

但是，残疾人扶贫与农村扶贫开发存在显著的区别。前者是以人口学特征划分的特殊人群，后者则是基于贫困人口集中程度划分的地理区域；从扶贫的瞄准对象看，前者瞄准人，后者则瞄准地区。正是由于上述的本质区别，区域性的扶贫开发措施并不适用于某一人群，尤其是残疾人的分布呈现“点”状分布，农村贫困残疾人比农村贫困人口更为分散，也就是说在扶贫区域之外的贫困残疾人的比例较高。而且基于“扩散—涓滴”效应的区域扶贫开发对不同贫困群体的作用也有区别。把穷人当作同质的群体，就可能会忽略群体内部的重要福利变化。[①] 研究表明，在贫困地区经济增长的过程中，涓滴效应的作用受到一系列条件和环境的影响，包括经济环境、自然条件、制度安排等，[②] 尤其是贫困者及其家庭的人力资本、家庭结构等因素的影响最大。而从上述的分析可知，农村贫困残疾人老龄化、以重度残疾人为主且文化程度普遍偏低，开发式扶贫的“扩散—涓滴”效应不仅传导慢，而且效果不明显。另外，人力资本开发、技术扶贫、产业发展以及金融扶持（农村残疾人小额信贷）对中老年人、重度残疾人和未接受过教育的残疾人所产生的缓贫效果也极为有限。为此，要改变以开发为主的思路，坚持保障优先的原则，在保障残疾人及其家庭的基本生存的前提下，对有劳动能力的残疾人实施开发式扶贫。

首先，提高普惠式社会保障水平。农村社会保障体系正在逐步完善，保障水平也在逐步提高。但是与城镇居民社会保障以及当前农村经济和社会发展水平相比，农村普惠式社会保障水平仍然过低。以农村居民养老保险为例，自建立新型农村社会养老保险制度以来，中央确定的基础养老金标准一直处于较低水平，新型农村社会养老保险制度要求地方政府根据实际情况提高基础养老金标准，但是一些地区以财政困难为由，未按照要求提高养老金标准。再加上多数农民按最低缴费档次缴费，个人账户养老金的数额也较少。中华人民共和国人力资源和社会保障部发布的《2017 年度人力资源和社会保障事业发展统计公报》显示，2016 年领取城乡居民养老保险待遇的人数为 15598 万人，基金支出 3304 亿元，计算得到每人每月养老金待遇为 177 元。这一待遇水平远低于 2017 年第四季度全国农村平均低保标准（每人每月 351 元），不足以维持老年人的基本生活。为此要大幅度提升农村基础养老金标准，并要求各地农村居民养老金水平不低于当地农村最低生活保障标准，切实有效缓解老年贫困问题。再以最低生活保障为例，2017 年 12

① Demery, L. and Squire, L., *Poverty in Africa: An Emerging Picture*, Washington, D. C.: World Bank (mimeo), 1995.

② Adelman, Irma and Cynthia T. Morris, *Economic Growth and Social Equity in Developing Countries*, Stanford: Stanford University Press, 1973.

月，农村最低生活保障补助水平，全国平均每人为351元，低于350元的省份共有23个，分别是：青海，278.92元；广西，278.2元；云南，278.5元；西藏，279.62元；河南，279.7元；宁夏，289.08元；新疆，296.77元；山西，303.91元；贵州，305元；湖南，307.42元；陕西，311.14元；吉林，311.24元；江西，311.94元；甘肃，313.77元；四川，313.98元；河北，319.09元；黑龙江，321.46元；山东，346.91元；重庆，357.31元；海南，358.4元；辽宁，362.58元；安徽，368.96元；湖北，392.2元。[①] 这些省份多数属于农村建档立卡人数集中的地区，反贫困任务艰巨。残疾人是农村最低生活保障的主要受益人员，到2017年第三季度，共有4335369名残疾人享受农村最低生活保障，占农村低保人数的比例为10.63%。但是，比较建档立卡残疾人数与最低生活保障人数，发现仍然有将近40万建档立卡残疾人未纳入最低生活保障制度中，这表明扶贫制度与低保制度还需要进一步衔接。

其次，完善特惠式社会保障体系。特惠式社会保障体系主要由重度残疾人护理补贴、困难残疾人生活补贴、残疾人康复补助、辅助器具适配补贴等制度组成，这些制度面向所有有需求的残疾人，但是向贫困残疾人和重度残疾人倾斜。各地均已建立困难残疾人生活补贴制度和重度残疾人护理补贴制度，资金纳入财政预算，但是各地的保障标准普遍偏低，多数地区的补贴标准在50~100元。而重度残疾人往往需要专人照料（往往由家庭成员照料），付出较高的照料成本或机会成本，现有的护理补贴水平对缓解家庭贫困程度较为有限。建议中央层面出台护理补贴指导标准，并以此为依据给予地方政府财政补贴。同时，根据残疾等级（一级和二级）和类型适当拉开补贴差距。同时，将困难残疾人生活补贴的发放范围从最低生活保障对象扩展至低收入家庭，在实践过程中，可以将残疾人从家庭成员切割出来单独计算。康复服务补贴制度和辅助器具补贴制度是面向所有残疾人的一项福利制度，在实施过程中应对重度残疾人和贫困残疾人给予重点照顾，甚至可以完全减免费用。

---

① 根据中华人民共和国民政部网站公布的“2017年度各地城乡平均社会救济标准”计算。

（二）从增加收入到减少支出

造成残疾人家庭贫困的原因主要有两个方面，即收入少和支出多。为提升农村残疾人的家庭收入，政府采取了两个方面的措施。一是通过扶贫开发直接增加残疾人家庭收入，包括：通过小额到户贷款扶持残疾人开展就业创业项目，帮扶贫困残疾人家庭增加收入；创新“公司+农户”的扶贫模式，推广“整村赶平均”“一户一策滚动发展”“农机合作社”等残疾人扶贫典型做法；开展农村实用技术培训；扶持农村残疾人就业创业；实施“阳光大棚”助残项目。二是通过转移支付提高残疾人收入，包括：政策性惠农补贴，社会救助，“两项补贴”。上述措施有效地增加了残疾人的收入，残疾人缓贫效果较为明显。但是，由于贫困残疾人人口结构老化、残疾程度重且劳动力素质低，通过扶贫开发达到增收的目标较为困难，而转移支付的力度也非常有限，因而多数残疾人仍然难以通过提高收入达到减少贫困的目标。

残疾人的贫困致因非常复杂，刚性支出是其中一个主要原因，尤其是残疾人的医疗、康复、照料等方面的支出明显高于其他家庭，如果不减少残疾人家庭的刚性支出，收入的增加也会被高昂的支出所消化，残疾人家庭仍然会陷入贫困之中。为此，需要转变残疾人反贫困的思路，不仅要千方百计提高残疾人收入，也要想方设法减少残疾人的刚性支出。

首先，加大对残疾人参保补贴力度，提升残疾人参加医疗保险比例。对2017年建档立卡残疾人的医疗保险参保情况进行分析可知，全国医疗保险参保率为95.3%。除黑龙江垦区外，其他地区医疗保险参保率均在90%以上，这表明残疾人参加医疗保险的情况比较理想。但是从享受医疗保险补贴情况看，全国平均比例为54.51%。享受医疗补贴比例低于50%的省份是广西、四川、贵州、陕西和甘肃。因病致贫是农村贫困的主要原因，提高医疗保险缴费补贴有助于提升残疾人参加医疗保险的比例，也有利于防止残疾人因为医疗支出而陷入贫困。

其次，建立农村重度残疾人托养服务体系。托养服务是减轻家庭照料负担的主要措施。多数农村地区还没有建立起托养服务体系，不仅缺乏硬件设施，也缺乏服务和管理人才，建立和完善农村重度残疾人托养服务体系任重道远。2017 年中国残联动态更新数据表明，只有 5.92% 的建档立卡残疾人享受到托养服务。但从需求看，受调查的建档立卡残疾人中对托养服务有需求的比例达到42%，这些托养需求主要集中于居家托养、日间照料和机构托养。从残疾等级看，残疾程度越严重，对日间照料和机构寄宿托养的需求越大。如何解决残疾人的托养照料问题？建议采取分步推进的方式，先从重度、贫困残疾人入手，把乡镇闲置资源改造为托养机构，待条件成熟后再将服务对象扩展到有需求的重度残疾人。已有地方开始探索农村重度残疾人托养服务体系的建立。①

最后，完善农村康复服务体系。2017 年中国残联动态更新数据表明，农村贫困残疾人获得康复服务的比例不高（不到 1/4），而有康复需求的比例超过一半。这表明我国在残疾人康复服务方面还有待进一步提升。农村贫困残疾人康复服务比例低的原因主要有两个方面。一是农村社区康复服务体系未建立起来。社区康复不离开残疾人生活的社区，依靠残疾人及其亲友，整合卫生、教育、劳动就业和社会保障等相关资源，为残疾人提供康复服务，具有就近就便、成本低、覆盖广的优势，但是多数农村地区未建立起农村社区康复服务体系，缺乏康复服务人才。二是家庭困难造成康复服务比例低。由于多数康复项目并未纳入社会保险报销范围，家庭需要承担绝大多数康复费用，贫困残疾人家庭被迫放弃康复服务。对于上述两个方面的原因，应采取以下对策。第一，根据贫困地区农村社会发展的实际情况，建立农村社区康复服务体系，以政府为主导，以乡镇卫生院为依托，建立“区县康复服务指导中心—乡镇社区康复指导站（乡镇卫生院）—家庭”三级体系。

① 2016 年 7 月 22 日，河南省上蔡县人民政府印发了《上蔡县建档立卡贫困户智残人员集中托养（试点）实施办法》，决定在部分乡镇、村委开展建档立卡贫困智残人员集中托养试点工作。到 2017 年 7 月，全县建立了 16 个残疾人托养机构，集中托养残疾人 119 名。其中，12 个乡级重度残疾人托养中心托养残疾人 83 名；4 个村级残疾人托养院托养残疾人 36 名。集中托养机构的建设费用和运营费用均由县财政拨付。

区县康复服务指导中心的职责是指导管理乡镇社区康复工作，乡镇社区康复指导站负责指导家庭康复员的康复训练。第二，完善康复服务社会保障体系，包括：在报销29项康复服务项目的基础上，进一步放宽康复服务项目报销范围，提高康复服务误工补贴；建立贫困家庭康复服务补贴制度，提升康复服务补贴标准；对贫困残疾人家庭免费发放基本辅助器具，减免适配费用。

（三）从支持个人到支持家庭

我国残疾人数超过8500万人，有残疾人的家庭超过7000万户，涉及的家庭人口数超过2亿人。随着国家对残疾人事业的重视，针对残疾人本人的社会支持政策也逐步建立起来，越来越多的残疾人摆脱身体和精神的束缚而融入社会。但是，残疾人的家庭政策发展相对滞后。一方面，我国残疾人社会政策赋予家庭重要的社会保护责任（在《中华人民共和国残疾人保障法》中有明确体现），家庭是残疾人保障和发展的坚强依靠，在社会保护体系中起着最为重要的作用；另一方面，由于缺乏系统的家庭支持政策，家庭也变成了残疾人获得政府和社会支持的障碍，如没有收入来源但有家庭成员抚养、扶养或赡养的残疾人可能无法获得最低生活保障金，为此各地采取了变通做法，如残疾人单独立户。残疾人对家庭的依赖远高于其他特殊人群，这也给家庭成员带来了巨大的压力，尤其是在老龄化加速和家庭结构趋向小型化的背景下，家庭的抗风险能力趋于弱化。而残疾人对家庭的依赖远超过其他人群，这给家庭照顾者带来巨大压力。如果社会没有给家庭提供必要的支持，长期繁重的照顾任务使家庭成员身心处于崩溃的边缘，可能会导致悲剧的发生。① 因此，建立残疾人家庭社会支持制度，不仅有利于提升残疾人的专业化照料水平，提升残疾人福祉，也有利于将家庭成员从繁重的照顾任务中解脱出来，发挥家庭成员人力资本的最大效益，促进家庭和睦。另外，建

---

① 参见余晓玲《母亲溺死双脑瘫亲儿　称杀子只因看不到未来》，中国新闻网，2011年6月3日，http：//www. chinanews. com/fz/2011/06－03/3089595. shtml。

立残疾人家庭社会支持制度也有利于减少社会危害（尤其是精神病患者），促进社会稳定。

从实践看，残疾人的社会支持机制已逐步建立起来，包括：残疾人的社会救助政策（如将残疾人单独立户纳入最低生活保障）、残疾人社会保险政策（如对困难残疾人参保进行补贴）和残疾人社会福利（如“两项补贴”）。这些支持项目对缓解残疾人的贫困状况起到良好的作用。但是，残疾人对家庭的依赖性很强，没有家庭的脱贫，也就没有残疾人的脱贫；没有对家庭的社会支持机制，对残疾人社会支持的作用就会大大下降。2008 年，我国开始构建残疾人社会保障体系和服务体系，虽然以残疾人为主要保障对象，但是许多项目也涉及家庭成员，至今形成了包括残疾人托养、重度残疾人护理津贴、残疾人义务教育、0～6 岁抢救性康复、长期护理保险等在内的社会支持体系，不过从总体上看，还未形成一个较为系统和全面的社会支持体系，尤其是社会支持主体单一，缺少社会力量和社会工作者的参与。

在农村扶贫开发过程中，由于多数残疾人文化程度低、年龄偏大、残疾程度重，针对残疾人的社会支持效果很难在短期内显现，因此加大对家庭的支持就显得非常有必要。对其家庭的支持包括以下几个方面。（1）残疾人社会保障体系，如重度残疾人的托养和喘息服务，重度残疾人照料者补贴，长期护理保险制度。（2）残疾人家庭精准扶贫，如对家庭成员的免费技术培训，对残疾人家庭成员就业的补贴，对残疾人家庭产业给予优惠政策。（3）针对残疾家庭的税收减免计划。我国的个人所得税按个人收入进行计算，未对特殊家庭结构和特定人口的家庭成员实施减免。建议在未改革现有个人所得税制度的前提下，对残疾人家庭成员的收入实施豁免；而从长远看，未来个人所得税应按家庭结构和人口特征征税，尤其是对残疾人家庭实施税收减免。

在残疾人的家庭支持方面，要高度重视男性残疾人的婚姻问题。婚姻与贫困呈现互为因果的关系。当前，农村地区性别失衡较为严重，尤其是适龄女青年多数走出成长的地方，到城市就业，进一步加剧了农村地区的性别失衡，一部分家境贫困且身体残疾的男性青年成为“光棍儿”。而“光棍儿”

生活又会维持或加剧贫困程度，因为长期的单身生活导致个人的进取性和对家庭的责任感下降，并对未来丧失信心，从而陷入长期贫困状态。而要预防和缓解残疾男性的贫困，一个重要的措施是解决其婚姻问题。正如西方保守主义者经常引用的一句话一样，“婚姻是结束贫困的通行证”（Wedlock is a ticket out of destitution）。当然，结婚并不一定能防止陷入贫困，但是家庭赋予个人责任感，激发残疾人的潜能和进取心，因而能降低贫困发生率。在此问题上，残联组织要发挥主导作用，动员共青团和妇联组织，牵线搭桥；引导社会关心残疾人婚姻，为残疾人婚姻创造绿色通道。残疾人的婚姻是一个难题，而农村贫困残疾人的婚姻则难上加难，仅靠家庭和个人难以解决这个问题，需要政府、残联和社会共同努力，为残疾人创造一个良好的社会氛围，逐步解决。

结　语

残疾人扶贫开发已进行了20多年，通过扶贫开发，一大批农村贫困残疾人脱离了贫困状况。但是与20多年前相比，农村贫困残疾人口的结构发生了巨大变化，在农村老龄化加速和性别失衡的背景下，农村贫困残疾人的年龄结构趋于老化、贫困男性化，他们当中的多数人文化素质低，身体残疾程度重，人力资本开发难。因此，在扶贫开发的进程中，也有一大批贫困残疾人“沉淀”下来，成为“贫困内核”。

与20多年前相比，农村社会保障体系和基本公共服务体系不断完善：农村最低生活保障制度、城乡居民基本养老保险制度、城乡居民基本医疗保险制度等相继建立起来，且保障水平不断提升；社会服务组织也开始向农村延伸，专业服务人员开始活跃于农村。农村社会保障体系和公共服务体系的完善对农村脱贫起到非常重要的作用。2008年，政府开始把建立残疾人社会保障体系和服务体系当作残疾人事业的重点，建立了残疾人“两项补贴”制度，开展0～6岁残疾儿童抢救性康复工作，将部分康复项目纳入社会保险报销范围，并对贫困残疾人实施免费适配残疾人辅助器具。这些政策缓解了残疾人及其家庭的贫困程度，是非常有效的反贫困措施。但是，在精准扶贫的过程中，这些措施还未得到充分重视，其作用还有待进一步发挥。根据农村贫困人口的变化以及农村经济和社会形势的发展，建议适时转变残疾人扶贫开发政策，即从以开发式脱贫为主的思路转变为以保障式缓贫为主的思路，从通过增收达到脱贫转变为通过减支缓解贫困，从支持残疾人转变为支持家庭。

B.12

上蔡县贫困家庭重度残疾人集中托养报告

赵庆营*

摘　要： 脱贫攻坚是全面建成小康社会最艰巨的任务，重度残疾人贫困家庭脱贫是脱贫攻坚战中难啃的硬骨头。为解决好建档立卡重度残疾人贫困家庭“照看一个人，拖累一群人，致贫一家人”的问题，上蔡县以建档立卡重度残疾家庭为对象，以乡镇、村卫生机构为依托，以整合扶贫、公益岗位等资金为基础，积极探索建档立卡贫困家庭重度残疾人集中托养模式，基本实现了“托养一个人，解放一群人，幸福一家人”。这种模式对我国其他地区的重度残疾人扶贫工作开展、实现精准扶贫目标有极大的借鉴意义。本报告对改进上蔡县贫困家庭重度残疾人集中托养提出了四条建议，即进一步完善制度机制，统筹整合资源并合理控制布局规模，严格监管，强化政府责任并明确家庭责任。

关键词： 精准扶贫　重度残疾人　集中托养模式

脱贫攻坚是全面建成小康社会最艰巨的任务，重度残疾人贫困家庭脱贫是脱贫攻坚战中难啃的硬骨头。2015 年 11 月出台的《中共中央　国务院关

---

* 赵庆营，河南省濮阳人，男，1979 年 11 月出生，中国人民大学公共管理学院博士研究生，主要研究兴趣：公共组织、人力资源管理、公共政策、社会治理等。

于打赢脱贫攻坚战的决定》提出“加强儿童福利院、救助保护机构、特困人员供养机构、残疾人康复托养机构、社区儿童之家等服务设施和队伍建设”，将残疾人扶贫纳入国家精准扶贫战略。2016 年 7 月 28 日，习近平总书记在唐山市调研时强调，全面建成小康社会，残疾人一个也不能少。2017 年 6 月 23 日，习近平总书记在深度贫困地区脱贫攻坚座谈会上的讲话中指出，我国脱贫攻坚面临的任务仍然十分艰巨。在群体分布上，主要是残疾人、孤寡老人、长期患病者等“无业可扶、无力脱贫”的贫困人口以及部分教育文化水平低、缺乏技能的贫困群众。中办、国办《关于支持深度贫困地区脱贫攻坚的实施意见》指出，解决因残致贫问题，对 16 周岁以上有长期照料护理需求的重度残疾人，不符合救助供养条件的，有条件的地方可通过政府购买服务，采用托养等多种方式为其提供集中或社会化照料护理服务。党的十九大报告指出，增进民生福祉是发展的根本目的。

为深入了解重度残疾人脱贫攻坚进展情况，分析研究存在的问题，更好地推动重度残疾人脱贫攻坚工作开展，调研组赴上蔡县考察了大路李乡、卧龙街道办事处北大吴村、黄埠镇、邵店镇、重阳街道办事处南大吴村、五龙镇等 9 个重度残疾人托养中心，访谈 13 名重度残疾人和 9 名护工，召开由县委办，县政府办，民政、残联、扶贫、卫计、财政部门负责人和有关乡镇党委书记、民政所所长、村支部书记参加的座谈会。之后又与中国人民大学专家学者进行了深入交谈，充分交流意见。通过调研，笔者对上蔡县集中托养贫困家庭重度残疾人的情况有了基本了解。现将有关情况报告如下。

一 上蔡县贫困家庭重度残疾人集中托养基本情况

上蔡县位于河南省东南部、驻马店市东北部，现辖 26 个乡镇（街道）、460 个行政村（居委会），人口有 153 万，是国家扶贫开发工作重点县。截至 2017 年 10 月底，上蔡县建档立卡贫困人口 23236 户 68931 人，贫困发生率为 5.3%。其中因病致贫人数占贫困人口总数的 63%，因病致残持证残疾人有 7806 人（重度残疾人有 4836 人），需要集中托养的贫困家庭重度残疾人有 786 人，占全县残疾人的 10.06%，占全县建档立卡贫困人口的 1.14%。为解决好建档立卡重度残疾人贫困家庭“照看一个人，拖累一群人，致贫一家人”的问题，上蔡县从 2016 年 5 月开始，坚持以建档立卡重度残疾家庭为对象，以乡镇、村卫生机构为依托，以整合扶贫、公益岗位等资金为基础，经过一年多的探索，形成了“县级统筹、乡村实施、部门联动、社会参与”的建档立卡贫困家庭重度残疾人集中托养模式，基本实现了“托养一个人，解放一群人，幸福一家人”。全县已建成重度残疾人托养中心 16 个，入住重度残疾人 257 人。他们的具体做法有以下几个方面。

（一）着眼整体工作“谁来推”，建立了党委政府主导、扶贫残联主推、民政部门主管的运作模式

上蔡县明确县乡政府主体责任，具体负责托养中心建设、维护和运转，牵头负责重度残疾人的接收、审核和申报。由扶贫部门牵头，组织民政、残联、卫计、财政等部门深入调研，编制了贫困家庭重度残疾人托养中心建设规划，确定了“先期探索、逐步推开、全县覆盖”的思路，出台《上蔡县建档立卡贫困家庭重度残疾人员集中托养实施办法》《上蔡县重度残疾人托养中心建设管理办法》《上蔡县重度残疾人托养中心整合资金运营管理暂行办法》等，为托养中心建设提供政策保障。

（二）着眼建设经费“从哪来”，充分统筹整合现有医疗卫生资源和扶贫资金

上蔡县乡镇（街道）托养中心利用乡镇（街道）卫生院闲置病房，村级托养中心依托村卫生室，按照托养中心功能需要适当加以改扩建，很大程度上节省了前期建设投入。在托养经费来源上，上蔡县提出了“财政列支一部分、相关部门整合一部分、集体经济投入一部分、社会各界捐赠一部分”的思路，每年县民政部门可整合低保金和残疾人两项补贴 303.71 万元，临时性救助资金 157.2 万元，慈善资金 80 万元；残联可整合阳光家园资金 117.9 万元，人社部门可整合公益岗位资金 737.88 万元，卫计部门可整合红十字会基金500万元，扶贫办整合扶贫日捐赠资金20万元，外侨办整合蔡氏宗亲会基金5万元，工商联整合企业捐赠100万元。各部门大约可整合资金2021.69万元，基本可以满足日常运转的费用。

（三）着眼托养对象“如何定”，健全完善严格的托养对象入退标准和规范的管理运作制度

明确规定托养对象必须是本地建档立卡贫困家庭二级以上智力、肢体残疾且日常饮食起居不能自理、家庭无力照料或照料困难的人员，健全“户申请、村申报、乡审批、县备案”和公示公告制度，细化入住人员委托书、托养协议书等，同时列明退出条件。实施托养中心“三级”管理制度，明确县民政局负责日常管理的业务指导工作，乡镇民政所、卫生院、村委会选派专门人员共同负责乡级托养中心管理工作，建立托养中心工作、值班、护理、请销假等规章制度并定期调整和改进。

（四）着眼日常工作“谁来做”，构建由扶贫、民政、残联、卫计等部门组成的职责分工体系

县委、县政府建立了集中托养工作联席会议制度，定期召开联席会议，保障集中托养工作健康有序开展。扶贫部门牵头抓总，负责托养中心建设推进和入住人员、护理人员的资格把关。民政部门借鉴敬老院系统管理经验，负责托养中心日常运营管理、残疾人员分类建档和日常业务指导。残联部门负责提供残疾人辅助器具及残疾人员康复训练、后续康复培训工作，并配合乡镇做好入住人员的筛选工作。卫计部门负责派驻医护人员为入住人员定期体检，根据残疾人员身体状况实施医务护理和药物治疗，对护理人员进行护理知识培训。财政部门负责托养中心基础设施建设资金和运营费用的筹集、整合和拨付工作。人社部门负责护理人员、厨师等服务型岗位购买及职业道德培训。组织部门负责组织托养中心党员开展组织活动。宣传部门负责组织托养中心人员开展文化娱乐活动及对外宣传报道。各部门各尽其责，构建了协调联动、密切配合的职责分工体系。

二 上蔡县贫困家庭重度残疾人集中托养的成效

上蔡模式成功破解了重度残疾人家庭脱贫难题，既减轻了家庭负担，又促进了脱贫增收。经过一年多的运行，上蔡县重度残疾人集中托养工作取得了明显成效，得到了谢伏瞻、王炯、王铁等省领导的充分肯定。2017 年 10 月 9 日，在中国残联、国务院扶贫办联合承办的“关爱深度贫困残疾人脱贫座谈会”上，上蔡县重度智残人员集中托养模式受到中国残联、国务院扶贫办与会领导的高度评价。驻马店市已经出台了《关于全面推进贫困家庭重度残疾人集中托养的意见》，在全市推广上蔡县贫困家庭重度残疾人集中托养模式。通过调研走访，笔者认为，上蔡县贫困家庭重度残疾人集中托养主要取得了以下几个方面的成效。

（一）改善了重度残疾人生活状况，提供了良好的医疗卫生保障

重度残疾人基本生活不能自理，家庭生活条件普遍较差，入住托养中心前，很多人不但身体每况愈下、日渐消瘦，而且情绪低落、意志消沉，看不到未来和希望。入住托养中心后，有厨师负责一日三餐，住双人间，房间里有电视、空调和专业病床，还有卫生室和康复训练室，提供定期体检和 24 小时医疗监护，各种设施都经过无障碍改造，解决了对重度肢体及智力残疾人困扰已久的就医、养护问题，为重度残疾人提供了舒适的环境和优质的服务，他们不仅身体状况有所好转，而且重新燃起了对生活的希望。邵店镇王鹏楼村的卜文生，53 岁，15 年前摔伤落下二级残疾，入住邵店镇重度残疾人托养中心，妻子教旦担任护工，在同调研组交谈时发自内心地说：“听说有这个好政策，就过来住了。现在每天吃肉、吃药全都免费，有病第一时间就看，比家里条件强多了，来中心之前他很瘦，现在满面红光，人也变胖了。”邵店镇党委书记王新伟说：“像卜文生这样的贫困残疾人，之前在家里，基本上从早到晚都不出门，整天愁眉苦脸的，谁也不愿意去他家串门。到了托养中心后，大家都一样有残疾，歧视和偏见少了，心态上更阳光了，精神比以前好多了，脸上也有笑容了。”

（二）减轻了贫困残疾人家庭生活负担，有力助推了贫困户摆脱贫困

通过走访调研，笔者发现这些重度残疾人因为身患疾病需要进行长期治疗，使家庭背上沉重的经济负担，同时由于生活不能自理需要陪护，而使家人失去了外出就业增收机会，双重压力让他们依靠自身实现脱贫成了奢望。集中托养使贫困残疾人得到照顾。按照一个护工照料两名重度残疾人员的标准，优先聘用建档立卡贫困户劳动力，既解放了残疾贫困家庭劳动力，又为贫困家庭劳动力提供了就业岗位，增加了家庭收入。例如，大路李乡托养中心已集中托养建档立卡重度残疾人 46 人，安排 27 名建档立卡贫困户劳动力到托养中心务工。大路李乡孟尧村的聂根华，47 岁，4 年前受外伤致残，属一级残疾。妻子作为护工照料他，动情地向调研组说："因为乡里的宣传，知道了有托养中心，现在比在家里强多了。护工吃饭不要钱，每个月还给 2000 元钱，以前一年看病花费几万元，现在看病不但方便还免费，都是国家政策好，生活上可是好太多了。"邵店镇庙王村的刘更臣，男，29 岁，2009 年从房顶摔下导致胸部以下瘫痪，入住邵店镇刘岳村重度残疾人托养中心。在护理人员的引导下，利用手机从事电商经营，销售上蔡县本地生产的化妆品——丝瓜水，现在是当地的创业明星和自强不息先进典型。他说："我直接从厂家拿货，按销售额的一定比例拿佣金，平均每个月收入三四千元，'双 11'当天纯收入就达 400 多元。"

（三）基层党组织作用充分发挥，密切了党群干群关系

基层党组织是宣传党的主张、贯彻党的决定、领导基层治理、团结动员群众、推动改革发展的坚强战斗堡垒。上蔡县村级重度残疾人集中托养中心负责人由村支部书记兼任，这有助于加大该项工作的统筹推进力度，有效发挥支部书记作用，强化党支部组织群众、凝聚群众、服务群众的职责。重度残疾人集中托养的实践，让贫困群众和社会各界感受到了党和政府的责任担当与对弱势群体的关心关爱，进一步密切了党群干群关系，凝聚了党心民心，促进了社会和谐发展。五龙镇老李村的李金山，48 岁，一级残

疾，入住大路李乡重度残疾人托养中心，之前独自一人住在村头的小屋内，吃了上顿没下顿。老李村支部书记邱建新说："之前像他这样的情况，说句不好听的话，不定什么时候人可能说没就没了。现在入住托养中心，一日三餐能按时吃，伙食也不错，整个人的气色好多了。"大路李乡肖里侯村的侯昴旦，25岁，患有癫痫病，属一级残疾，入住大路李乡栗庄村托养中心。母亲骆荣焕担任护工，激动地说："如果没有政府这项政策，我们之前在家根本无法生存，干护工每个月还给2000元工资，基本可以维持生活需要了，这搁以前是不敢想象的，感谢党，感谢政府。"大路李乡郝坡村的重度残疾人兄弟李铁山、李党柱，患有遗传基因病，腿部肌肉萎缩，不能行走，全靠大哥李国云照顾。看到调研组，李国云激动地说道："我从16岁开始就照顾两个弟弟，到现在已经过去40年了。之前在家的时候，一天三顿饭都不能按时吃，现在政策好了，中心条件很好，又能照看两个弟弟，一个月还有2000元工资，非常满意，很乐意住进来，乡里书记很热情，去家里看望好多次，宣传政策，动员我们住进来，感谢党的好政策。"

（四）争取社会各界的广泛支持，营造了助残扶贫和关爱残疾人的良好氛围

托养试点自运行以来，在政府部门、企业、社会组织以及个人共同努力下，取得良好的社会效益，得到社会各界广泛好评和认可。爱心人士、志愿者、企业家、大学生等纷纷前往集中托养中心慰问、捐赠，新闻媒体也给予高度关注。在县财政局设立的专门账户接受红十字会基金达100余万元。同时，驻马店市中心医院、黄淮学院、博建律师事务所等机构，借助其独特资源优势，开展了义诊、教育支持、法律援助等帮扶活动。上蔡县义工联合会、县志愿者联盟等组织积极参与扶贫助残活动。托养中心试点自实施以来，已接受医疗界、教育界、工商联界等志愿服务活动20次300多人，形成全社会理解、尊重、关心、帮助残疾人的良好风尚。

三　上蔡县贫困家庭重度残疾人集中托养模式可以在一定范围内予以推广

让更多重度残疾人享受到改革开放的成果，感受到社会主义制度的优越性，是党和政府义不容辞的职责。全国残联系统先进工作者、驻马店市残联理事长张银良说：“作为残疾人，我深深了解残疾人生活的艰辛和不易，政府需要加大对残疾人特别是贫困家庭重度残疾人的保障力度，让更多残疾人感受到社会大家庭的关爱和温暖。”中国人民大学教授杨立雄组织专门课题组对驻马店农村重度残疾人托养模式进行调研，指出：“上蔡县以重度残疾人托养模式解决农村残疾人贫困问题的探索，对我国其他地区的重度残疾人扶贫工作开展、实现精准扶贫目标有极大的借鉴意义。”通过实地调研和综合分析，我们认为这种模式是可行的，可本着因地制宜原则，在一定范围内予以推广。

一是从托养人数看，需进行集中托养的重度贫困残疾人的绝对数量相对较小。在全省建档立卡贫困残疾人中，一、二级重度残疾人有 22.0356 万人。其中不能独立实现日常活动的肢体残疾人有 9.1555 万人，占全省贫困人口的 2.89%。可以说，需要进行集中托养的重度残疾人的数量较少以及在全部贫困人口中的比重较小。以上蔡县为例，该县符合入住标准、愿意集中托养的共 786 人，全县 32 个托养中心全部建成后，完全可以满足需要。

二是从所需经费看，县级各部门整合资金基本可以保证托养中心建设运营。托养中心日常运转费用包括护工工资和日常开销，可通过财政列支、部门整合、社会捐赠、入住人员个人保障金等来保证，护工工资由政府购买社会性服务岗位资金保障，设立日常运转资金整合账户确保资金使用安全高效。据测算，上蔡县 32 个托养中心全部建成后，可入住人员达 786 人，按每人年均 2.65 万元计算（此为大路李乡级、村级托养中心运转所用资金平均数，含护工工资，平均到每名残疾人为 1.2 万元/年，由公益岗位资金解决），每年需运转资金约 2082.9 万元，与全县整合资金相比缺口 61.21 万元，不会对财政造成压力。

三是从基础设施看，对乡镇（街道）卫生院和村卫生室的闲置房屋加以改扩建基本可以满足需要。上蔡县在托养中心建设上，乡镇（街道）托养中心充分利用乡镇（街道）卫生院的闲置病房，村级托养中心依托村卫生室，按照集中托养中心的需要进行适当改扩建，完善无障碍配套设施，设立残疾人康复专区和医疗卫生室，由残联提供康复器具，能够实现正常运营。从建设运营的实践看，现有的乡镇（街道）卫生院和村卫生室的基础设施能够满足托养中心的主体功能需要，同时也方便医生对入住残疾人每天检查治疗，是一种比较有效的资源整合。

四　进一步改进上蔡县贫困家庭重度残疾人集中托养的建议

上蔡县贫困家庭重度残疾人集中托养工作虽然取得了显著成效，但在运行中也存在一些值得关注的问题。一是管理力量有待进一步加强。上蔡县残疾人托养中心实行“乡镇分管领导 + 专任办公室主任”式的工作小组制，办公室主任多为乡镇民政所所长，形式为在职兼管，既要负责日常本职工作，同时还要维持托管中心的正常运转，工作压力较大。二是护理水平有待进一步提升。托养中心护理人员大多来自建档立卡贫困家庭，优先选择入住人员家属，是一种“互助型”模式。但现阶段护工年纪偏大，受教育程度较低，多未经过特殊技能培训，专业护理知识匮乏，护理方式较为单一。三是风险防控机制有待进一步完善。托养中心入住人员大多年龄较大、身体状况不佳，在长期运转过程中，难免出现入住人员死亡或其他突发事件，如果处置不当，可能引发纠纷，对托养工作造成不良影响，在今后的工作中需要建立相关防范机制。对改进上蔡县贫困家庭重度残疾人集中托养，提出以下四个方面的建议。

（一）立足提升集中托养水平，进一步健全完善制度机制

一是评估预防标准化。对入住托养中心的重度残疾人进行全面评估，根

据具体情况制定个性化的护理措施。借鉴江苏无锡等地的做法，为重度残疾人购买商业医疗保险，在建立立体化保障体系的同时，更好规避潜在风险。同时，建立应急医疗救助措施，有效应对各种突发情况。

二是护理照顾专业化。加强对护工的培训，使家庭护理人员在通过护理残疾人得到收入的同时，不断提高护理水平和质量。同时，可以在市场上聘用一些专业化护理人才，给予一定的生活、购房补贴等福利，更好地吸引专业化人才投身重度残疾人托养工作。

三是托养管理规范化。逐步探索“专人专职”的管理模式，残疾人托养中心负责人由财政发放薪资，并享受社会保险等相关福利。可以面向社会招聘若干具有专业化背景的工作人员，辅助处理托管中心日常事务性工作，根据中心规模和发展适时调整管理人员数量。

（二）立足提高运行效率，进一步在统筹整合各方资源的同时合理控制布局规模

在推广过程中，一方面，统筹好各方资源。充分利用现有养老院和敬老院，根据需求设立托养专区，降低建设运营成本。加强五保老人集中供养和重度残疾人集中托养政策的衔接，使有意愿的重度残疾五保老人可以顺利入住托养中心。加大涉农整合资金支持力度，增加资金来源。同时，引导社会组织有序参与，实现托养服务多元化发展。另一方面，控制好布局规模。坚持因地制宜原则，立足各地贫困残疾人实际，利用乡镇（街道）卫生院、村卫生室等硬件设施，在深入调研的基础上进行科学合理布局，贫困家庭重度残疾人较少的地方，可由若干乡、村联合建设集中托养中心，既避免资源浪费，又可以适当提高托养中心软硬件水平，为入住的贫困残疾人提供更好的服务。

（三）立足提高托养质量和运行规范，进一步加强宣传和严格监管

托养扶贫模式是一种符合地方实际、得到基层干部和群众认可、效果明显的社会保障兜底方式。但笔者在调研中了解到，个别托养中心存在对相关

政策理解不准、不透，入住人员和护工、厨师筛选把关不严，入住人员档案不健全等问题。要进一步加大宣传力度，采取多种方式，让贫困残疾人了解政策、享受政策，还要加强对托养中心管理人员的政策培训，使他们对帮扶政策了然于胸，更好地落实到入住人员身上。同时，可通过暗访、设立举报监督电话等方式，做好对中心各项工作的监督，确保把实事办实、把好事办好。

（四）立足保障托养持续长效，进一步强化政府和家庭双方的责任

在贫困家庭重度残疾人集中托养这件事上，政府必须承担起主体责任，否则贫困家庭重度残疾人集中托养是无法持续进行的。但在实际运行中，也要防止两种倾向。一方面，要防止政府“一兜了之”。随着脱贫攻坚的深入，更多更难啃的硬骨头逐渐凸显，要防止目标“偏离”倾向，避免出现为“脱贫”而“托养”的情况，盲目扩大范围、不切实际的兜底托养使财政负担过重而无法持续，影响了真正需要集中托养的贫困家庭重度残疾人的托养。另一方面，要防止家庭“一托了之”。政府对贫困家庭重度残疾人进行集中托养，可能让部分家庭产生错误思想，把照料家庭重度残疾人员的应尽责任当成包袱甩给政府，导致家庭亲情缺失。要和家人签订有关协议，建立约束机制，对遗弃残疾人、不履行相关义务的家人给予一定的惩戒，避免对社会风气造成不良影响。

五　建立农村托养体系迫在眉睫

（一）农村失能老年人和重度残疾人数量庞大

随着老龄化的加速和人的寿命的延长，农村失能老年人的数量在快速增加。2016 年，60 周岁及以上人口有 23086 万人，占总人口的 16.7%；65 周岁及以上人口有 15003 万人，占总人口的 10.8%。失能老年人的数量与老龄化同步增长。全国老龄办开展的第四次中国城乡老年人生活状况抽样调查

表明，2015 年，中国失能、半失能老年人超过 4000 万人。上述老年人中，接近 70% 生活于农村。另外，还有超过 500 万的农村五保供养人数，随着年龄的增长，失能数量也在增加，护理照料成为一个严重的社会问题。

除老年人之外，很多农村残疾人也需要家人照料。中国残联 2017 年全国残疾人基本服务状况和需求信息数据动态更新情况表明，2017 年，全国有 3163 万持证残疾人，其中一级持证残疾人达到 423 万，占比 13.49%；二级持证残疾人接近 890 万人，占比 28.13%。上述残疾人中，农村残疾人所占比例达到 75%。

（二）农村家庭养老托残负担加重

中国历来实行以家庭为主的养老托残护理照料体系，以政府为主体的社会化照料体系只能惠及极少数“非正常家庭”的特困老年人（即五保户和“三无”对象），绝大多数失能老年人和重度残疾人需要家庭成员护理照料。随着农村家庭结构的小型化、孝道观念的改变以及现代生活和工作方式被普遍接受，家庭养老托残的功能快速弱化，老年人和残疾人的生活状态相对恶化，难以共享社会发展的成果，甚至还有极少数失能老年人和重度残疾人处于无人照料的状态，生活极其悲惨。失能老年人和重度残疾人的护理照料也给家庭成员带来沉重负担，尤其是家庭中有失能老年人和重度残疾人，需要多位家庭成员进行护理照料，家庭主要劳动力成员无法外出打工，家庭往往陷入极贫状态，也使家庭成员身心疲惫，并由此造成家庭悲剧。

因此，农村急需建立社会化的照料护理体系，将家庭成员从沉重的养老托残负担中解脱出来，做到“托养一个人，解放一群人，幸福一家人”。

（三）农村急需建立社会化的护理照料体系

虽然我国很早就实施了“矜寡孤独废疾者，皆有所养”的政策，政府和社会在养老托残中的定位是“剩余主义”，家庭一直是养老托残的主体。政府养老托残对象长期局限于“家庭缺陷者”（即五保对象），社会化的养老托残规模偏低。2017 年第三季度，全国为老年人与残疾人提供服务的机构有28465个，床位数接近700万张，服务的老年人和残疾人数量接近216万人。上述接受服务的老年人和残疾人多数为城镇老年人（其中还有一部分健康老年人也接受了服务），而多数农村失能老年人和重度残疾人因为设施、资金和人员的缺乏而难以享受到社会化的照料和护理。

现有的农村社会化照料体系存在以下几个方面的问题。一是设施不健全，设备老化。许多农村幸福院和敬老院缺乏资金支持，设施得不到及时维护，缺乏基本的照料和康复设备。二是管理运营艰难。多数县级财政困难，上级财政下拨的经费也非常有限，导致养老机构或托残机构日常运行艰难。三是保障水平过低。对老年人和重度残疾人护理和照料的保障项目主要有：重度残疾人护理补贴、养老护理补贴、集中供养补贴、分散供养补贴，大部分地区的补贴标准在50～100元/月，难以缓解家庭负担，也难以让失能老年人和重度残疾人接受社会化的服务。四是社会化照料护理专业化水平低。由于农村失能老年人和重度残疾人家庭负担重，经济困难，而政府的补贴也非常有限，难以吸引专业化人才，护理照料水平很低。五是居家养老托残服务体系尚处于空白。

（四）建立农村养老托残照料体系的建议

一是进一步提高认识。党的十九大高度重视养老服务工作，各级政府也积极行动起来，采取了多种措施应对老龄化危机。但是一些地方做的是“锦上添花”的工作，把工作重点放在城镇，忽视了最需要关注的农村老年人和残疾人群体。建立农村老年人和残疾人社会化照料护理体系，是农村精准脱贫的重要措施，有利于保障农村老年人和残疾人的基本生存。建立农村社会化照料护理体系，也是政府职责所在（兜底责任），是农村社会保障的核心组成部分。同时，也要纠正各级政府的认识误区——以为建立社会化的照料护理体系，会给政府背上沉重的财务负担。事实上，在河南省驻马店的调查表明，只要制度设计得当，财政支出对当地财政造成的影响不大。

二是采取逐步扩大受益对象的方式建立农村社会化护理照料体系。在制度建立之初，将受益对象限定为：重度失能贫困老年人和重度贫困残疾人两类群体，提供基本照料护理服务（制定基本服务目录，完全免费）；待制度运行一段时间后，将受益对象放宽到重度失能老年人和重度残疾人，服务目录进一步放宽，服务标准进一步提高，并对部分项目实施收费制度。

三是整合政策和资源。各级政府在养老服务和残疾人托养方面制定了一系列政策，但是这些政策分散于各层级政府和各部门之间，资源没有得到有效整合，老年人和残疾人苦乐不均。为此，建议：首先，梳理各级政府和各部门政策，清除相互冲突或叠加的政策，将政策关注重点转移到重度失能老年人和重度残疾人；其次，整合老龄、民政、残联、卫计、人社等部门资源，对乡镇卫生院、阳光家园、村级卫生所、幸福院、敬老院进行改造，在乡镇或中心村建立集生活照料、康复、健康管理等功能于一体的养老服务中心，不仅为入住的重度失能老年人和重度残疾人提供专业化的机构服务，还为其提供在家养老托残服务。

四是加强管理，提升专业化水平。农村社会化护理照料体系建设，不仅要重视机构和设施建设，更要重视运营管理和人才培养。为此需要建立严格的管理制度，建立标准化体系，提高管理人员和服务人员待遇，吸引农村优秀人才。

B.13
长阳县残疾人互助合作扶贫报告

杨立雄*

摘　要： 残疾人是最贫困的群体之一，是农村扶贫开发工作的重点对象。本报告主要介绍了湖北省长阳县“托养+土地流转+合作社”的残疾人互助合作的扶贫方式，从理论上分析残疾人扶贫理念从个体到群体、从劣势到优势、从保障到发展的转变，认为政府和政策的支持、合理的产业定位和人力资源分工是该方式获得成功的前提，长阳县扶贫方式可以为其他相似地区的残疾人扶贫工作提供借鉴。

关键词： 农村残疾人　农村合作社　托养服务　扶贫

长阳县是湖北省唯一一个集“老、少、山、穷、库”于一体的民族自治县，也是全国扶贫开发工作重点县和武陵山扶贫攻坚片区县。全县共有残疾人3.8万人，占全县总人口的9.2%，残疾人占比远高于全国平均水平。其中，有视力残疾人2399人，肢体残疾人9991人，听力残疾人1235人，言语残疾人696人，智力残疾人1310人，精神残疾人1263人，多重残疾人55人。全县一、二类重度持证残疾人有6222人。

---

* 杨立雄，中国人民大学劳动人事学院教授，博士生导师，研究方向为残疾人理论与政策研究。发表论文80多篇，主持国家社科基金重大项目1项、国家社科基金项目2项，承担国家社科基金重大委托项目子课题1项，主持民政部、财政部等部门课题超过30项。出版《中国残疾人社会保障制度》《中国残疾人事业发展报告（2017）》等著作7部，编著6部。3次获得中国残疾人联合会举办的中国残疾人事业研究优秀成果一等奖、二等奖。职务还包括：中国人民大学残疾人事业发展研究院副院长、中国人民大学社会保障研究中心副主任、中国社会保障学会社会救助分会副会长。

由于身体或心理的原因，残疾人很难外出务工，绝大多数滞留于家中务农，缺少稳定的收入来源，因而贫困发生率高。多数残疾人还要长期承担医疗、康复训练、配置辅助器具等额外支出，加深了贫困程度。长阳县属于国家贫困县，山高坡陡，可耕地面积少，经济发展在湖北省处于靠后的位置，农村残疾人贫困发生率高。全县低于国家贫困标准的残疾人有3130位，占全县持证残疾人总数的18.5%，农村残疾人的贫困发生率是一般人口贫困发生率的2倍。全县贫困残疾人中没有自己的住房的比例高达15%，60%的贫困残疾人生活在危房或土坯房中。[①]

自实施残疾人扶贫开发政策以来，长阳县农村残疾人的贫困程度有所缓解，贫困发生率逐年下降。但是，因残疾人受教育水平低（全县残疾人文盲率超过10%），缺乏实用技术，缺少资金、生产资料和市场信息，残疾人脱贫难度很大。为提高残疾人扶贫开发效果，抓好精准扶贫工作，湖北省残疾人联合会和宜昌市残疾人联合会负责人及有关领导多次到长阳县进行调研，经过与长阳县委、县政府协商，决定在长阳县开展残疾人“晨光自强互助服务社”的试点工作，安置建档立卡贫困户中没有住房或者住房已成危房并且无力重建、愿意集中居住的特困残疾人和贫困户家庭；入社的残疾人通过土地流转将土地集中，发展产业，由合作社负责经营和销售，形成“托养+土地流转+合作社”的残疾人互助合作扶贫模式。全县基本形成了以榔坪镇梓榔坪村为代表的残健互助共融、以贺家坪镇为代表的福利院功能拓展、以鸭子口乡杨溪村为代表的合住小家庭等3种典型模式共10个试点，全县7188个建档立卡残疾人正在逐步进入晨光家园。

一　长阳县残疾人互助合作扶贫做法

（一）强化托养设施建设

“晨光自强互助服务社”依存的基础是托养机构。因此，筹措资金建

① 资料来源于长阳县残疾人联合会。

设标准化的托养机构是开展互助合作扶贫的第一要务。建设集中托养机构，不仅解决了分散供养的护理问题，还有利于节约资金（不必为分散供养的贫困残疾户单独建房），同时也有利于集中管理、集中发展产业。长阳县整合扶贫搬迁、危房改造、土地整理、“一建三改”等项目资金1500万元，全面加强基础设施建设。长阳县要求托养设施要能实现通水（满足全体入住人员生产生活用水）、通电（通电最低标准为380伏低压交流电，满足入住对象生产生活用电）、通网（互联网、通信网、电视网）、通路（能正常运输生产生活资料和产品的公路）；同时要求建设厨房及附属屋、活动场地等配套设施，如榔坪镇梓榔坪村残疾人“晨光自强互助服务社”流转了8亩土地，建设了宿舍、厨房及附属屋、活动场地等配套设施。在基础设施建设完成后，要求对各个互助社均配套基本的生产生活设施，包括：床及床上用品、桌椅、衣被柜、取暖火炉、电视等生活日用品；无障碍设施和其他公共服务设施；管理人员办公设备、健身康复器材、技能培训设备、生产用具、生活物资；等等。鸭子口乡马连坪村“晨光自强互助服务社”投资360万元，在乡福利院原址占地15亩，新建院民综合楼一栋（4层，100个床位），将乡内最需要政策托底的80多户150余人全部集中了起来。

为精准锁定入社对象，长阳县残联成立工作组入户开展情况调查，宣讲相关政策，实行自愿申请和村委会根据实际情况确定相结合的办法，以建档立卡贫困户中处于最弱势地位的低智低能、困难残疾家庭为重点，全面准确锁定入社对象。除集中供养的五保户以外，低智低能、重度残疾人通过自愿申请、签订协议，纳入互助社统一管理。残疾人入社后，其原来的生产资料自愿交给互助社，经营管理收益直达入住对象个人账户，入社人员的日常生活及生产由互助社负责兜底和安排。

（二）发展适合残疾人的产业

“晨光自强互助服务社”要想可持续发展，关键在于发展产业。如果没有产业的支撑，服务社最终变成普通的托养机构，残疾人的生活只能依靠低水平的社会救助来维持。发展了产业，不仅服务社有了经济基础，入社的残疾人也有了积极性，入社人员通过自身的努力，可以摆脱贫困的状况。

为发展产业，长阳县将村集体200亩耕地流转给服务社，建立以西红柿、辣椒、萝卜、球白菜为主打品种的高山反季节无公害蔬菜基地。充分利用优越的自然条件、成熟的种养技术和现成的人力资源，通过土地流转促进种养殖业规模化发展。长阳县按照入住人口人均10头猪的标准，建立年出栏500头以上的生态生猪养殖场，建设70立方米的沼气池，形成生猪—沼气—蔬菜高效农业生态循环发展种养模式。长阳县梓榔坪村“晨光自强互助服务社”流转12亩农田种植大棚蔬菜，流转240亩耕地种植高山反季节蔬菜，并建成150头规模的养猪场一个。鸭子口乡马连坪村“晨光自强互助服务社”流转周边农户土地100亩进行社田种植，解决粮食、饲料、蔬菜等问题。高家堰盆景根艺协会针对病、残等特殊困难户生产资料稀少、劳动力不足等情况，因户制宜、因人施策，引导他们围绕盆景产业的托盆、营养土、吊装、物流等，形成盆景生产链条，仅高家堰一个村就有28个精准扶贫户从事相关工作，为盆景装盆、大田定植、人工造型、运销提供劳务服务。

服务社根据残疾人的特点和劳动能力进行适当的人力资源分工：一方面，将劳动能力较为低下的入社对象安置在服务社内从事简单的后勤保障工作；另一方面，对有劳动能力的对象，通过技能培训，进行分类安排，将入住对象分成几个生产组，如蔬菜种植组、生猪养殖组、香菇种植加工组、手工制作组、后勤保障组等，通过民主选举选出组长带领大家劳动，让这部分群体依靠自己的双手实现自食其力。

（三）织牢社会安全网

长阳县坚持入社对象享受救助、扶贫叠加政策的原则，兜底保障其基本生活。县政府整合了民政、扶贫、人社、卫计、林业、农业、水利、畜牧、财政、残联等主管部门的社会救助资源，统筹低保救助、五保供养、残疾人补贴、大病关爱、助学启智以及孤儿保障等各类社会救助资金，通过政府兜底救助，按照每人每年3000元的标准保障入住对象的基本生活，确保入住对象日常吃、穿、住、用等基本生活开支。对精准扶贫建档立卡贫困户中的重度残疾人，因丧失劳动能力，无法通过生产扶持、就业发展、搬迁安置等措施脱贫的，且靠家庭供养而无法单独立户的，经个人申请，按照单人户纳入农村最低生活保障范围，实行应保尽保，确保他们的基本生活。将符合五保供养条件的建档立卡贫困户残疾对象及时纳入农村五保对象，并对其中生活起居困难的农村五保残疾对象实行农村福利院集中供养，将50周岁以下的重度残疾人优先纳入五保对象。

对获得农村最低生活保障后生活仍有困难的重度残疾人，对残疾人本人按月低保标准的30%增发补助金；对一户有多个重度残疾人的，对残疾人本人按月低保标准的40%增发补助金。全面落实困难残疾人“两项补贴”，对农村低保家庭中的困难残疾人按每人每月50元标准给予困难残疾人生活补贴，对残疾等级评定为一级、二级且需长期照护的重度残疾人，按每人每月100元标准给予重度残疾人护理补贴。

对不符合低保、五保条件的建档立卡贫困户的残疾人，患重特大疾病而导致家庭困难的，及时纳入医疗救助范围给予救助；重点对精神障碍患者给予救助。一般精神障碍患者每人每年可在门诊享受500元的免费服药治疗，一、二级重度精神障碍患者发病后可直接在县医院享受免费治疗，住院治疗后效果仍不够明显的，按照每人每年3.2万元的标准进行长期治疗。

上述措施解除了入社人员的后顾之忧，激发了残疾人家庭入社的积极性，极大地推进了残疾人互助合作扶贫工作。

（四）建立经营管理机制

“晨光自强互助服务社”属于村集体经济组织，在县工商局登记注册，村委会主任兼任法人，村党总支书记兼任监事长。根据入社对象的多少，通过村民代表推荐、评选等方式，在村民中择优选用服务人员。服务社制定了入住对象的资产管理办法。入住对象的原有个人资产归个人所有，承包经营的生产资料（山林土地）同时移交“晨光自强互助服务社”统一经营管理，资产收益直达入住对象账户。确立了产业收入分配办法。采取“保障基本，留足集体；劳有所得，多劳多得；人人有份，兼顾公平”分配原则，即经营收入首先留足入住对象的基本保障所需资金，再按照“劳有所得，多劳多得”的原则进行个人分配。对没有劳动能力的重度残疾人由“晨光自强互助服务社”安排专人进行服务和看护。有劳动能力的按身体条件分配适当岗位，实行工分制分配办法，年终根据经营收入情况计算工分分值，进行货币化分配，对没有劳动能力的对象，按照收益情况，给予一定数量的资金照顾。根据“晨光自强互助服务社”的产业经营收入状况，逐步增加保障标准。

服务社按照农户自愿申请、土地性质不变、就地就近原则，将入住对象原有山林土地统一经营管理，租赁、流转收入直达农户个人账户，增加农民个人财产性收入。在运行上严格管理，增加活力。按照村办村管的原则，服务社对符合条件的入住对象开展康复训练，进行技能培训，然后将入住对象分为生活服务、产业发展、就近打工等若干个劳动小组，各小组各司其职，由服务社进行集中管理，制定作息时间和请销假制度。参照现代化企业管理模式，对所有参与劳动的入住对象进行管理，按照多劳多得的分配原则，对每天的劳动实施工分制，即根据所得工分和产业收益情况来确定分值，按月结算劳动报酬；年终根据产业利润情况，按年进行红利分配。

服务社还建立社员退出机制。入住对象符合五保条件，达到五保年龄或者因健康状况下降达到重度残疾人标准符合提前纳入五保条件的，由村委会申报五保对象，审批后，送到乡镇农村福利院养老送终。对一部分身体好、技能强、收入高的入住对象，自愿申请迁出服务社的，由服务社支持，村委会辅助，帮助建设住房，退回其委托服务社经营管理的山林土地，支持他发展适合自身情况的产业，由其独立经营管理，自由生活。

（五）充分发挥基层党组织作用

为发挥基层党组织在残疾人扶贫中的作用，中组部、中国残联联合印发了《基层党组织助残扶贫工程实施方案（2011～2015年）》，各地结合当地实际，探索符合残疾人特点的、具体的帮扶做法。但是，从总体情况看，基层党组织在残疾人扶贫方面发挥的作用还需要进一步强化，帮扶模式还需要进一步总结。

长阳县在探索互助合作扶贫的过程中，充分发挥了党的领导作用，形成了强有力的领导机制，加快了互助合作扶贫工作的进度。长阳县在开展残疾人互助合作扶贫工作时，强化领导机制。长阳县成立了“晨光自强互助服务社”，集中安置残疾人兜底及脱贫试点工作领导小组，由县委书记任组长，县长、县人大常委会主任任常务副组长，县直有关部门为成员；设立领导小组办公室，负责工作方案的制定、镇村两级的综合协调、日常工作指导和检查验收。

在乡村一级，充分发挥基层组织的战斗堡垒作用，因地制宜，一村一策，根据群众意愿和当地实际，以村干部为核心，发动群众积极参与，带领贫困群众发展生产，互帮互助，实现精准脱贫。在互助合作扶贫过程中，长阳县建立了以党支部为核心、以集体资产为纽带的工作机制，建立党员“一帮一”制度，同时将村集体资产进行优化组合，集中生产资料，集中统一管理，实现残疾人创业增收、脱贫减负、同奔小康的目标。

二　长阳县残疾人互助合作扶贫的理论创新

（一）互助合作扶贫模式的优势

不同于“公司＋农户”“公司＋合作社＋农户”模式，“晨光自强互助服务社”将残疾农户集中起来，充分发挥残疾人的优势，避开个人劣势，通过集体合作的方式达到脱贫的目标。这种模式实现了以下几个方面的转变。

一是从关注个体向关注群体转变。对贫困的解释存在两种对立的观点，即整体主义贫困论和个体主义贫困论。整体主义贫困论包括制度论、环境论等流派，个体主义贫困论包括文化论、个人失败论等流派。在整体主义贫困论看来，贫困的根源在于生产资料、社会政策、社会权利的不平等以及自然环境的恶劣，而在经济学家看来，由于生产要素的缺乏，某些国家难以实现起飞，[①] 这些都造成了贫困并非呈现个体化的特征，而是呈现阶级性和普遍性特征。相反，在个体主义贫困论看来，贫困是因为穷人自觉适应于脱离主流的边缘性文化、[②] 不符合中产阶级价值观的行为、低学历无技能等，因此贫困呈现的是个体的特征而非群体的特征。在改革开放初期，我国农村贫困程度远高于城镇，且农村贫困的地理分布呈现高度集中的态势，整体主义贫困论为社会所公认。经过长期的反贫困，农村贫困有所缓解，地理空间分布进一步碎片化，个体主义贫困论开始流行。尤其是实施精准扶贫战略之后，这种个体主义偏向更加明显。固然，残疾家庭的贫困有其个体的原因，但是不可忽视的是，残疾人作为一个整体比一般家庭的贫困发生率更高，贫困程度更深，因此有必要从整体主义的观点考察残疾人的扶贫开发工作。互助合作扶贫模式不局限于单个的残疾家庭贫困，则是一类残疾家庭的贫困，针对残疾人实施的反贫困政策不是机械地套用“一户一策”，而是创新为“一类一策”，即利用集体的力量，通过互补和互助，达到共同脱贫的目标。长阳模式充分发挥集体组织的力量，以党支部为核心，以集体资产为纽带，以互助服务社为基本方式，以安居、产业、就业“三位一体”为抓手，将缺乏自主创业就业能力、处在低保边缘的残疾人特殊群体组织起来，依托村集体和创业大户，因地制宜扶持土鸡、山羊、生猪养殖和蔬菜种植等产业项目，引导他们集中生活、集中劳动、互帮互助。

---

① 〔美〕罗斯托：《经济增长的阶段：非共产党宣言》，郭熙保、王松茂译，中国社会科学出版社，2001。

② Gans, H. , *The Urban Villagers*: *Group and Class in the Life of Italian-Americans*, New York: Free Press, 1968; Gans, H. , “Positive Function of Poverty,” *American Journal of Sociology* 78, 1979; Harrington, Michael, *The Other America*: *Poverty in the United States*, New York: The Macmillan Company, 1962; Harrington, Michael, *The New American Poverty*, New York: Holt, Rinehart and Winson of Canada Limited, 1984; Lewis, Oscar, *Five Families*: *Mexican Case Studies in the Culture of Poverty*, New York: Basic Books, 1959; Lewis, Oscar, “The Culture of Poverty,” *Scientific American*, 1966, 215.

二是从关注劣势向关注优势转变。个体主义贫困论有其合理之处，残疾人生理或心理的缺陷是造成其贫困的主要原因，故在实施“一户一策”时往往会针对其缺陷制定特别优惠的政策，帮助家庭脱贫。但是，恰恰由于其缺陷的不可弥补性造成了扶贫效果的不理想。这种针对家庭和个人的扶贫政策无法克服的难题是：如何弥补残疾人的生理或心理的缺陷，并且在优惠政策撤离后能够自我发展下去。而解决这一难题的方法是互助合作。单个的残疾人或多或少存在一些缺陷，而其缺陷又促进了其他部位或器官的功能的超强发挥，通过合作，不仅可以克服自身的缺陷，而且有利于发挥各自的优势，这就是残疾人优势视角理论。这种理论关注于残疾人自身的能力和优势，而不是残疾人的缺陷和问题；强调对残疾人潜能的开发和培养运用，并利用残疾人的这些优势来促进残疾人获得自我完善和发展。[①] 通过团队合作，不仅有利于发挥残疾人的优势，也有利于残疾人进行积极的乐观的自我评价，激发他们在困境中自强不息的信心。[②] 比如高家堰村残疾贫困户邓守平，自己肢体残疾，妻子智力障碍。村“两委”分析了邓守平家庭的基本情况，结合其手艺，帮助其做起了盆景托盆，年生产水泥盆景钵300个，这项工作每年为其增加纯收入3万元，获全县“残疾人创业先进个人”称号。

三是从关注保障向关注发展转变。残疾人扶贫与一般贫困群体的扶贫存在较大差别，多数残疾人丧失部分劳动能力，还有少数残疾人完全丧失劳动能力。从个体看，这些重度残疾人不具备扶贫开发的价值，各地通常采取两种措施缓解贫困。（1）通过完善残疾人社会保障制度，保障重度残疾人的基本生活。例如：建立重度残疾人护理补贴制度和困难残疾人生活补贴制

① 李静：《从生活救助到就业支持——优势视角下残疾人福利的实现路径》，《南京大学学报》（哲学·人文科学·社会科学版）2012年第6期，第67～72页；祝萍：《优势视角下残疾人劳动就业问题研究》，《东岳论丛》2014年第5期，第55～59页；刘迟：《优势视角下残疾人社会保障模式初探——以黑龙江农垦区为例》，《社会科学战线》2014年第12期，第174～180页；童星：《残疾人社会政策的基点》，《甘肃社会科学》2013年第1期，第24～27页。

② 王亮：《优势视角：残疾人工作的新视角》，《社会工作》2006年第10期，第49～51页。

度；扩大重度残疾人康复补助范围，并提升标准；落实精神病人免费服药制度；等等。（2）重点扶持重度残疾人家庭成员或其监护人，实施优惠政策缓解其照顾重度残疾人造成的生活贫困。① 这些保障措施固然有助于缓解残疾人的生活状况，但是达不到自立的目标。互助合作社不仅整合了各种社会保障政策，更重要的是发展产业，充分发挥每个残疾人的优势，根据其自身状况，合理安排相应职位，人尽其才，最终达到自强自立的目标。

（二）互助合作扶贫的前提条件

在农村残疾人扶贫领域，互助合作社还是一个较新的事物，部分地区已在探索，但都没有形成较为成熟的经验和做法。互助合作扶贫模式要取得成效，不仅需要外部的大力支持，还需要内部进行合理分工，强化产业发展。

一是政府大力支持。互助合作并不是一个新鲜事物，早在20世纪50年代，我国农村就掀起了互助合作的高潮。自农村实施家庭联产承包责任制以后，互助合作社日渐式微。互助合作社的大起大落给地方管理层的认识带来偏差，以为搞互助合作又是在进行“大跃进”，或者认为这种模式不符合农村发展方向。事实上，随着现代农业的兴起，互助合作社重新焕发活力，在各国经济中占据一席之地。② 为促进互助合作社的发展，多数国家制定了相应的法律法规，保护合作社的合法权益，并制定了优惠政策，支持和促进合作社的发展。近些年来，我国的农民合作社得到快速发展，到2015年12月底，全国登记注册的农民合作社达153.1万家，实际入社农户为10090万

① 杨立雄：《关于农村残疾人反贫困问题的再思考》，《残疾人研究》2015年第6期，第3～7页。

② 在法国农产品和食品的销售额中，合作社占50%以上；在巴西，合作社生产了72%的小麦、39%的牛奶、38%的棉花；在加拿大，全国最大的100家金融企业中，合作社占30家，合作社的收入占农业收入的40%；在美国，80%的农产品由合作社加工，30%的农产品由合作社销售；在新西兰，合作社的产值占国内的19%；在日本，91%的农民是农协会员，农协的年产值达900亿美元；在韩国，90%的农民是合作社社员，合作社的年产值达110亿美元；在越南，合作社对国内生产总值的贡献率为9%。据不完全统计，合作社在全世界提供着1亿多人的就业机会。参见马晓光《合作社的历史现状和发展趋势》，《驻马店日报》2007年6月28日。

户，约占农户总数的42%。[①] 但是残疾人互助合作社的数量还非常少，尤其是集托养、产业发展等为一体的残疾人扶贫互助合作社仍然是一个新鲜事物，需要政府给予大力支持，包括税收减免、信贷优惠、政府采购优先、承担政府行业补贴和专项资金发放、直接的财政资金支持等。各地在开展残疾人扶贫开发工作时，要对残疾人互助合作社有一个正确的认识，要加大对合作社的支持力度，尤其是要加强财政支持力度，并从管理上提供人才支持，并加强指导。长阳县互助合作扶贫得到党和政府的高度重视，建立健全工作机制并进一步健全残疾人工作目标责任制，落实检查考核制度，特别是在项目建设、资金支持、社会扶持等方面给予倾斜，做到思想上合心、行动上合拍、工作上合力。

二是优化政策，整合资源，形成合力。自实施扶贫开发以来，各级政府对农村扶贫和残疾人扶贫给予了高度重视，制定了扶贫开发的发展规划，不仅给予政策优惠，还给予直接的财政支持。但是由于部门之间缺乏有效协调，信息难以及时沟通，政策散布于各个部门而未能得到整合，造成扶贫资源分配不均，政策合力未得到体现，扶贫效率下降。以长阳县为例，长阳县集“老、少、山、穷、库”于一体，不仅可以得到国家对贫困县的扶贫开发支持，还能得到国家民委对民族地区的扶贫支持，同时享受水利部门对库区的优惠政策，此外还有国家对革命老区的支持、对山区移民搬迁的支持等。但是这些政策分散于不同的部门，各个部门从自身利益出发，各自寻找扶贫项目和扶贫对象，不仅不能体现政策的叠加效应，甚至还会出现互相抵消的后果。长阳县在进行残疾人扶贫开发的过程中，汲取了以往的经验教训，在省残联的统筹安排下，优化省、市、县各项扶贫救助政策，打破部门间的壁垒，整合各个部门的扶贫资源，尤其是整合了财政资源，集中力量建好托养机构，为互助合作社提供了场地，为入住残疾人提供了生活场所；同时，在部门间进行协调，加快土地流转，将土地适当集中，为产业发展奠定

① 房宁：《全国农民合作社总数达153.1万家　42%农户入合社》，《农民日报》2016年3月21日。

了基础。

三是合理的产业定位。产业是残疾人互助合作社可持续发展的关键因素，没有产业的支撑，残疾人互助合作社最终会沦落为托养机构。在残疾人互助合作扶贫过程中，如何合理定位产业？首先，要根据当地发展规划和经济优势确定产业方向。长阳县地处长江中游地带，是国家可持续发展试验区，重点发展旅游产业，对环境保护要求严格。在产业扶贫方面，长阳县政府把退耕还草与产业发展、生态屏障构建、精准扶贫、转变农村发展方式相结合，推广种草养羊新模式，打造全国肉羊生产大县和以肉羊养殖为主的全省畜牧强县。根据长阳县的产业扶贫政策，长阳县梓榔坪村“晨光自强互助服务社”将山羊养殖确定为产业的发展方向，计划改造 3000 亩低丘岗，整理 5000 亩土地，再开发利用 3000 亩村集体林地，建立年出栏 1000 只以上的山羊养殖基地。其次，要根据入社残疾人的特征选择适当的产业。残疾人具有敬业、吃苦耐劳、职业忠诚度高、专注等优势，但是多数残疾人受教育程度低，缺乏专业技术培训，或多或少丧失了部分劳动能力，生活在偏远地区的残疾人对外界了解甚少，甚至完全不懂市场，风险承受能力弱。因此在选择产业项目时，要选择技术要求不高、劳动密集型的种养殖以及加工业。比如长阳县梓榔坪村“晨光自强互助服务社”通过土地流转，将入社的残疾户的土地集中起来，种植有机蔬菜，入社的残疾人基本能胜任这些工作。

四是人力资源的合理分工。残疾人互助合作社的核心在于合理安排其岗位，发挥残疾人所长，团结互助，保持组织高效运转。为此需要对残疾人的残疾状况和劳动能力进行精准评估，经过评估后，合理安排其工作岗位。工作岗位可以划分为两大类，即后勤类和生产类。后勤类的主要岗位包括厨师、清洁、护理、文化和生活辅导等职位；生产类的岗位因产业形式的不同而有所区别。长阳县梓榔坪村的残疾人互助合作社将岗位分为蔬菜种植、山羊养殖等。能力评估和工作匹配是合理分工的两个关键环节，需要具备一定的专业知识才能做好这项工作。鸭子口乡马连坪村“晨光自强互助服务社”将入住社员按身体健康状况、自身技能等，分别安排到内务保洁、酿酒、养殖、种植和工艺5个生产小组。一是安排内务组人员对生活不能自理的残疾人进行护理；二是在现有酒厂的基础上，安排一部分人到酿酒组，进行玉米酒酿制；三是安排一部分人到养殖组，利用酒糟养猪，利用山林养鸡；四是安排一部分人到工艺组，进行木工艺、竹制品、布鞋、鞋垫等传统工艺品的制作；五是把其他所有人员安排到种植组，流转周边农户土地100亩进行社田种植，解决粮食、饲料、蔬菜等问题。项目投入使用头两年，利用政策扶持帮助其渡过难关，解决住房、生活问题；从第三年开始，实现自给自足、自行奔小康，保证其有稳定的收入。

相较于一般农村贫困群体的扶贫开发工作，残疾人扶贫开发工作更加艰难，因为他们的贫困发生率更高，贫困程度更深，贫困致因更加复杂，而残疾人异质性更强，自身条件更差，更加依赖于外界支持。这些因素决定了残疾人扶贫不同于一般农村贫困群体的扶贫，需要政府、残联和社会各界大胆探索精准扶贫新道路，走出一条符合农村贫困残疾人特征的扶贫之路。

湖北省长阳县深刻领会精准扶贫的要义，大胆探索“托养+土地流转+合作社”互助合作扶贫模式，通过建设托养机构，对贫困残疾人实行集中安置托养，并通过土地流转，以合作社为载体，发展产业，达到残疾人脱贫的目标。这种模式实现了从关注个体到关注群体的转变、从关注劣势到关注优势的转变、从关注保障到关注发展的转变，丰富了残疾人精准扶贫的内容，也为类似地区创造了经验。各地在借鉴长阳县残疾人互助合作模式时，要根据当地的经济社会条件和自然环境以及农村残疾人的自身特征，确立自己的发展道路，真正实现残疾人的精准扶贫和精准脱贫。

地 方 篇

Regional Reports

B.14 四川省残疾人事业创新报告

邓宁华 *

摘　要： 四川省残疾人“量体裁衣”式个性化服务模式（简称“‘量服’模式”），是新时代中国特色残疾人服务的鲜活个案。它以精准需求、精准施策、精准监督和精准管理为核心，以网络化、信息化和云平台为工具，2011 年后在全省得到推广。从发展现状上看，“量服”模式对残疾人信息的掌握度较高，残疾人受益比例较高，需求评估与介入的精准度较高，服务项目和服务机构逐渐有机融合，残疾人开始实现开放参与。从效果评价来看，“量服”模式超越了居养模式，促进了残疾人服务的个性化，构建了“互联网 +”时代的残疾人服务基础设施，但在助残社会组织培育与发展、残疾人用户熟悉

* 邓宁华，男，1975 年生，湖南省桂阳县人，五邑大学政法学院社会工作系系主任，博士，副教授，主要研究方向为残疾人社会工作、社会组织、社会政策。

和使用、硬件与软件优化、系统的扩展与对接等方面还需要进一步发展完善。

关键词： 量体裁衣　残疾人个性化服务模式　“互联网 +”

改革开放以来，我国各级党委和政府高度重视残疾人服务事业，构建了以残联为代表的健全的残疾人组织体系，推动了残疾人服务的日益丰富，促进了残疾人的共建、共商和共享。当然，21 世纪的今天中国特色社会主义已经进入新时代，社会主要矛盾的转换、国民经济的转型升级、信息技术的日新月异等向残疾人服务提出了更高要求；残疾人服务需求表达不畅、服务供应过于依赖家庭、社会服务供求不匹配等也要求残疾人服务不断加以改进。在这样的政治、经济及社会背景下，四川省残联坚持问题导向，动员广大残联干部及社会力量，创造性地构建了残疾人“量服”模式，是新时代中国特色残疾人服务的鲜活个案。

一　“量服”模式的形成背景

四川省“量服”模式发轫于成都对残疾人需求问题的自觉意识和对“量服”模式的创造性探索。2002 年成都市残联实施“111”工程，要求对全市 100 例贫困白内障残疾人患者实施免费复明手术，为 100 名肢体残疾人免费配发轮椅。但指标下达后，不少区（市）县残联声称“没有手术对象”及“残疾人用不着”。实际上，并非残疾人不需要它们，而是残联没有真正了解残疾人的需求情况，结果导致“想不起”“找不到”“联系不上”。面对这样的挑战，2003 年成都市残联以科学发展观为指导，以残疾人需求为导向，提出了“量服”模式，以推动残疾人服务方式方法有所创新、有所突破。经过两年探索，成都市残工委、成都市残联等部门陆续发布了《关于为残疾人提供“量体裁衣”式个性化服务的意见》《关于规范基层残疾人工作组织结构建设的意见》《关于利用残疾人就业保障金为残疾人提供公益岗位完善基层残联组织建设的实施意见》等文件，奠定了“量服”模式的制度基础。2005 年，成都市 15 万多残疾人得到个性化服务，“量服”模式的效果得到直接体现，对全省形成了显著的示范效应。

四川省残疾人有 600 多万，涉及 2000 多万家庭人口，残疾人服务是整个社会服务中的短板，需求测量不准问题同样突出。2012 年底，中央给四川省下拨 900 多万元残疾人机动轮椅车燃油补贴。但 3 个多月过去后，这些钱仍放在省财政账户上，拨不下去。原因同样不是残疾人不需要，而是各地各级残联搞不清本地到底有多少残疾人拥有机动轮椅车，有的地市州上报数量竟然为零。因此，在全省推广“量服”模式，有效评估和满足残疾人需求，有着极大的必要性。2011 年以来，四川省残工委、省残联陆续出台了《关于在全省全面推行为残疾人提供“量体裁衣”式个性化服务的实施方案》《关于深化改革推进“量体裁衣”式残疾人服务健全残疾人“两个体系”的实施方案》等文件，构建了以残疾人社会保障体系和服务体系建设为主线，以“四个精准”（精准需求、精准施策、精准监督、精准管理）为核心的“量服”模式。随着各类方案的实施，“量服”系统逐渐发挥出良好社会效应。

二 “量服”模式的制度构成

“量服”模式是一个以“四个精准”（精准需求、精准施策、精准监督、精准管理）为核心，以网络化、信息化和云平台为工具，包括残疾人、各级残联和各类服务机构在内的基础管理与服务平台。其构成包括以下几个方面。

（一）残疾人服务需求的精准测量

残疾人服务需求精准测量的做法是信息化、标准化的“入户调研”。具体而言，基层残疾人工作者逐户深入残疾人家庭，认真填写《四川省残疾人基本状况调查表》《四川省残疾人需求情况调查表》，并将之及时输入残疾人个性化服务信息系统。其中，《四川省残疾人基本状况调查表》包括调查对象的姓名、性别、民族、政治面貌、残疾人证号、户籍所在地、家庭住地、户口类别、家庭人数、残疾人数、监护人姓名及其联系方式等基本情况，残疾类别、致残原因、家庭人均收入状况、住房状况、受教育状况、特长及就业状况等具体处境，以及在社会救助、社会福利、社会保险、就业与未就业、康复、生产扶持和文化体育等方面的政策受益情况；《四川省残疾人需求情况调查表》包括对象家庭对社会保险、社会救助、社会福利、托养服务等一般性社会保障需求，以及在康复、无障碍改造、教育、就业创业、扶贫、制定发展方案、维权、改善生活条件、文化体育、社会组织助残等方面的需求情况。

（二）残疾人服务供给的精准施策

基层残疾人工作者要根据掌握的残疾人家庭情况，结合现有资源和条件，为每户残疾人家庭量身定做个性化发展帮扶方案，实现“一人一策”。在制定方案时，基层残疾人工作者要遵循分类指导的原则，与残疾人充分沟通，将残疾人实际需求与各级各部门以及社会各界为残疾人提供的服务项目有机结合起来，制定出充分挖掘和激发残疾人家庭潜能、帮助残疾人家庭发展、对残疾人实施分类救助的各种方案。残疾人个性化服务方案在报镇街审核同意后，填入《为残疾人提供“量体裁衣”式个性化服务卡》“个性化服务方案”栏，并将相关信息及时录入残疾人个性化服务信息系统。按照2016年提出的“精准施策”要求，制定发展方案要实现项目名称、责任主体、落实时间、投入资金数量、具体措施、服务效果方面的“六个精准”。

（三）残联对服务的精准监督与精准管理

精准监督与精准管理是“量服”模式成功实施的重要保障。首先，五级残联职责的科学划分。例如，村（社区）的责任包括组织开展本村（社区）的残疾人“量服”工作、在镇街组织下开展入户调研和个性化方案制定、向镇街上报个性化服务的相关数据等内容。其次，服务监督的精准化。

在“满意度督查”模块中，残疾人基于手持终端进行签名和满意度评价，数据可自动统计；在“公示督查”模块中，全省每个村居的“三公开一公示”① 情况通过手持终端进行拍照并上传到“量服”平台，省、市、县随机抽查其进度与质量情况；在“业务督查”模块中，省、市、县分别建立独立的入户调查精准度和“一人一策”精准度随机机制，对重点业务领域每月进行网上随机抽查等。最后，精准管理机制的构建。设立残疾人信息精确管理、集成管理、全域全程信息化管理以及资金管理、绩效管理、设施管理、培训管理等模块，自动统计有关内容，通报各地进度，实现业务管理的精准化，并在此基础上进一步实现绩效考核的客观化、实时化。

（四）教育、康复、维权、文化、体育等领域的确定

教育、就业、康复、维权、宣传、文化、体育等是“量服”的主要领域。对于每个领域，基层残疾人工作者都要在残联有关人员的指导下，在入户调研中真实、全面、动态地掌握残疾人特定方面的基本情况、需求状况、所享受的各项服务以及“一人一策”服务落实情况，并将有关情况据实录入数据库；残联有关工作人员要常态监控并分析本辖区内各乡镇（街道）或村（社区）的入户调研情况，及时发现问题，并指导、督促基层残疾人工作者对问题予以及时纠正。

（五）面向服务机构的“机构量服”

“机构量服”是2015 年以来四川省残联推动残疾人服务专业化、打造“量服”模式升级版的重要举措。各类助残机构可以直接通过“量服”平台和手持 App 查找服务对象，查看服务对象的基本情况和需求，填写为服务对象提供的服务内容和跟踪后续服务，并在平台和 App 上进行日常宣传和维护；各类残疾人可以对“机构量服”用户所提供的服务进行评价；各

① “三公开一公示”包括：残协主席、专职委员的姓名及联系电话是否公开，提供的服务项目是否公开，辖区内残疾人享受的服务结果是否公开，辖区内残疾人享受服务是否公示。

级残联则可以通过平台和 App 对各类助残机构承接的服务项目实现动态管理。

（六）面向残疾人的“开放量服”

“开放量服”有利于让残疾人成为残疾人事务多元治理体系中的治理主体。它主要包括四个方面的内容。一是残疾人信息查验。通过分级授权和身份验证，残疾人通过电脑和手机 App 登录平台查看自己的基础信息、状况信息、需求信息和服务信息，了解、掌握自己的“量服”信息。对不准确或需要修改、及时补充的信息，残疾人可提出个人意见并由残联专干及时修改、录入。二是残疾人自助业务办理。通过业务流程再造，将本地区残疾人服务业务移植到“开放量服”平台上，让残疾人通过网上业务自助办理，能足不出户就可办理原来要到乡镇（街道）甚至县（市、区）才能办理的服务。残疾人还可在线上反映自己的需求，表达自己的主张。三是残疾人监督评价。残疾人通过手机或电脑可查看为自己提供的服务详细内容及落实情况，对服务进行评价、签名和提交意见，实现残疾人对残疾人工作者的“背对背”评价。四是服残助残服务信息。它主要包括查看残疾人系统公告，链接残联新媒体平台，浏览相关新闻报告，了解各类服残助残政策，帮助残疾人购买与销售有关产品等。

三　“量服”模式的发展现状

2011 年以来，“量服”模式在全省不断拓展，功能日益优化，效果不断显现。2014 年 1 月，四川省“量服”模式荣获第七届中国地方政府创新奖最高奖。当前四川省“量服”模式呈现出以下特点。

（一）充分掌握残疾人信息，服务受益比例较高

2015 年，全省 6 万多名残疾人工作者共深入 3465458 名残疾人家庭，掌握 222174228 项次基本信息、37878202 项次需求情况，平均每个家庭分

别掌握64.1项次、10.9项次基本信息和需求情况；为全省340余万残疾人提供32487209项次的“一人一策”服务，户均9.4项次。“一人一策”服务提供项次达到需求评估项次的85.8%。在2015年度，残疾人直接签字评价率达到99%，满意度达99%。

2017年，全省需求评估3475万项次，共331.2万人，比值为10.5项次/人；服务落实3025万项次，共331.1万人，比值为9.1项次/人。服务落实项次达到需求评估项次的87.1%，较2015年提高了1.3个百分点。[①] 2017年四川省纪委组织的“政风行风群众满意度”测评中，省残联为88.44分，在42个部门中排名第3，连续5年名列前茅。

（二）残疾人服务需求与服务实施的精准化程度较高

为确保数据的真实性和精准度，由村（社区）录入或修改的“量服”平台数据要经村（社区）残协主席审核并负责；由乡镇（街道）录入或修改的“量服”平台数据要由乡镇（街道）残联主席或理事长审核并负责。将村（社区）残协主席和乡镇（街道）残联主席、理事长审核纳入精准管理，并与绩效考核挂钩。结合2017年全省残疾人服务需求及落实情况来看，残疾人需求规模较高的项目分别为“社会保险”、“康复”、“社会救助与福利补贴”、“维权”、“宣传文化体育”和“发展增收”等项；从“落实与需求的比例”（项次指标）来看，“社会保险”“发展增收”“维权”三项超过90%，“就业创业”“康复”“扶贫”“社会救助与福利补贴”超过80%。“托养服务”“宣传文化体育”“改善基本生活条件”的缺口较大，其中“家庭无障碍”的缺口最大（见表1）。由此可见，通过“量服”平台的各项指标，可以精准地监测各地区各项目不同残疾人家庭的需求及其满足情况，从而推动“需求转化为政策、政策转化为服务”目标的切实实现。

① 这里的数据为汇总数据，表1为分项数据，二者有所差异。

表1　2017年全省残疾人服务需求及落实情况

类别	需求		落实		落实与需求的比例(%)	
	人	项次	人	项次	人	项次
社会保险	3307108	8594921	3302275	8431750	99.9	98.1
社会救助与福利补贴	2310074	5838009	2115270	4871911	91.6	83.5
托养服务	61604	61619	48191	48195	78.2	78.2
康复	3120024	9165402	3080846	8049539	98.7	87.8
家庭无障碍	228026	376144	15917	22660	7.0	6.0
教育	57802	61519	42309	44362	73.2	72.1
就业创业	927326	1341066	881865	1186192	95.1	88.5
扶贫	800100	1383782	697736	1198442	87.2	86.6
发展增收	1265475	1265475	1201619	1201619	95.0	95.0
维权	1744219	2286290	1680956	2149444	96.4	94.0
改善基本生活条件	45085	45321	26556	26556	58.9	58.6
宣传文化体育	1380381	2827405	1159280	2049260	84.0	72.5

资料来源：根据四川省残疾人联合会《关于印发毛大付理事长在2018年全省残联工作电视电话会上讲话的通知》（川残办〔2018〕8号）附件1“2017年全省‘量服’落实情况全项统计（平台截图）”整理计算。

（三）推动服务项目和服务机构的有机融合

残疾人需求所转化的政策主要体现为“项目”形式。这些项目从横向上讲包括社会保障、社会服务及专项服务等具体内容，从纵向上讲包括按“一人一策”方法落实到每个残疾人，实现主体、措施、主要内容、投入资金和服务成效等要素的精准，它们都可有机整合到“量服”平台中。2016年，省级“量服”项目为129个小项，成都市、宜宾市分别达到137个、136个。这些项目包括“量服”民生项目、“量服”兜底保障项目、“量服”特惠项目、“量服”重大活动项目和“量服”创新项目等。2016年，“量服”项目为3170738名残疾人提供了25555452项次服务，人均达到8.1项次。其中，10个助残项目纳入省委、省政府的“十项民生工程”和“20件民生大事”，全省残疾人受益260万人次。2017年，8个助残项目纳入省委、省政府的“十项民生工程”和“20件民生大事”，全省残疾人受益280万人次。

2016 年是实施“机构量服”的第一年，进入“量服”平台的专业机构有 492 家，它们为 74781 人提供了 216752 项次的专业服务。2017 年全省机构服务的精准度达到 91%。这些机构以项目为依托，获得服务对象基本情况及需求信息，开展有针对性的服务，将有关服务记录及时上传到网上平台，并供残疾人和项目委托单位予以评价。机构还可通过“量服”系统查询以往服务的开展情况，从而方便服务的转介。

（四）促进残疾人对“量服”系统的开放参与

2015 年成都市青羊区第一个试点“开放量服”，2016 年四川省 39 个县（市、区）扩大试点，67 万持证残疾人通过手持终端即能反映诉求、中办业务和“背对背”评价，残疾人的总体满意率达到 99.87%。2017 年“开放量服”升级，各级残联建立“开放量服”公开公示栏，全面系统梳理残疾人需要的各类信息并实现定向精准告知，真正做到“能看到”；残疾人可在自己手机“量服”平台上反映情况、提出需求、评价服务，并与残疾人工作者、有关部门、服务机构及其他残疾朋友进行线上交流互动，真正做到“能说出”；2017 年，全省为 59.3 万名残疾人提供方便，办理自助服务 82.2 万项次。其中办理自助服务较多的分别是：成都市 28.5 万项次、德阳市 10.6 万项次、内江市 5.2 万项次。总体上，成都市在 2016 年第一批扩大试点县（市、区）中走在前列，为其他县（市、区）发挥了带头作用。

（五）重视“量服”平台的能力建设

省残联与成都翔升科技有限公司、四川省联通公司紧密合作构建“智慧量服”系统，确保机器设备和 App 运用达到每年 350 天以上正常运行天数。当然，“量服”平台较为复杂，并且在不断升级。农村残疾人专干以 60 ~70 岁为主，文化水平和身体素质都较差，他们使用“量服”平台存在一定的困难。为此，残联推动残联干部培训精准化。截至 2017 年底，省残联“量服”讲堂举办到第 105 期，五级全覆盖培训达 58616 人次，广安市、资阳市、泸州市等地培训质量较好。

四 “量服”模式的效果评价

当前我国残疾人服务事业已进入“新时代”。残疾人对美好生活的向往和残疾人服务不平衡不充分发展之间的矛盾是新时代残疾人事业的主要矛盾。四川省残联系统牢牢抓住这一矛盾，坚持问题意识，动员广大残联干部和社会力量，紧紧围绕残疾人“四个精准”主线，创造性地构建了“量服”模式，带来了积极的经济、政治与社会效果。

（一）超越居养模式，促进残疾人服务的个性化

在社会服务领域内，“每个人都是一片独特的绿叶”是一种基本的理念，这意味着每个个体都有其独特的价值与需要，并且这一需要应采用个性化、多样化的方式来加以满足。20 世纪 80 年代以来，随着新公共服务理念的发展和公共行政管理模式改革实践的推进，顾客至上和市场竞争成为西方福利服务领域的一种普遍导向，残疾人服务机构也在充分了解市场和残疾人及其家庭的需求基础上尽量创设新的服务项目，拓展服务内容，推动服务的个性化、精准化。

与发达国家相比，我国残疾人服务需求有多层次需求并存、服务需求从低端向中高端转型、服务需求的多样化等特征，并为此需要推动残疾人服务模式的转型。但受传统文化的影响，中国残疾人服务模式传统上一直以居养模式为主，行政导向突出。一方面，政府或社会本着人道主义和怜悯精神对残疾人加以施舍和收养，因而带有典型的“慈善”特征。在中华人民共和国成立后的一段时间里，残疾人生活救济多以临时性救济为主，救济水平低、救济人数少、政府介入程度低、介入行为较随意，缺乏良好的统筹规划和长远融入规划。在这样的情形下，残疾人个性化、多样化的服务需要难免受到服务短缺的约束。另一方面，中华人民共和国成立后的残疾人组织受到意识形态的影响，而未能发挥社会组织的应有作用，管理和服务的主体仍然是政府。残联成立后力所能及地发挥其“管理、代表、

服务”职能。对比其“管理”职能，残联组织的“代表”和“服务”职能尚未得到充分发挥，自上而下的行政色彩突出，与残疾人接触有限、联系不紧密，残疾人服务的社会化水平低，动员的社会力量有限，最终也难以满足残疾人日益多样化和个性化的服务需求。①

“量服”模式为消解残疾人服务的个体化与居养模式之间的冲突提供了很有益的思路。在“量服”模式中，残联虽然仍保留“管理者”角色，但更突出的是“服务者”角色，从而融“管理”于“服务”之中。其具体做法是构建一个网络化、信息化、多主体、全流程的需求评估及服务介入体系。这一做法实际上为残疾人服务提供了一个信息化时代的公共基础平台，它不仅让残联的管理更轻松，而且能更贴近残疾人的实际情况，更准确地评估残疾人的多样化需求，更广泛地动员政府和社会力量，由此，残联的“服务者”角色就构建起来了。当“服务者”角色能有效扮演时，残联也就能更有效地代表广大残疾人实现自我管理与自我服务。

民间残疾人服务机构是残疾人服务专业化的重要力量。一个服务机构的负责人指出：“‘量服’平台就是‘灯塔’，让我们知道要做些什么。对于我们 NGO 而言，我们是为使命而生存的，而为此首先要了解谁需要什么，已经有了些什么，还缺些什么。本机构开展九年制义务教育之后的托养服务、照顾和职业重建等，通过‘量服’，我们很快就能找准方向了。”对于接受转介对象的机构来讲，服务对象转介过来之后，服务对象的基本情况、需求情况、已经接受服务的情况、进一步的需求和服务开展情况等都一目了然，这样接手的新机构就能方便开展工作了。虽然四川省当前纳入“机构量服”系统中的机构数量有限，但它们却能在残联领导下，以“机构量服”为中介，不断拓展服务的对象、范围，改进服务的流程和质量，推动服务的专业化和转介系统的建立。就此而言，“量服”模式在促进残疾人服务的个性化、专业化上还有很大潜力。

---

① 杨立雄：《从“居养”到“参与”：中国残疾人社会保护政策的演变》，《社会保障研究》2009 年第 4 期。

（二）构建“互联网+”时代的残疾人服务基础设施

20世纪80年代以来，在社会压力、财政压力和经济全球化压力等的推动下，西方国家普遍推行了大规模的政府改革，并通过信息高速公路来应对公共事务管理越来越复杂、政府承担的具体事务越来越多所带来的挑战。政务信息化改革传统的科层化的公共组织架构，推动政府的扁平化；改变传统政府运行机制，推动建立无缝隙的政府；改变政府的治理结构，将国家单独治理模式转变为国家与社会共同治理模式，让顾客导向成为可能；推动公共参与，保障公众的知情权，参与政策的制定、实施和增强政策实施的回馈性。[①] 在信息时代，公共服务模式进一步向“互联网+政务服务”模式转型。《国务院关于积极推进“互联网+”行动的指导意见》（国发〔2015〕40号）提出，要加快互联网与政府公共服务体系的深度融合，推动公共数据资源开放，促进公共服务创新供给和服务资源整合，构建面向公众的一体化在线公共服务体系；要发展社区经济，着力破除准入门槛高、服务规范难、个人征信缺失等瓶颈，积极推广基于移动互联网入口的城市服务，开通网上社保办理、个人社保权益查询等互联网应用，让老百姓足不出户享受便捷高效的服务。国务院办公厅转发的《推进“互联网+政务服务”开展信息惠民试点实施方案》（国办发〔2016〕23号）进一步要求，要在“互联网+政务服务”战略中努力实现“一号一窗一网”目标，避免出现困扰基层群众的“办证多、办事难”、重复提交办事材料、往返跑腿等不良现象。“互联网+”的出现和各级政府部门的重视为推动残疾人服务模式的信息化转型提供了有利的技术与政策环境。

“量服”模式以网络化、信息化和云平台为支持工具，以“四个精准”（精准需求、精准施策、精准监督、精准管理）为核心功能，构建了一个包括残疾人、各级残联和各类服务机构在内的“互联网+”时代的残疾人服务平台。从残疾人社会工作的过程来看，残疾人社会工作是一个包括背景分

① 张成福：《电子化政府：发展及其前景》，《中国人民大学学报》2000年第3期。

析、需求评估、构建服务计划、开展针对性服务以及评价服务效果的完整流程，每个流程缺一不可。在“量服”模式中，以上各个部分都有其大体的应对措施，如《残疾人基本状况调查表》《残疾人需求情况调查表》大体对应于背景分析和需求评估，《为残疾人提供“量体裁衣”式个性化服务卡》大体对应于构建服务计划和开展针对性服务，精准监管和精准管理大体对应于评价服务效果。因此，“量服”模式内在地与社会工作的通用流程相契合。

另外，“量服”模式作为“互联网+”系统，还有其独特的优势。自2016年起，“量服”活动不再印刷“两表一卡”①，所有数据采集、更新、签名、服务评价等均通过手持终端完成，全面推进无纸化办公，极大节约了纸张的印制与消耗；工作模式在一定程度上网络化，数据、照片、语音、视频上传后可依托手持终端、大数据和“互联网+”系统，管理、分析与研究各项工作。而且，“互联网+”系统还体现出其独特优势，即数据信息能及时更新，各类信息能精准发布，残联部门能实时动态精准管理，残疾人能及时有效参与，助残扶残机构能及时搜寻、提交和交流相关信息。这样，政务信息化所带来的公共组织架构扁平化、建立无缝隙政府、构建社会多元治理模式、推动公共参与等都得到了切实体现。在“量服”模式中，与其说政府、残联、服务机构、残疾人等“谁受益大、谁受益小”，不如说它们都在这一新的技术变革过程中普遍受益。

（三）“量服”系统的发展完善

虽然“量服”系统开发和使用已经有一定时间，并且也积累了不少发展经验，但其中也存在一些问题需要进一步完善。

第一，助残社会组织以及助残社工的培育与发展问题。助残社会组织的培育和发展是“机构量服”的重要组织基础。当前纳入四川省“机构量服”

① “两表一卡”包括《残疾人基本状况调查表》、《残疾人需求情况调查表》和《为残疾人提供“量体裁衣”式个性化服务卡》。

中的助残组织以残联自身的机构、医疗康复机构等事业单位为主。社会组织培育和发展不平衡，助残社会组织总体数量偏少，有的也没有相应资质，难以承接和有效完成政府购买和交付的服务。在助残社工上，四川省助残社工领域的专业服务不足，素质和能力有待提升，社工机构规模偏小、人员数量偏少。

第二，残疾人用户的熟悉和使用问题。某区基层专干认为，对于无视力和阅读障碍的残疾人朋友而言，“量服”系统使用较方便；年轻盲人朋友使用起来较容易，但年龄较大的盲人学习起来比较慢，需要协助才能使用。残疾人要完全独立使用，可能需要较长时间适应。对于使用或操作有困难者，可以委托基层专委或其监护人代填写。总之，“量服”平台需要不断完善和普及。

第三，系统硬件与软件优化问题。调研发现，有的残联干部反映“量服”平台响应速度慢，软件设计存在不足，自动计算设计存在失灵的情形。有的助残社工机构反映，“机构量服”中所设计的栏目，与社工自身所从事的服务并不完全对应，有的具体服务在平台上无法勾选，勾选的内容与实际的助残社工服务又有一定差别。

第四，残联“量服”系统的扩展与对接问题。有助残机构人员反映，虽然残联“量服”系统较方便，但应当与残联外的民政、公安、人社等系统对接，为此希望有“政府量服”，而不仅是“残联量服”。例如，妇幼保健院有残疾人，应当分流到户籍地（如脑瘫），由社工提供上门服务。但难题在于，家长不同意，怕人知道。实际上，0～7岁残疾儿童早发现、早治疗，每月又有1000元的补贴，这样的支持对于残疾儿童及其家长都很重要。但社会上缺乏这样的助残扶残文化，很多家庭不知道，即使知道了也可能拒绝参与。此外，四川省是一个多民族的省份，使用藏语、彝语等语言的少数民族较多，为此又需要进一步开展“量服”平台的少数民族语言版本。

围绕“量服”系统的发展完善问题，四川省提出了“量服5335”战略和“两步走”战略。前者是指自2016年起，再用5年全面提升“基础量服”，3 年全面普及“智慧量服”，3 年全面普及“机构量服”，5 年全面普及“开放量服”；后者是指从 2020 年到 2035 年“量服”进入较高质量发展阶段，从 2035 年到 2050 年“量服”进入高质量发展阶段，促进残疾人事务治理现代化。要实现上述目标，需要把“量服 5335”战略和“两步走战略”落实好。

B.15

广西残疾人事业发展报告（2017）

刘 伟 李克洁 樊 琳 蒋寿兰*

摘 要： 中华人民共和国成立以来，广西残疾人事业发展经历了起步、推进和快速发展三个阶段。广西残疾人事业发展从无到有、从小到大，探索出了一条符合民情、符合区情并具有自身民族特点的道路。“十二五”以来，国家和自治区政府的重视让广西残疾人事业迎来了发展新高峰，残疾人康复、教育、就业、社会保障、宣传文化、体育、维权、组织建设、信息化建设、基础设施建设等各项规划任务得到圆满完成，并发展出广西残疾人事业特色——残疾人扶贫攻坚、精准康复和国际合作。广西残疾人事业取得了一项又一项成绩，面对“十三五”发展规划提出的新要求，广西残联担负起了新的责任，为奋力实现全区残疾人的“中国梦”、加快全区残疾人迈向小康的步伐不懈努力。

关键词： 广西 残疾人事业 精准康复

---

* 刘伟，广西民族大学法学学士、管理学硕士，广西大学经济学在读博士，新加坡国立大学东亚研究所访问学者，广西首批高等学校千名中青年骨干教师培育计划人选，广西壮族自治区第十三届人大常委会立法专家，原为广西政法管理干部学院副教授、管理系副主任，现为广西警察学院副教授。长期从事社会工作、社会保障和区域经济等方面的研究，主持国家民委、全国老龄办、广西哲学社会科学办公室等各类课题15项，在《中央民族大学学报》等刊物发表论文23篇，荣获省部级奖励7次；李克洁，广西壮族自治区残疾人联合会宣文部主任；樊琳，广西警察学院教师，中山大学社会学硕士；蒋寿兰，广西壮族自治区残疾人联合会宣文部主任科员。

全国第二次残疾人抽样调查数据显示，广西共有残疾人337.5万人，占广西总人口的7.23%。[①] 其中，各类残疾人的人数分别是：视力残疾人有52.7万人，听力残疾人有84.8万人，言语残疾人有3.9万人，肢体残疾人有82.4万人，智力残疾人有18.7万人，精神残疾人有17.6万人，多重残疾人有77.4万人。残疾人的发展是一项影响广大民生的大事业。中华人民共和国成立以来，广西残疾人事业发展从无到有、从小到大，由一个较低的起点，发展出了一条符合民情、符合区情并具有自身民族特点的道路。回顾广西残疾人事业发展历史，尽管广西残疾人事业在前行过程中存在起步较晚、基础较弱、民族地区经济社会发展较慢、残疾人绝对数量较大等问题，但是全区各级残联还是圆满完成了每年的工作任务，推动残疾人事业取得了显著的成绩，并在“十三五”规划中持续发力，加快推进广西残疾人实现小康的进程。

一　广西残疾人事业历史回顾

（一）起步阶段

广西解放以后，城乡各类残疾人生活状况发生了很大改变。无依无靠的重度残疾人、残疾孤儿、残疾老人、伤残军人得到政府收养安置，精神病人得到治疗，麻风病人及其畸残者得到救助，生活困难的残疾人获得物质帮助和劳动的权利，适龄残疾少年儿童有了接受教育的机会，同时各级政府把对城乡居民贫困户的救济作为制度性、长期化的工作。1957年，广西首次输送残疾人运动员参加在东京举行的第八届国际聋人运动会；1958年，广西建立首个特教学校——南宁市盲聋哑学校；1959年底，全区建立福利厂34间，安排各类残疾人就业173人；1961年，南宁市社会福利院首次成立精神病人收养部；1979年，自治区盲

① 邓敏杰：《广西第二次全国残疾人抽样调查要览》，广西人民出版社，2008，第315页。

人聋哑人协会成立；1981 年，广西举行首场残疾人文艺会演……但由于历史的影响和生产力水平的限制，广西残疾人的生存、生活状况曾出现过多次波动，在相当长的时期内，残疾人和残疾人工作还得不到公平、公正的对待。

（二）推进阶段

中共十一届三中全会召开以后，残疾人的生存和生活环境得到改善。随着城乡最低生活保障制度的建立与健全，丧失劳动能力、无依靠、无生活来源的残疾人员被纳入社会保障范围，特困残疾人得到必要的救助和扶助。1983 年，自治区伤残人体育协会成立；1986 年，广西残疾人福利基金会正式成立；1988 年，自治区残疾人康复工作办公室成立……在各级党委和政府的大力支持下，广西残疾人事业发展得到有效推进，残疾人的生产生活状况都得到一定程度的改善。①

（三）快速发展阶段

1987 年，按照国家的统一部署，广西组织开展了历史上第一次残疾人抽样调查。通过此次调查，政府对广西残疾人的基本情况有了比较清楚的了解，同时调查显示的残疾人的现状和残疾人事业的发展也引起了全社会的关注和重视，从而推动了《残疾人五年工作计划纲要》和残疾人事业“八五”“九五”“十五”“十一五”计划纲要的实施，促进了残疾人康复等各项业务的全面发展。特别是“十二五”以来，残疾人事业发展进一步纳入法治化轨道，残疾人社会保障体系不断完善，残疾人的生活状况不断改善，残疾人工作基础更加坚实，残疾人事业发展的环境更加优化，残疾人事业得到了大跨步发展。

---

① 广西壮族自治区地方志编纂委员会编《广西通志：残联志》，广西人民出版社，2012，第 29 页。

二 “十二五”以来广西残疾人事业的发展

（一）残疾人康复

1. 广西各类残疾人康复情况

“十二五”以来，广西残疾人康复事业取得良好的成绩，完成了各项规划任务，各类残疾人康复服务工作开展顺利。

视力残疾人康复工作情况。积极开展中国流动眼科手术车“复明 18号”复明扶贫项目以及“百万贫困白内障患者复明工程”项目，为白内障患者提供康复手术治疗。据统计，“十二五”以来广西共为白内障患者实施复明手术 106460 例，其中免费手术达到 59060 余例，占手术总数的 50% 以上。此外，还为 3000 余户低视力儿童家庭有效开展家庭康复训练，为低视力儿童配用助视器 2.7 万多例，对 9000 余名盲人进行定向行走训练。

听力残疾人康复工作情况。“十二五”以来，全区对 2897 名聋儿进行听力语言训练（其中为 600 名符合手术指征的听力残疾儿童实施人工耳蜗植入手术，为 900 名符合条件的听力残疾儿童免费配戴助听器并补贴康复训练经费），另外，为 2357 名贫困成年听力残疾人免费配戴助听器。图 1 显示的是 2011 ~2017 年广西听力言语康复训练情况。

精神残疾人康复工作情况。精神病防治康复工作是残疾人康复工作的重要环节之一。“十二五”以来，广西共对 12.42 万重性精神病患者进行了综合防治康复，平均每年监护精神病人 9.03 万多名。在精防工作中，组织实施国家和自治区本级残疾人事业彩票公益金贫困精神病患者免费服药和住院医疗救助项目、爱心永恒—宁康计划项目，开展重性精神病人排查救治工作以及重性精神障碍患者救治救助情况的调研工作。

肢体残疾人康复工作情况。“十二五”以来，广西为肢体残疾儿童进行矫治手术、开展康复训练。据统计，广西为 8988 名贫困残疾儿童装配矫形器和适配辅助器具，为成年残疾人装配假肢、矫形器 9100 例。同时，实施和推进

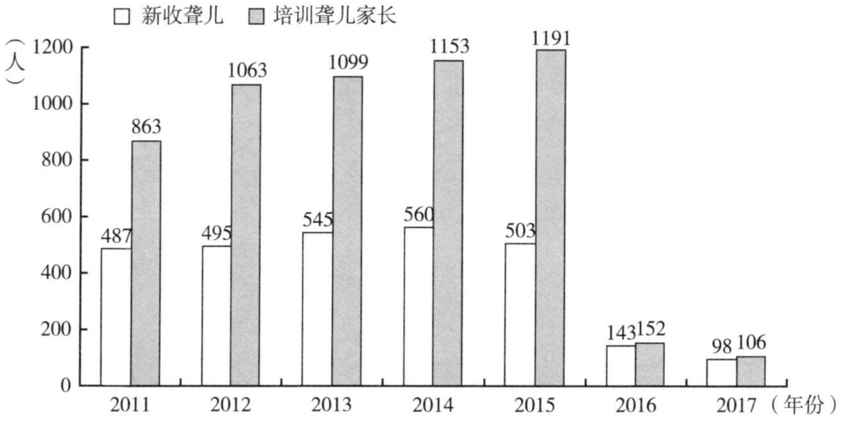

图1　2011～2017年广西听力言语康复训练情况

贫困成人残障者康复工程假肢服务项目，每年完成400例，每例补助1万元。

智力残疾人康复工作情况。广西残疾人康复研究中心通过全日制机构康复培训、对外接诊与咨询、开展亲子同训、开办发育障碍儿童家长培训班，以及提供其他机构专业技术人员进修培训等方式，促进广西智力残疾人康复工作向前发展。

2. 广西残疾人康复机构情况

“十二五”以来，广西残联积极推进残疾人康复的建设发展，这其中就包括了康复机构的建设。自治区党委、政府对残疾人康复工作高度重视，给予政策扶持，同时加大财政投入，促进残疾人康复机构建设逐年发展，使机构数逐年增加。《2017年度广西壮族自治区残疾人事业统计公报》显示，截至2017年底共有残疾人康复机构220个，相比2016年，新增康复机构43个。

另外，广西残联积极推进基层康复机构的设立，鼓励残疾人就地就近康复。在社区康复方面，2017年开展社区康复工作的市辖区增加到了39个，社区康复协调员人数比上年度增加了1929名，为超过15万人次残疾人提供了社区康复服务。

对广西2010年以来的残疾人事业统计公报的相关数据进行汇总分析，2010～2015年广西社区康复工作发展情况如图2所示。

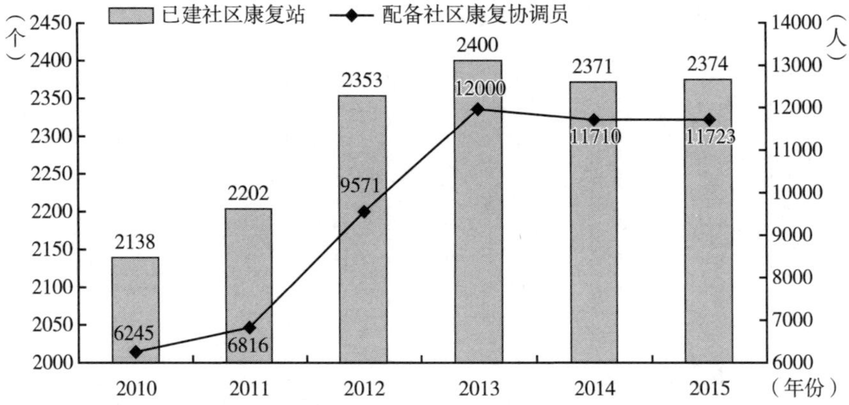

图2　2010～2015年广西社区康复工作发展情况

3. 广西残疾人康复服务成果

“十二五”以来，广西残联致力于残疾人康复服务工作的开展，主要工作包括：加快康复机构建设，组建康复人才队伍，实施康复项目，全面提升广西残疾人康复救助水平，扩大康复服务覆盖范围，深入康复服务需求群体。在康复工作发展过程中，广西全力推进精准康复服务行动，使广西残疾儿童和持证残疾人接受基本康复服务，帮助他们通过康复，最终实现就业、就学、脱贫和平等参与社会生活。

广西残联康复部和康复研究中心积极开展与高校的合作，通过在高校承接授课课程、派技术人员到高校进修，以及将引导式教育引进高校等，促进广西特殊教育学科发展，为广西残疾人康复工作培养人才队伍，为“十三五”广西残疾人事业的繁荣发展奠定基础。

（二）残疾人教育

“十二五”以来，广西残联按照中央、自治区的统一部署，紧密结合教育等部门，研究制定并实施了一系列残疾人教育政策，如《关于进一步加快特殊教育事业发展实施意见的通知》《特殊教育提升计划（2014～2016年）实施方案的通知》《残疾人教育工作“十二五”实施方案》《第二期特殊教育提升计划（2017～2020年）实施方案》等。一系列政策的出台逐步完善了广西的残疾人教育政策体系。

广西适龄残疾儿童少年义务教育入学率逐年升高，在校残疾学生达25753人，入学率达90.05%。残疾人高中教育和职业教育稳步推进。实施广西残疾人助学金等项目，资助3.84万名贫困残疾学生接受学前、义务、中高等教育。2013～2017年累计有1349名残疾学生被高等院校录取。

特教学校建设是残疾人特教事业发展的关键部分，是提高残疾人教育质量的核心推动力，广西高度关注特教学校建设事项，加大投入特教学校建设项目。截至2016年，全区建有77所特殊教育学校（自治区教育厅数据），从硬件上确保了广西残疾人的受教育权利，满足了残疾人的教育需求。

截至2017年，共有特殊教育普通高中学校（班）2个，在校生44人，都属聋生，毕业生12人。残疾人中等职业学校（班）1个，在校生219人，其中有盲生54人，聋生165人，毕业生62人。有315名残疾人被普通高等院校录取（见表1）。

表1　2011～2017年广西残疾人教育概况

单位：人

类别	2011年	2012年	2013年	2014年	2015年	2016年	2017年
特殊教育普通高中班（部）在校生	335	225	261	273	29	53	44
残疾人中等职业学校（班）在校生	99	192	169	177	219	219	219
普通高等院校在校生	189	189	201	279	275	279	315

资料来源：根据广西壮族自治区残疾人联合会办公室发布的2011～2017年度《广西壮族自治区残疾人事业统计公报》数据整理。

广西残疾人教育体系设计主要是“一个重点一个支撑”。“一个重点”是指，以普及残疾人儿童少年义务教育为重点；“一个支撑”则是指，以职业教育为主的高中阶段和高等教育为支撑。该教育体系的建设是为了满足残疾人多阶段多层次的教育需求，保障残疾人受教育权利的实现。

（三）残疾人就业

1. 残疾人就业情况

“十二五”以来，广西残联贯彻落实《残疾人就业条例》，全面推动残疾人就业工作发展。每年与人社部门共同开展“就业援助月”活动，促进残疾人实现就业，提高残疾人就业率。2011～2017 年“就业援助月”活动期间，广西全区共组织 860 场残疾人专场招聘会，共走访残疾登记失业人员家庭 41881 户，登记失业的残疾人员 76643 人，另外，将 78980 名残疾人实名制纳入年度培训计划，帮助 8895 名残疾登记失业人员实现就业。

“十二五”以来，广西根据《广西残疾人就业促进“十三五”实施方案》，坚持促进残疾人以多种形式就业。主要就业形式包括以下四种：按比例就业形式、集中就业形式、自主创业和灵活就业形式、辅助性就业形式。通过拓宽残疾人就业渠道，广西残疾人就业工作总体保持稳定。《2017 年度广西壮族自治区残疾人事业统计公报》数据显示，就业实名制人数为 322419 人，其中，按比例就业 9034 人，集中就业 1995 人，个体就业 14600 人，社区就业 1270 人，公益性岗位就业 2018 人，辅助性就业 2487 人，居家就业 39700 人，226523 人从事农业种养加，灵活就业 24792 人。图 3 显示的是 2011～2017 年广西城乡残疾人就业概况。

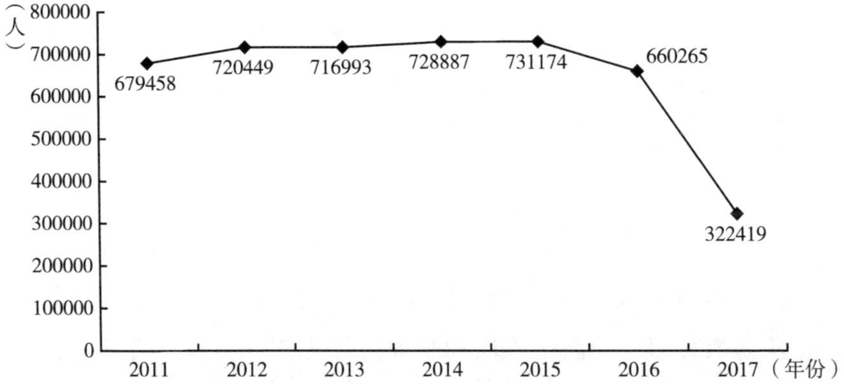

图 3　2011～2017 年广西城乡残疾人就业概况

注：2017 年为就业实名制人数。

2. 职业技能培训情况

“十二五”以来，广西残联大力开展残疾人职业技能培训，截至 2017 年，7 年累计培训 29364 人次，自治区本级共组织开展残疾人职业技能培训 109 期，与各市联合开展残疾人技能培训 106 期，帮助残疾人提高职业技能和就业能力，加快他们加入劳动力市场的速度。

广西残疾人培训工作主要取得了以下几项成绩。

（1）做好全区残疾人就业培训实名制统计管理工作。实名制统计管理工作能够让广西残联更好地了解全区就业年龄段残疾人就业状况，全区残疾人就业和培训实名制地区覆盖率 100%，为就业培训工作的顺利开展奠定基础。

（2）全面推进培训工作，开展多层次培训。广西残联结合市场需求和全区各地产业结构特点，因地制宜地开展残疾人培训项目和残疾人职业培训班，并在中国残联的指导下，做好中国残联培训项目。

（3）加强培训基地建设，做好机构规范化管理。在培训机构建设方面，广西残联引入社会力量共建残疾人职业培训基地，共创残疾人就业培训发展新局面。“十二五”以来，全区建设残疾人职业培训基地 45 家，并对基地进行规范化管理。对于已有的培训基地，广西残联下拨专项财政投入，改善培训基地办学条件，提高培训服务能力。

3. 盲人按摩培训就业情况

“十二五”以来，广西扎实推进盲人按摩培训就业工作，主要表现为五个方面。一是着力开展盲人按摩培训工作。每年按计划组织开办盲人保健按摩和医疗保健人员培训班，共培训盲人 4341 人次。二是积极组织盲人参加医疗按摩人员考试。共组织全区 129 名盲人参加全国盲人医疗按摩人员考试，推动盲人从事医疗按摩工作。三是大力扶持盲人就业创业。下拨 222 万元扶持了全区 228 家盲人保健按摩机构，促进盲人稳定就业。四是规范盲人医疗按摩人员管理。成立盲人医疗按摩继续教育委员会，组织培训盲人 206 人次，规范盲人医疗按摩人员申报、年审、备案、证书管理工作。五是加强盲人按摩实训基地建设。全区有 2 家机构获批成为国家级盲人医疗按摩规范化实训基地，1家机构获批成为国家级盲人保健按摩规范化实训基地，为全区盲人提供了集按摩培训、实习实训、就业、学术研究为一体的多功能综合性平台。

（四）残疾人社会保障

残疾人社会保障是残疾人扶贫攻坚战的重要组成部分，“十二五”以来，广西基本实现了残疾人社会保障的兜底目标，并努力将保障范围和标准不断扩大和提高。广西政府连续出台残疾人社会保险优惠政策制度，分别是：重度和贫困残疾人参加城乡居民基本养老保险个人缴费政府全额代缴优惠政策、城镇重度残疾人参加城镇居民基本医疗保险政府全额补助优惠政策、农村重度残疾人参加新型农村合作医疗缴费给予补贴优惠政策等特殊保障制度。政策出台后，广西残联切实推动扶残助残惠残政策落地生根，由上至下推动残疾人社会保险的推广普及。

《2017年度广西壮族自治区残疾人事业统计公报》显示，截至2017年底，城乡残疾居民参加城乡社会养老保险人数达到112.3万名，参保率达79.5%，60岁以下的参保残疾人中有17.6万名重度残疾人，其中16.6万名得到了政府的参保扶助，代缴养老保险费比例达到94.5%。有35.4万名非重度残疾人也享受了全额或部分代缴养老保险费的优惠政策。领取养老金待遇的人数达到59.2万人。①

2014年，广西建立重度残疾人护理补贴制度，制定了《广西壮族自治区重度残疾人护理补贴实施办法》，并于2014年和2015年累计投入2.4亿元为重度残疾人发放护理补贴。2015年，广西根据《国务院关于全面建立困难残疾人生活补贴和重度残疾人护理补贴制度的意见》文件精神，制定出台了《广西壮族自治区困难残疾人生活补贴和重度残疾人护理补贴实施办法》（以下简称《实施办法》），《实施办法》的出台切实解决了贫困残疾

① 广西壮族自治区残疾人联合会办公室：《2017年度广西壮族自治区残疾人事业统计公报》，贺州市残疾人联合会网站，2018年5月9日，http：//www.gxhzdpf.org.cn/index.php/item-view-id-12738.html。

人和重度残疾人的生活难题，保障了残疾人的基本生活权利。据统计，自《实施办法》落实以来，2016～2017 年累计支出困难残疾人生活补贴 18511.386 万元，重度残疾人护理补贴 31797.066 万元。

此外，“十二五”以来，广西残联持续实施“阳光家园计划”，2011～2017 年累计投入专项资金 1.72 亿元，为 12.9 万多人次贫困智力、精神和重度残疾人提供托养服务。广西残联积极推动残疾人危房改造计划，与自治区住建厅共同开展农村残疾人家庭危房核实工作，对符合条件的农村残疾人家庭开展危房改造工作，2011～2015 年，完成近 5 万户农村贫困残疾人危房改造任务。多措并举改善残疾人生产生活状况，提高残疾人生活质量，满足残疾人美好生活需求。

（五）残疾人宣传文化

“十二五”以来，广西进一步加强残疾人宣传文化工作。

宣传工作方面：一是以每年“全国助残日”为契机，加大残疾人事业宣传力度，指导全区各地开展助残日活动，动员社会力量关心关爱残疾人；二是加强广西残联与各级各类媒体的联系，加大主流媒体重大活动、重大节点对残疾人事业的宣传力度；三是自治区、市级广播电台开播残疾人节目 4 个，电视手语栏目 7 个，营造了全社会扶残助残良好舆论氛围；四是办好每月一期的《广西残联》杂志。

文化工作方面：为丰富残疾人文化生活，广西残联组织开展了形式多样的残疾人文化活动和文化项目，包括中央彩票公益金宣传文化项目、残疾人文化创意产业项目、全国残疾人书画展活动、“残疾人文化周”及推荐残疾人参与广西 2016 年度中国非物质文化遗产传承人群研修研习培训等活动，扶持 12 个残疾人特殊艺术人才培养基地建设，全区设立盲文及盲文有声读物阅览室共 19 个。

（六）残疾人体育

1. 广西残疾人体育基本公共服务情况

在残疾人体育事业发展方面，广西残联全面实施自强健身工程，通过组织开展全国残疾人健身周、特奥日等活动，积极鼓励残疾人参加体育活动，激发残疾人自我运动热情，增强体质，增长自信。

“十二五”以来，广西加快建设残疾人体育健身示范点，加强培养残疾人健身指导员，截至2017年底，广西总共建立了残疾人体育健身示范点48个，省级培养了健身指导员1800多人。体育健身示范点的增多和残疾人健身指导员队伍的壮大有利于帮助残疾人进行合理的、科学的体育锻炼。

2. 广西残疾人参加国际、国内重大体育赛事情况

2013～2017年培养残疾人运动员参加第十五届残奥会、第二十二届听障奥运会、第二十三届听障奥运会、仁川亚残运会、第九届全国残运会、第六届特奥会、全国残疾人锦标赛等国际国内重大赛事，累计获得金牌119枚、银牌106枚、铜牌102枚。

（七）残疾人维权

1. 广西残疾人权益保障情况

广西残联坚持维护残疾人合法权益，推动各项惠残政策全面落实，切实保障残疾人合法权益。

“十二五”以来，广西残联坚持推进法律知识宣传工作，此项工作开展以国家宪法日暨全国法制宣传日为契机，广泛举办残疾人法律知识的宣传教育活动，加强普法力度。

在扶残维权工程项目实施进程方面，截至2017年底，广西设立残疾人法律救助工作协调机构45个，建立残疾人法律救助工作站43个，14个设区市残联全部建立了残疾人法律救助工作站，累计为贫困残疾人办理法律援助案件500多件，处理残疾人群众来访、来信7.9万多人次（件）。

同时，广西残联完善12385残疾人服务热线的建设工作，14个市开通了12385残疾人服务热线，拓宽残疾人信访途径，推动残疾人信访信息化建设。

2. 广西残疾人参政议政情况

“十二五”以来，广西残联积极推动残疾人参政议政工作。其主要工作

有：首先，由广西残联指导各级残联做好残疾人参政议政情况的调查摸底和数据统计工作，为残疾人、残疾人亲友、残疾人工作者推荐工作顺利开展奠定基础；其次，根据中国残联有关文件精神，结合广西实际，做好优秀残疾人、残疾人亲友和残疾人工作者的遴选工作，并在此基础上，做好在地方人大、政协换届中残疾人、残疾人亲友、残疾人工作者推荐工作；最后，积极提升当选人大代表、政协委员的残疾人、残疾人亲友和残疾人工作者参政议政的能力，做好人大代表议案、政协委员提案办理工作。

据区残联维权部 2016 年统计，在全区市、县级人大、政协的换届中，267 名残疾人、残疾人亲友和残疾人工作者当选为市、县人大代表、政协委员，比上届增长了 34%。

2017 年，获得“全国农业劳动模范”“全国十佳农民”称号的肢体残疾人刘入源当选自治区十三届人大代表、十三届全国人大代表，自治区残联有 3 名干部分别当选自治区人大代表、政协委员。表 2 为 2011 ~ 2017 年广西残联参与人大、政协工作情况。

表 2　2011 ~ 2017 年广西残联参与人大、政协工作情况

单位：件

类别	2011 年	2012 年	2013 年	2014 年	2015 年	2016 年	2017 年
广西残联协助人大代表、政协委员分别提出议案、提案	24	31	32	27	26	24	12
广西残联协助人大代表、政协委员分别办理议案、提案	21	22	20	20	11	10	6

3. 广西残疾人居家无障碍改造情况

“十二五”以来，广西持续深入开展贫困残疾人家庭无障碍改造工作。为了保障残疾人居家无障碍改造项目的顺利进行，广西壮族自治区人民政府将项目纳入自治区扶贫开发工作大局。在项目实施过程中，结合具体残疾人家庭的实际情况，制定个性化实施方案。2011 ~ 2017 年，广西共投入 9762 万元资金，对累计 24690 户贫困残疾人家庭进行居家无障碍改造。其中，

2017 年拨付国家彩票公益金 767.2 万元至广西相关地方，为 1918 户贫困重度残疾人家庭进行无障碍改造工作。

对于接受残疾人居家无障碍改造项目的家庭户，需要按照条件进行严格筛选，兼顾各类别残疾人，优先照顾一户多残、老残一体等困难家庭。加强对项目整体工作落实与实施的监督检查，严把质量关，并制定项目实施检查制度、项目实施进度报送制度。同时，利用主流媒体和网络社交媒介对项目进行大力宣传，号召全社会的关注、倡导全民的支持。

（八）残疾人组织建设

1. 全区各级残联组织建设情况

“十二五”以来，广西残联重视残联组织发展建设，不断推进全区各级残联组织建设工作，进一步深化实施“强基育人”工程、“残疾人之家”工程，做好残联改革和市、县、乡三级残联换届工作。

全区各级加快残疾人组织建设，《2017 年度广西壮族自治区残疾人事业统计公报》数据显示，截至 2017 年底，市、县、乡共建立残联 1378 个，其中各地市残联已建 15 个，县（市、区）残联已建 114 个，乡镇（街道）残联已建 1249 个；已建社区（村）残协 14658 个。全区 1116 个乡镇（街道）都建立了残联，12503 个行政村、1716 个社区全部建立了残疾人协会。

“强基育人”工程注重加强基层残疾人组织服务能力。《2017 年度广西壮族自治区残疾人事业统计公报》数据显示，截至 2017 年底，省、市、县、乡残联实有人员达 3352 人，乡镇（街道）、村（社区）选聘残疾人专职委员总计 17453 名。广西全区地市级残联配备了 11 名残疾人领导干部，县级残联配备了 62 名残疾人干部。加强对残联工作人员、残疾人干部的培训及管理工作，举办各类培训 1300 多期，培训残疾人工作者 6.7 万多人次，进一步推动基层残联组织工作规范化、服务质量化，推动基层残疾人组织建设实现由“有”向“好”转变，切实为残疾人提供服务。

2017 年 8 月，为了做好广西市、县、乡三级残联换届工作，广西残联召开组织建设工作会议，并先后下发了《自治区残联关于印发〈广西市县乡三级残联换届工作指导意见〉的通知》，编制了《2017 年县、乡残联换届工作手册》，转发了《中国残联关于在地方残联换届工作中进一步严肃纪律确保换届风清气正的通知》，全方面部署广西市、县、乡三级残联换届工作，指导并督促各级残联如期完成换届工作，进一步推动广西形成横向到边、纵向到底的残疾人组织网络。

2. 全区残疾人专门协会建设情况

在组织建设工作方面，广西残联还注重协会建设。《2017 年度广西壮族自治区残疾人事业统计公报》数据显示，截至 2017 年底，共建立省级及以下各类残疾人专门协会 630 个，其中省级专门协会已建 5 个，市级专门协会已建 70 个，县级专门协会已建 555 个。

通过对专门协会规范工作制度、确定经费保障、指导各项活动等方式，强化广西残疾人专门协会建设工作，充分发挥残疾人专门协会的桥梁纽带作用，整合资源、动员力量，为更多的残疾人办实事、办好事。

（九）残疾人信息化建设事业的发展

随着广西残疾人组织建设的深化，残联信息化步伐不断迈进，信息化水平不断提高。“十二五”期间，为加快广西残联信息化工作发展速度，自治区残联出台了《关于进一步加强全区残联系统信息化建设的意见》。根据《关于进一步加强全区残联系统信息化建设的意见》的规划安排，建立了全区残联 OA 系统、视频会议系统、重度残疾人护理补贴数据系统，提高残联工作效率和服务水平，同时，有效开展残疾人监控工作。截至 2016 年底，广西 14 个地市、南宁铁路局残办、83 个县级残联开通网站，建立了信息平台。

为确保信息化建设的有效推进，2018 年全国残疾人基本服务状况和需求信息数据动态更新工作国家级培训班在南宁举办，广西残联动态更新工作负责同志参加了培训。“互联网 +”时代的来临，催促着残疾人信息数据平台的建设与发展。

（十）残疾人基础设施建设

“十二五”以来，广西残疾人整体服务设施得到财政的大力支持，迎来了全面快速发展时期。《2017 年度广西壮族自治区残疾人事业统计公报》显示，截至 2017 年底，已竣工并投入使用的各级残疾人综合服务设施 101 个，总建设规模 145134.3 平方米，总投资 25680.1 万元；已竣工并投入使用的各级残疾人康复设施 5 个，总建设规模 22300.5 平方米，总投资 6324 万元；已竣工并投入使用的各级残疾人托养服务设施 7 个，总建设规模 11315.3 平方米，总投资 1780.3 万元。①

（十一）残疾人事业经费投入情况

“十二五”以来，为了加快推进残疾人小康进程，广西残联加大广西残疾人事业经费投入力度，分别从中央财政、自治区财政，以及福利基金会募集物资三方面，争取更多资金支持。七年来，中央预算内投资补助资金累计 26507 万元，中央对残疾人康复和托养中心康复设备补助经费累计 3612 万元，残疾人福利基金会筹集资金累计 2106.85 万元，残疾人福利基金会筹集物资价值累计 2409.34 万元。

三　广西残疾人事业发展的特色

（一）残疾人脱贫攻坚

1. 精准识别

主动向自治区政府领导进行专题汇报，争取得到领导重视支持。积极与自治区扶贫办沟通协调，共同部署残疾人贫困户精准识别工作，完成全区 57.13 万残疾人精准识别建档立卡任务，为精准扶贫奠定坚实基础。

---

① 广西壮族自治区残疾人联合会办公室：《2017 年度广西壮族自治区残疾人事业统计公报》，贺州市残疾人联合会网站，2018 年 5 月 9 日，http：//www.gxhzdpf.org.cn/index.php/item－view－id－12738.html。

2. 精准施策

力争将贫困残疾人脱贫攻坚纳入自治区扶贫十大行动，建立残疾人关爱制度。筹集5.7亿元重点实施“党员扶残温暖同行”“阳光助残扶贫基地建设”“农村贫困残疾人实用技术培训”“阳光家园计划”“居家无障碍改造”“贫困成人残障者康复工程”六大扶贫工程，共有47万多贫困残疾人得到扶持。其中，投入8500万元实施“党员扶残温暖同行”工程，组织全区村党支部扶持8.5万户贫困残疾人家庭；投入1.13亿元建设116个阳光助残扶贫基地，帮扶6万户贫困残疾人家庭；投入1.09亿元为14万多残疾人提供实用技术培训；投入1.86亿元实施“阳光家园计划”工程，为14.18万人次智力、精神和重度残疾人提供托养服务；投入8281万元对2.08万户残疾人家庭进行无障碍改造；投入2500万元为3500多名贫困残疾人安装假肢和助听器。农村贫困残疾人危房改造2.18万户，受益残疾人有2.59万人。“党员扶残温暖同行”工程被中组部、中国残联作为典型经验在全国推广。全区持证建档立卡贫困残疾人达36.24万人，占建档立卡贫困残疾人总数的97.27%，持证残疾人依法享受助残惠残政策。全区建档立卡贫困残疾人家庭脱贫10.58万户12.04万人，经中国残联考核，广西扶贫工作排全国第3位。钦州市残联建立阳光助残扶贫基地12个，实现了扶贫基地自治区、市、县（区）三级全覆盖。来宾市残联创新实施“助残圆梦行动”，帮助6.5万残疾人圆养老、康复、读书、就业、安居、富裕梦。玉林市残联着力培育残疾人脱贫领头人，扶持肢体残疾人刘入源创办博白县残疾人阳光助残扶贫基地，带动150户贫困户脱贫致富，其中有贫困残疾人100多人，每户年均增收2万元以上，刘入源获得“自治区残疾人自强模范”“全国农业劳动模范”等荣誉称号，并于2018年当选为十三届全国人大代表。

3. 加强督查

为了更好地推进广西残疾人扶贫脱贫进程，广西在全国率先探索开展全区残疾人扶贫领域监督执纪问责专项巡察制度，加强残疾人扶贫工作的督查力度。推动自治区党委、政府将残疾人脱贫攻坚专项督查纳入省级党委和政府扶贫开发工作成效考核，将贫困残疾人脱贫摘帽纳入全区脱贫攻坚绩效考评范围。2017 年，广西残联深入走访 320 多户建档立卡贫困残疾人家庭了解残疾人扶贫项目实施情况，先后组织 180 多人次对广西贫困残疾人脱贫攻坚进行督查 8 次，组织督促各市、县残联逐级开展专项巡察，自上而下强化残疾人扶贫领域监督执纪问责。通过督查工作的开展，切实保障全区贫困残疾人脱贫工作的稳步进行，及时掌握和了解贫困残疾人脱贫工作的即时状况，并对脱贫攻坚工作发展过程中的问题做出调整和反馈，为广西贫困残疾人脱贫攻坚工作依法依规有序有效开展提供坚定的推动力。

（二）精准康复

“十三五”以来，广西残联重点开展残疾人精准康复服务行动。根据中国残联、国务院扶贫办等《关于印发〈残疾人精准康复服务行动实施方案〉的通知》（残联发〔2016〕27 号），自治区残联、扶贫办、教育厅等共同制定了《广西壮族自治区残疾人精准康复服务行动实施方案》（以下简称《方案》），将广西残疾人精准康复，即普遍满足残疾人基本康复服务需求，作为提高残疾人生产生活水平和质量的关键内容和残疾人奔小康的重要部分，着重发展残疾人精准康复服务。

为了保证广西精准康复工作的顺利开展，广西残联分别从政策保障、技术保障、队伍保障、财政保障、精准力度等方面付诸努力。一是政策保障，在全国率先出台了《自治区残疾人精准康复基本辅具采购指导目录》《自治区残疾人精准康复支持性服务指导意见》；二是技术保障，2017 年广西成立广西残疾人精准康复服务行动专家技术指导组和残疾预防综合试验区重点干预项目专家技术指导组；三是队伍保障，自《方案》实施以来，广西结合美丽乡村“服务惠民”建设，累计在全区范围内建立残疾人康复协调队伍 1.4 万多人；四是财政保障，累计争取中央和自治区资金 2.25 亿元，用于开展精准康复服务；五是精准力度，根据《方案》指导，广西通过制作精准康复识别卡，对有康复需求的残疾人进行甄别，加大残疾人精准康复的精准力度。自《方案》实施以来，广西累计为 30.13 万名残疾人提供基本康复服务，其中为6801名残疾儿童实施抢救性康复，为9.72万名残疾人提供基本辅助器具适配服务。

（三）国际合作

“十二五”以来，广西进一步推动残疾人事务国际交流与合作，广西残联以中国—东盟博览会为契机，推进广西残疾人事务的国际化发展。

在中国残联、自治区政府的支持和帮助下，在广西残联的策划和努力下，2015年9月17日首届中国—东盟残疾人论坛在南宁举行，本次论坛的主题为“促进残疾人平等参与和融合发展”，这是我国首次将残疾人主题活动纳入中国—东盟博览会框架体系，对增进中国与东盟各国在残疾人领域的合作与发展具有十分重要的意义。在2015年举办的首届中国—东盟残疾人论坛上，同时举办“中国和东盟辅助器具展示”和“残疾人才艺展示”。此外，2016年举办了中国—东盟暨APEC框架下残疾人参与电子商务培训班，丰富了中国与东盟各国残疾人事务合作交流领域内容。

四　小结

回顾广西残疾人事业发展历程，广西各级残联攻克了一个又一个难关，取得了一项又一项成绩，令人欣喜，也令人振奋。“十三五”发展规划对广西残疾人事业提出了新的要求，广西残联担负起了新的责任。2018年，广西残联将坚持以党的十九大精神为指导，以习近平新时代中国特色社会主义思想为统领，不忘初心，牢记使命，为奋力实现全区残疾人的“中国梦”、加快全区残疾人迈向小康的步伐不懈努力，坚持奋斗。

参考文献

邓敏杰：《广西第二次全国残疾人抽样调查要览》，广西人民出版社，2008。

广西壮族自治区地方志编纂委员会编《广西通志：残联志》，广西人民出版社，2012。
广西壮族自治区残疾人联合会办公室：《2017 年度广西壮族自治区残疾人事业统计公报》，贺州市残疾人联合会网站，2018 年 5 月 9 日，http：//www.gxhzdpf.org.cn/index.php/item - view - id - 12738.html。
《广西壮族自治区残疾人事业“十二五”规划》，《广西日报》2012 年 1 月 8 日。

Abstract

This book summarizes the development of China's disabled people in 2017 and before and is divided into six parts. The first part is the general analysis and summarizes the development status, challenges and future development proposals of the persons with disabilities in China in 2017. The second part is about the organization and consists of two reports. The first report reviewed the 30 – year development history of the China Disabled Persons' Federation. It introduces the development status, analyzes the new situation faced by the China Disabled Persons' Federation, and proposes the reform of the China Disabled Persons' Federation. The second report reviews the history and the works of the China Foundation for Disabled Persons. The third part consists of four reports, which introduces China's disability prevention and rehabilitation services, work injury prevention and rehabilitation, disability sports in China. There is also a report on the status of the policies for the protection of persons with disabilities. The Part Ⅳ is the about the education of persons with disabilities. It consists of three reports, mainly analyzes and summarizes the problems in the development of preschool education, compulsory education and higher education of persons with disabilities in China in 2017. The fifth part introduces the targeted poverty alleviation for persons with disabilities. The three reports comprehensively analyze the progress of targeted poverty alleviation of persons with disabilities in China, and introduces two models of targeted poverty alleviation for persons with disabilities carried out in Shangcai County of Henan Province and Changyang County of Hubei Province. In Part Ⅵ, mainly introduces the progresses made by the Sichuan and Guangxi for persons with disabilities.

Keywords: Cause of Persons with Disabilities; Organizations of Persons with Disabilities; Health of Persons with Disabilities; Education of Persons with Disabilities; Poverty Alleviation of Persons with Disabilities

Contents

I General Report

Abstract: China has made a significant progress since the 18th CPC National Congress. The living condition of persons with disabilities has improved by the implementation of poverty alleviation and social security policies. 5 million persons with disabilities living in rural China have been lifted out of poverty and social participation of persons with disabilities have been increased. However, there are still problems and challenges like the unbalanced development, the ageing and severer trend of persons with disabilities and the reformation of management organization. The development of works for persons with disabilities should focus on four aspects as follows. Firstly, make sure the works for persons with disabilities insist on the combination of development and social protection, the combination of work and life, the combination of increasing income and reducing expenditure. Secondly, carry out a change in employment and improve the quality of employment. Thirdly, enhance the ability of persons with disabilities to live independently. At last, consolidate the organizational system.

Keywords: Cause of Persons with Disabilities; Poverty Alleviation and Development; Employment; Organization of Persons with Disabilities

Ⅱ Organization Reports

B. 2 Report on 30 Years Development of China Disabled Persons' Federation

Qiu Guanjian, *Yu Di* / 018

Abstract: This report combs the developing history of the China Disabled Persons' Federation, and reviews the evolution of social organization of disabled people. It also reviews the establishment and development of the China Disabled Persons' Federation. This report also introduces the institutional, human resources, functional positioning and business progress of the Disabled Persons' Federation and the development of business funding. The Disabled Persons' Federation is a major role in the cause of disabled people with Chinese characteristics. It plays the role of the representative of the disabled's interests, the provider of disability services, and the manager of the disabled cause. The new situations faced by China Disabled Persons' Federation, the new requirements put forward by the group reform, and the new needs of the disabled for a better life have brought challenges and opportunities for the development of the Disabled Persons' Federation. In the future development, the Disabled Persons' Federation will further adjust its functions, improve the working methods, and perfect the organizational system.

Keywords: China Disabled Persons' Federation; Organization of Disabled Persons' Federation; Cause of Persons with Disabilities

B. 3 Annual Report of Foundations for Disabled Persons in China (2017) *Li Ying* / 038

Abstract: Charitable organizations play an important role in promoting disability welfare. China Foundation for Disabled Persons and all the provincial and local Foundations for Disabled Persons are influential disability organizations in China. All the foundations for disabled persons collect social resources by multiple means, design and implement disability programs, and help to promote the rehabilitation, education, employment and life quality of disabled persons. However, foundations for disabled persons in China are confronted with challenges and need to make efforts in the following aspects, including strengthening social credibility, exploring more ways of fund raising, improving human resources management and improving the design of disability programs.

Keywords: Foundations for Disabled Persons; Collect Donation; Charitable Organizations

Ⅲ Health Reports

B. 4 Development Report on Disability Prevention and Rehabilitation (2017) *Zhang Jinming* / 054

Abstract: This report analyzes the disability prevention work progress and the deficiency existing in the current, puts forward some Suggestions of the reform of the disability prevention; This report analyzes the current contents and main measures of rehabilitation services, the main achievements and the deficiencies, puts forward some suggestions for the reform of the future rehabilitation work for persons with disabilities.

Keywords: Disability Prevention; Disability Rehabilitation; Health

Abstract: Development context on work injury prevention and rehabilitation is sorted out in this report. Current situation and the problems are analyzed and then suggestions on development of work injury prevention and rehabilitation are proposed.

Keywords: Work Injury Prevention; Work Injury Rehabilitation; Health of Persons with Disabled

Abstract: This report reviewed the history of development of sport of disabled people in China, summarized the achievements and problems of sport of disabled people in 2017 and prospected the future trend of sport of disabled people in China. We believe that the sport course of disabled people could have a sustainable development and a prosperous future to benefit disabled people.

Keywords: Disabled People; Sport Cause; Big Health

Abstract: Along with gradually build a system framework of our country called "everyone will have access to basic public service", "universal health care" in the field of health care and "basic health services " are forming, health security system for the disabled has been build step by step. In recent years, the government increase financial investment and policy support for developing health security such as prevention care, rehabilitation care and health care, however, the effect of prevention is not perfect, and there is a huge gap between the supply and demand of rehabilitation services for the disabled, the absence of medical security system of the disabled. In order to promote the development of the health protection policy for the disabled, We should improve the emergency treatment for disabled children, also should strengthen the prevention work for the disabled, and establish and improve the rehabilitation system as soon as possible. We also need to integrate fragmented health care policies and gradually establish special medical security for the disabled.

Keywords: Disabled Persons; Health Care; Medical Policy

Ⅳ Education Reports

Abstract: This report analyzes the general situation of disabled children, the development process of education in preschool for disabled children, and the basic management of education in preschool for disabled children, and puts forward some Suggestions. And then this report summarizes the progress of preschool education policies and the present way and the content of the education for disabled children. The status quo of teaching staff in preschool for disabled children was discussed and Suggestions were put forward. This report discusses the achievements and future prospects of education in preschool for disabled children.

Keywords: Disabled Children; Preschool Education; Special Education

Abstract: This report reviews the China special education history. The beginning of China special education was start in 1874, but great development was after the reform and opening up. By 2016, there are 2080 special education schools in China, and 491740 disabled students at school. This report analyzes the special education development status. *Education Regulations for the Disabled* and *the Second Special Education Promotion Plan* (2017 - 2020) has been revised and promulgated. The compulsory education textbooks of schools for the blind, the deaf and the mental retarded children began to be published. Both combining medicine and education and home delivery teaching is still a hot spot. Significant achievement has been made in compulsory education for children with disabilities, but there are still deficiencies. In the future, compulsory education for children with disabilities in China will have a huge developed with the development of society, politics and economy.

Keywords: Individuals with Disabilities; Compulsory Education; Special Education

Abstract: This report summarizes the development of higher education for the disabled in China in 2017, including the legal and policy guarantees of higher education for the disabled in China; the formal structure for the disabled to receive higher education; the present situation of higher education for the disabled from six levels in China; the problems existing in the higher education of the disabled and puts forward suggestions for improvement.

Keywords: The Disable; Higher Education; Convenience of the College Entrance Examination; Independent Examination and Enrollment

Ⅴ Poverty Alleviation Reports

B. 11 Report on the Development of Poverty Alleviation of the Poor with Disabilities in Rural Areas (2017)

Yang Lixiong / 175

Abstract: As the main component of the disadvantaged groups, persons with disabilities in rural areas account for a large proportion of the poor population, which is the key target of rural poverty alleviation and development. It is found that the poor with disabilities in China's rural areas have the characteristics of aging, masculine, trend of severer and difficult human capital development. As a result, rural anti-poverty policies for persons with disabilities should adapt to the characteristics and development trend. We should transform from the development-oriented poverty alleviation policies to social assistance, from increasing the income of persons with disabilities to reducing living expenses, from supporting the individual to supporting the whole family. Only in this way, can we accelerate the process of persons with disabilities out of poverty.

Keywords: The Poor with Disabilities in Rural Areas; Alleviation and Development; Anti-poverty Policies

B. 12 Report on the Intensive-care Method of Severely Disabled People from Poor Families in Shangcai County

Zhao Qingying / 191

Abstract: Poverty alleviation is the most difficult task to achieve the construction of a moderately prosperous society in all respects. To solve the problem of "taking care of a person becomes a burden on a family of people" that arises in documented severely disabled families in poverty, the government in

Shangcai County actively explores an intensive-care method to take care of severely disabled people of documented poor families, focusing on severely disabled family, based upon health institutes in townships and villages as well as the integration of poverty alleviation work, capital from public welfare positions and so on. It basically achieved the goal of "taking care of a person becomes a relief to a family of people". This method is of great significance to the development of poverty alleviation work and to the realization of the targeted poverty reduction in other areas of China. The paper put forward suggestions on improvement of the centralized care for the poor and severely disabled in Shangcai County from four aspects: perfecting the institutional system, Controlling the size of distribution while coordinating and integration the resources, strengthening propaganda and supervision, as well as enhancing the responsibilities of government and families.

Keywords: Targeted Poverty Alleviation; Severely Disabled People; Intensive -care Method

Abstract: Persons with disabilities are the poorest group in society and has been the main target of poverty alleviation and development policies. This report mainly introduces the cooperative mechanism among persons with disabilities in Changyang County, Hubei province. The mechanism is a combination of institutional care, land circulation and specialized cooperatives. This report carries out a theoretical analysis on the transformation of poverty alleviation ideas of persons with disability. The ideas change from individuals to groups, from disadvantages to advantages and from protection to development. The prerequisites of success of this model include the support from local governments, reasonable industrial orientation and the division of human resources. This model can provide reference for poverty alleviation of persons with abilities in analogous areas.

Keywords: The Poor with Disabilities in Rural Areas; Alleviation and Development; Antipoverty Policies

Ⅵ Regional Reports

Abstract: The model of the "Tailor-made" Personalized Service for the disabled in Sichuan Province is a vivid case of the service for the disabled with Chinese characteristics in the new era. It is centered on precise needs, precise policy, precise supervision as well as precise management. It is a system based on network, information and cloud platforms and promoted gradually to the province since 2011. In terms of development status, the TMPS model has a high degree of mastery of information on the disabled, a high proportion of the disabled beneficiary, a high degree of accuracy in demand assessment and intervention, organic integration of service projects and service organizations, as well as the growing open participation of the disabled. In terms of effectiveness evaluation, the TMPS model transcends the traditional domestication model, promotes the personalization of services for the disabled, builds the infrastructure for the disabled in the "Internet +" era, and needs further development and improvement in the aspects such as fostering and developing social organizations, familiarity and use of users with disabilities, hardware and software optimization, system extension and docking, etc.

Keywords: Tailor-made; Personalized Services for the Disabled; "Internet +"

Abstract: Since the founding of the People's Republic of China, Guangxi disability career development has experienced three stages: initiation, promotion and rapid development. It has developed from nothing to established, from small to large, and has explored a road that conforms to the people's sentiments, conforms to the regional conditions and has its own national characteristics. Since the "Twelfth Five-Year Plan", the attention of the state and the autonomous regional government has brought the development of disabled people in Guangxi to a new peak of development, each planning tasks have been completed successfully, such as rehabilitation, education, employment, social security, propaganda and culture, sports, rights protection, organization and information construction, and infrastructure construction, and the characteristics Guangxi disability career development have been developed poverty alleviation, precision rehabilitation and international cooperation. Guangxi disability career development has achieved one achievement after another. In order to meet the new requirements of the "13th Five-Year Plan", the Guangxi Disabled Persons' Federation has taken up new responsibilities and is striving to realize the "Chinese Dream" for the disabled in the whole region, and make unremitting efforts to speed up the pace of the disabled in the region towards a well-off society.

Keywords: Guangxi; The Career of the Disabled; Precise Rehabilitation

S 基本子库
UB DATABASE

中国社会发展数据库（下设 12 个子库）

全面整合国内外中国社会发展研究成果，汇聚独家统计数据、深度分析报告，涉及社会、人口、政治、教育、法律等 12 个领域，为了解中国社会发展动态、跟踪社会核心热点、分析社会发展趋势提供一站式资源搜索和数据分析与挖掘服务。

中国经济发展数据库（下设 12 个子库）

基于"皮书系列"中涉及中国经济发展的研究资料构建，内容涵盖宏观经济、农业经济、工业经济、产业经济等 12 个重点经济领域，为实时掌控经济运行态势、把握经济发展规律、洞察经济形势、进行经济决策提供参考和依据。

中国行业发展数据库（下设 17 个子库）

以中国国民经济行业分类为依据，覆盖金融业、旅游、医疗卫生、交通运输、能源矿产等 100 多个行业，跟踪分析国民经济相关行业市场运行状况和政策导向，汇集行业发展前沿资讯，为投资、从业及各种经济决策提供理论基础和实践指导。

中国区域发展数据库（下设 6 个子库）

对中国特定区域内的经济、社会、文化等领域现状与发展情况进行深度分析和预测，研究层级至县及县以下行政区，涉及地区、区域经济体、城市、农村等不同维度。为地方经济社会宏观态势研究、发展经验研究、案例分析提供数据服务。

中国文化传媒数据库（下设 18 个子库）

汇聚文化传媒领域专家观点、热点资讯，梳理国内外中国文化发展相关学术研究成果、一手统计数据，涵盖文化产业、新闻传播、电影娱乐、文学艺术、群众文化等 18 个重点研究领域。为文化传媒研究提供相关数据、研究报告和综合分析服务。

世界经济与国际关系数据库（下设 6 个子库）

立足"皮书系列"世界经济、国际关系相关学术资源，整合世界经济、国际政治、世界文化与科技、全球性问题、国际组织与国际法、区域研究 6 大领域研究成果，为世界经济与国际关系研究提供全方位数据分析，为决策和形势研判提供参考。

法律声明